群書札記

〔清〕朱亦棟／撰
李金松／點校

科学出版社
北京

圖書在版編目（CIP）數據

群書札記 /（清）朱亦棟撰，李金松點校. —北京：科學出版社，2016.3

ISBN 978-7-03-047567-1

Ⅰ. ①群… Ⅱ. ①朱… ②李… Ⅲ. ①讀書筆記－中國－清代 Ⅳ. ①G792

中國版本圖書館CIP數據核字(2016)第046725號

責任編輯：付 艷 宋開金 / 責任校對：胡小潔

責任印製：張 倩 / 封面設計：黃華斌

編輯部電話：010-64033934

E-mail: fuyan@mail.sciencep.com

群書札記

（清）朱亦棟 撰

李金松 點校

科學出版社出版

北京東黃城根北街16號

郵政編碼：100717

http://www.sciencep.com

文林印務有限公司 印刷

科學出版社 各地新華書店經銷

*

2016年3月第 一 版 開本：720 × 1000 1/16

2016年3月第一次印刷 印張：24

字數：299 000

定價：98.00圓

（如有印裝質量問題，我社負責調換）

整理說明

乾、嘉時期，代表清代學術的考據學最為興盛，湧現了眾多的考據學大師，如江永、卢文弨、惠棟、錢大昕、戴震、王念孫 王引之父子、段玉裁、汪中、邵晋涵、洪亮吉、焦循、淩廷堪、阮元等。而在這些考據學大師之外，也有許多致力於考據學而名聲不甚彰著的學者，朱亦棟便是其中的一位。

朱亦棟（生卒年不详，主要生活在乾、嘉时期），初名芹，字獻公，号碧山，浙江上虞（今上虞市）人。乾隆戊子（一七六八）中舉人，後多次參加會試，未能及第。灰心之餘，就官平陽訓導。僅半年，即乞病歸，潛心於學術研究，著書終老。其所著有群經札記二十二卷、群書札記十六卷，以及松雲樓稿、校官詩錄等。

朱亦棟師事考據學大師錢大昕，與邵晋涵等為友，當乾、嘉風會之際，像同時的許多士人一樣，致力於傳統的經史考據。他的群書札記便是其研討群經之外的學術筆記。大凡子史百家、六朝以來名家文集、稗官小說等，朱亦棟無不用心探究，多有碻論，因此，此書具有極高的學術價值。其所作考辨，涉及古代典籍數十種，如國語、戰國策、史記、管子、荀子、莊子、淮南子、漢書、後漢書、文選、大戴禮記、楚辭、世說新語、杜詩、孔叢子、資暇録、夏小正、廣雅、山海經、困學紀聞、墨莊漫錄、金樓子、唐書、封氏聞見錄、野客叢書、夢溪筆談、遯齋閒覽、庚子山集、陳檢討四六、楊升庵集、抱朴子、輟耕錄、說文解字、說文音韻表、詩聲類、顏氏家訓、河洛精蘊、西京雜記、酉陽雜俎、水經注、老學庵筆記、逸周書、石林詩話、演繁露、嬾真子、匡謬正俗、甕牖閒評以及古樂府詩、王維詩等。其中，或考證名物制度，或校正文字，或辨別前人考論得失，疏通證明，精義紛呈。如團焦條：

北齊書神武帝紀：「從葛榮徙據并州，抵楊州，邑人龐蒼鷹，止團焦中。每從外歸，主人遙聞行響動地。蒼鷹母數見團焦赤氣，赫然屬天。」按：裴松之三國志注：「魏略曰：焦先，字孝然。結草爲裳，自作一瓜牛廬。松之以爲『瓜』當作『蝸』，蝸牛，螺蟲之有角者也，俗呼爲『黄犢』。先等作圜舍，形如蝸牛蔽，故謂之瓜牛廬。」據此，則團焦者，野人所結之圜舍也。以其爲焦先所作，故曰團焦。（卷一）

解釋團焦為「野人所結之圜舍」。再如禹麾條對「直嬴」的解釋：

楚詞大招：「直嬴在位，近禹麾只。」注：「直嬴，正直而才有餘者。」禹麾，朱子曰：「未詳。或曰近禹之指麾用人也。」案：史記：「栢翳與禹平水土，賜姓嬴氏，其後爲秦。」此「直嬴」，蓋指伯益言。以喻强秦已服，猶虞賓之在位，伯益之贊禹也云爾。屈子此語，致有深意，而注家殊不得其解。（卷三）

發前人所未發。又如花雜雲輕條：

杜少陵詩：「花遠重重樹，雲輕處處山。」「遠」一作「雜」。案：此用邱遲與陳伯之書「暮春三月，雜花生樹」句。則「雜」字爲是。且以「遠」字對「輕」字，則「輕」字對上讀，謂雲氣縹緲，處處見山也。以「雜」字對「輕」字，則「輕」字連下讀，謂春山吐雲，處處皆輕也。「雜」字、「輕」字，乃寫花而非寫樹，寫雲而非寫山：此唐人詩法也。（卷三）

校正文字，引據精確。在校正文字的同時，朱氏揭示了杜甫這兩句詩的意境，並透過這兩句詩，概括了唐人的詩法，誠乃一舉數得，給讀者以深刻的啟迪。而高偃條，純是校正文字：

墨子所染篇：「齊桓染於管仲、鮑叔，晉文染於舅犯、高偃。」畢注：「未詳。」呂氏春秋「高」作「郤」，疑當爲「郤」，晉有郤氏。案：此乃郭偃也。晉語：「文公問於郭偃曰：『始也吾以國爲易，今也難。』對曰：『君以爲易，其難也將至矣；君以爲難，其易也將至矣！』」呂氏春秋作「郤」，乃其形之訛；墨子作「高」，乃誤存其字之半也。（卷九）

認為墨子所染篇之「高偃」，乃「郭偃」。「高」字乃是誤存「郭」之半。朱氏對墨子所染篇此一文字的校正同樣是精確無比的。似上述之類的新義，在群書雜記中层见错出。對此，晚於朱氏的馮一梅在是書序中云：「凡子史百家、稗官小說及漢、晉、唐、宋以來名人文集，苟有一字之誤一言之誤，皆未嘗輕而略之，必疏通證明以羽翼經傳也。」唐煦春（光緒）上虞縣志卷三十六關於此書之提要云：「其解釋書傳，頗有讜義。如解魯語『鼃於何有』爲『何難有鼃』，解鄭語『天啟之心』，謂與『天誘其衷』、『天奪之明』同一句法；解楚辭天問『封狶是射』爲后夔之子伯封；以墨子所染篇『晉文公染於高偃』，即晉語『郭偃』，明鬼篇宣王『合諸侯而田於圃田，車數百乘』，讀『圃田』句，絕即詩小雅『東有甫草，駕言行狩』者也，雜守篇『三亭隅，織女之』，當用孫毓『織女三星，跂然如隅』之說：皆確詁也。讀史記伯夷列傳『肝人之肉』爲『肉人之肝』，讀後漢書列女傳『迎婆娑神』爲『婆娑迎神』，謂皆倒字法，如公羊傳『昧雉彼視』之例，顏氏家訓勉學篇『曾子七十乃學』，本曾子立事篇『七十而無德』云云，不必刻舟以求達於古人屬辭之法，可謂通論。大氏前截榛楛，覽取要略，亦湛園札記、管城碩記之亞矣！」今人徐德明於其所著清人學術筆記提要云：「於前人已言者擇善而錄之，並於前人所未言者剔其隱而彰之，其有功於學術珍矣。」馮氏之序、上虞縣志與清人學術筆記提要充分地闡述了群書札記中的學術價值。

群書札記最早的刻本是立鶴堂本，以後有光緒四年（一八七八）武林竹簡齋重刊本。上海古籍出版社刊行續修四庫全書，收錄了此書，是對竹簡齋重刊本予以影印。學術界整理古籍雖多，但從未有此書的整理本。因此，本次整理此書，遵循以下條例：

一、整理該書，由於初刻本雲鶴堂本未見著錄，難以覓見，謹以光緒四年（一八七八）武林竹簡齋重刊本為工作底本。

二、形近易訛之誤刻、底本慣用之通假字、異體字以及避諱字，一般不出校，據文義或校本徑改或統改，如「己」、「巳」、「已」、「蓋」、「葢」、「間」、「閒」之類。

三、凡徵引古書，若文義不完者，據原書補足，且出校。而對原書之刪削且文義完整者，則概不出校。

四、除涉及文字學之外，全書文字一概用通行之正體字。

五、原書卷前有每卷之目錄，今為方便讀者閱讀計，彙合諸卷之目錄，置諸卷首。

由於筆者腹笥之不富，用力之不夠，對本書之整理或有疏誤，敬希讀者批評指正。

目錄

卷六

卷十三

卷十六

馮一梅序

先生所著十三經札記，梅既為之序。又讀其群書札記十六卷，而益歎先生之學淹通博貫，凡子史百家，稗官小說，及漢、晉、唐、宋以來名人文集，苟有一字之疑，一言之誤，皆未嘗輕而略之，必為之疏通證明，以羽翼夫經傳也。夫國語，為春秋外傳，左氏未載之事，幸於國語存之。國策為孟子時書，不讀國策，不知孟子之苦心。周書載見漢志，實非汲冢古文，不得以隋志誤題而疑其偽。大戴雖小戴刪削之餘，亦皆七十子遺言，漢儒棄取，豈為定論？尚書大傳，存今文近說。韓詩外傳，即三家古訓。山海經、列女傳、吳越春秋，皆秦、漢前之舊史，說文、方言、廣雅，講求字詁，尤為專家。吾儒致力於經，悉足以資考證者也。司馬公作史記，志、表、紀、傳體例，悉取法帝繫、世本而為之。班、范兩書，承先啟後，而二十四史代有作者，不能踰越範圍，則史學悉根于經學也。諸子在周、秦以前，如管、荀、莊、墨，意旨各殊；漢、晉以後，如淮南、抱朴，文辭古茂，不善讀者，或議其所見之偏，而不知古籍僅存，惟此吉光片羽。往往有久佚之書，猶幸存於諸子中引見一二者，則讀子實足以佐經也。漢、魏、六朝詞賦有專集者，寥寥數家，昭明選餘，棄如瓦礫。唐人孫巨源得古文苑於佛寺經龕，宋人章樵為之注，明人張溥又編輯百三名家集，而六朝以前文字，散見各史傳及初學記、藝文類聚、太平御覽各類書者，幾於搜采靡遺。至若唐之李、杜，宋之歐、蘇，則又本集俱存，如日月之光，彪炳耳目，此皆由經籍而發為文章者也。說部之書，載見漢志者雖已無存，而其後如西京雜記、風俗通義、世說新語、崔氏古今注、顏氏家訓等書，各記所聞，各書所見。至唐而資暇錄、國史補、酉陽雜俎、尚書故實、柳氏舊聞、封氏聞見記等書，悉稱賅博；至宋而西谿叢語、容齋隨筆、野客叢書、夢溪筆談、石林燕語、甕牖閒評、學齋佔畢、演繁露等書，群抒辨論。元、明以來，如陶九成輟耕錄、楊升庵丹鉛錄諸書，尤指不勝計。通人裒集大成，於是有叢書之刻。其例始于陶氏說郛，而陸氏說海、商氏稗海、李氏函海、陳氏寶顏堂秘笈、祁氏淡生堂餘苑、吳氏古今逸史、毛氏津逮秘書，程氏、何氏、王氏，並有漢魏叢書，踵而增之，使讀者如入珠林，如登寶市，又皆證經攷史、悉備取資者也。我朝諸老先生，於治經之餘，兼精史學者，莫如萬季野歷代史表、齊次風歷代帝王年表、李申耆歷代地理志韻編，及錢竹汀廿二史札記、洪北江補三國、晉書地志等書；而精校諸子百家及說部各書者，又莫如畢秋帆、孫淵如、盧召弓、顧千里諸先生。近所流傳如經訓堂、問經堂、抱經堂、平津館、岱南閣、守山閣各叢書，較諸前明所刊，尤稱精核。近日古經解彙函刻於粵東，百子刻於湖北，二十四子刻於本省，往往采自數家，用為底本。若云專門之學，則精國語者莫如汪氏之發正、攷異、三君注，精文選者莫如梁氏之旁證，以至仇氏之杜詩，查氏之蘇詩，亦竝能薈萃群言，以津梁後學。今先生此書，復於前人所已言者，擇其善而錄之，並於前人所未言者，剔其隱而彰之，其有功於吾學也深矣！婺源江氏卦變攷，先生於此書弟七卷全錄其文。梅讀至此，益心折先生學易之功，尤能實事求是，而不為近說之所動。夫卦變之說，始自荀、虞，於易例未能畫一。其推求六十四卦，或謂自乾、坤來，或謂自六子來，或謂自十辟來，或又謂上下相加如損、益，上下剛柔相變如小畜、履，取象易如豐、旅、豫、比，兩爻齊如遯先生訟，次生中孚，使學者瞢然莫知所從，已多力辯其誣，而決為先聖必無此說。江氏獨主反對之義，為千古發蒙。由泰、否二象「小往大來」、「大往小來」，豁然貫悟，以合六十四卦彖辭，觸處皆通，罔不迎刃而解，此誠學易之士不可不知之第一義也。而近日經生，未嘗據此義以說易者，蓋其故有三：一由於江氏之書名曰河洛精蘊，學者以「河洛」二字久遭排擊，故一見此書，即不復展而閱之，而不問其所論之是非；再由於麻衣道者正易心法，亦以反對為義，學者知麻衣之書，為宋人戴師愈偽造，凡說之近於麻衣者，遂皆屏棄而不言；又由於近人焦里堂作易圖略，既辨變卦之誤，並以反對為非，駁解反為蹇曰：彖辭利西南。西南，坤也。解無坤，蹇亦無坤，所謂西南者安在？又駁萃反為升曰：彖辭柔以時升，坤晦於上，所謂冥升矣，安得為時？又駁豫反為謙曰：坤居上五，失位，以三先五，為災為傷，所謂卑而踰矣，何亨之有？學者多信從之。竊謂坤為西南，雖見說卦傳文，而蹇、解之「利西南」，或未必即取此義。若未濟三陽皆失位，此說出於箍桶之徒，乃本荀、虞六爻皆正成既濟之說，而周、孔未有明文，則坤雖反而居上，未可以凶概之。蓋焦氏欲引伸旁通時行、當位失道之義，以自成一說，故其駁卦變，則出於自然，而其駁反對，即不無勉強耳。且據周易義海撮要所載薛溫其說，及俞玉吾大易集說，知宋人以反對說易，殊不乏人。而先生復據漢書五行志引京房易傳曰：復崩來無咎，明艮山變為震雷。崩字確有意義，則反對之說，自漢而已有之矣！孔子序卦既以反對為次，而雜卦傳文又多從反對生訓。是孔子已以反對為易中應有之義，而表而白之。江氏由此會通，則「河、洛」之命名雖誤，而反對之義固不誤；麻衣之心法雖偽，而反對之說實未當偽也。先生采此說而存之，知先生於漢、宋之間，固不欲稍分畛域，第知擇其善者遵而從之，安肯隨聲附和，以漁獵博雅之名哉！向於治經之際，見先生人品之高，乃於此而愈信。抑考江氏所著群經補義，亦於易之反對，大有發明。阮文達公刻皇清經解一書，取其群經補義，而不取其河洛精蘊，殆亦謂「河、洛」之名可不必存，而反對之義實不可廢歟？然則江氏之知己，惟阮公與先生而已。

光緒四年，歲在戊寅六月望日，慈溪馮一梅識於武林西湖之詁經精舍。

群書札記卷一

共和

韋昭國語注：「彘之亂，公卿相與和而修政事，號曰『共和』。」宋庠補音：「按舊說：汲冢書『共』音『恭』，共伯名和。」然韋氏自依史記周紀爲注，則「共」當如字。考竹書紀年：「厲王十三年，王在彘，共伯和攝行天子事，號曰『共和』。二十六年大旱，王陟于彘，周定公、召穆公立太子靖爲王，共伯和歸其國，遂大雨。」此其事也。史周本紀：「召公、周公二相行政，號曰『共和』。」按書云：「同寅協恭，和衷哉！」則兩「共和」皆可作平聲讀也。

稷爲大官

周語：「夫民之大事在農，上帝之粢盛于是乎出，民之蕃庶于是乎生，是故稷爲大官。」韋注：「民之大事在農，故稷之職爲大官。」按：尚書孔傳：「國語云：稷爲天官。」豈「大官」即「天官」之誤耶？又毛詩傳云：「后稷後作司馬。」尚書刑德考亦云：「稷爲司馬。」

伯御

周語：「魯武公以括與戲見王，王立戲。」韋注：「武公，伯禽之玄孫，獻公之子。武公敖也；括，武公長子伯御也；戲，括弟懿公也。」宋庠補音：「案：韋注：括，武公長子伯御也。今考史記魯世家：宣王立，戲爲魯太子。戲立是爲懿公。九年，懿公兄括之子伯御與魯人攻殺懿公而自立，則伯御乃括之子明矣！又按：班固人物表：伯御，懿公兄子，與史記合。今以括爲伯御，疑失之。」案：下云：「魯侯歸而卒，魯人殺懿公而立伯御。」是立長也。韋不從史記，蓋亦別有所見也。

回祿

周語：「昔夏之興也，融降于崇山；其亡也，回祿信于聆隧。」韋注：「崇，嵩高，山也。夏居陽城，嵩高所近。回祿，火神。再宿爲信。聆隧，地名。」考史記楚世家：「重黎爲帝嚳，高辛居火正，甚有功，能光融天下，帝嚳命曰祝融。其弟吳回爲重黎後，復爲祝融，居火正。吳回生陸終。」是則「回」，吳回也。「祿」，或即陸終耳。左昭十八年：「禳火於玄冥、回祿。」杜注：「玄冥，水神。回祿，火神。」孔疏：「玄冥祭修熙，不知回祿祭何人。或云回祿即吳回也。」融降崇山事，無所見。考墨子非攻篇：「夏德大亂，天命融降原作「隆」，疑誤。火，於夏之城間西北之隅。」疑即回祿信于聆隧之事也。沈約竹書紀年注：「祝融之神降于崇山，乃受舜禪，即天子之位。」

夷羊

周語：「商之興也，檮杌次于丕山。沈約竹書附注：「檮杌之神，見于邳山。」其亡也，夷羊在牧。韋注：「夷羊，神獸。」」案：逸周書度邑解：「夷羊在牧，蜚鴻遍野。」史周本紀作「麋鹿蜚鴻滿野」。徐廣曰：「此事出周書及隨巢子，云：『夷羊在牧。』牧，郊也。夷羊，怪物也。」索隱注「蜚鴻」云：「案：高誘曰：『蜚鴻，蠛蠓也。』言飛蟲蔽田滿野，故爲災，非是鴻雁也。隨巢子作『飛拾』。飛拾，蟲也。」然竟不知夷羊爲何物也。

臨民以五

周語：「昔堯臨民以五，今其冑見不過五年。」韋注：「五年一巡守。冑，後也，爲丹朱之神。」

案：王肅家語序：「春秋外傳曰：『昔堯臨民以五。』說者曰：堯五載一巡守。五載一巡守，不得稱臨民。以五經曰五載一巡狩，此乃說舜之文。」則堯之巡狩，年數未明。周十二月一巡，寧可言周臨民以十二乎？孔子曰：「堯以土德王天下，而色尚黃。」黃，土德，五土之數，故曰「臨民以五」。此其義也。二說未知孰是。

舌人

周語：「惟夫戎翟，則有體薦，故坐于門外，而使舌人體委與之。」韋注：「舌人，能達異方之志，象胥之官也。」按：此則今之通事。「舌人」二字，甚新。張平子東京賦：「重舌之人九譯，僉稽首而來王。」薛綜注：「重舌，謂曉夷狄語者。九譯，九度譯言，始至中國者也。」許氏說文：「譯，傳四方之語者。」

七律

韋昭注：「意謂七律爲音器，用黄鐘爲宫，太簇爲商，姑洗爲角，林鐘爲徵，南呂爲羽，應鐘爲變宫，蕤賓爲變徵。」案：韋氏之說，即晉書曆志所云「宫生徵，徵生商，商生羽，羽生角，角生應鐘，不比正音，故爲和。應鐘生蕤賓，不比正音，故爲謬」者是也。此七律也。考呂氏春秋音律篇：「黄鐘生林鐘，林鐘生太簇，太簇生南呂，南呂生姑洗，姑洗生應鐘，應鐘生蕤賓，蕤賓生大呂，大呂生夷則，夷則生夾鐘，夾鐘生無射，無射生仲呂。三分所生，益之一分以上生。三分所生，去其一分以下生。黄鐘、大呂、太簇、夾鐘、姑洗、仲呂、蕤賓爲上；林鐘、夷則、南呂、無射、應鐘爲下。」高注：「律呂相生，上者上生，下者下生。」疑誤。附十二律圖：

中呂變徵六，姑洗徵五，夾鐘角四，太簇商三，大呂變宫二。黄鐘宫一，蕤賓羽七。按：此圖自下而上。自黄鐘至蕤賓爲上七調，自林鐘至應鐘爲下五調。應鐘清十二。無射清十一，南呂清十，夷則清九，林鐘清八。

毛西河竟山樂録云：「十二律配七律，自呂覽始，然所配恰合。其以七調列上層，謂之上；以五調列下層，爲之下。上爲正調，下爲清調。上之生下，下之生上，與三分損益、隔八相生之數，俱甚相符。間嘗究推之，以黄鐘、大呂、太簇、夾鐘、姑洗、中呂、蕤賓七律列上層者，正七調也：一，黄鐘爲宫；

二，大呂變宮；三，太簇爲商；四，夾鐘爲角；五，姑洗爲徵；六，仲呂爲變徵；七，蕤賓爲羽，爲七調。其餘五聲，列下層，不立調，爲七調之清聲：一，林鐘爲宮清；列黃鐘宮下。二，夷則爲變宮清；列大呂變宮下。三，南呂爲商清，列太簇商下。四，無射爲角清；列夾鐘角下。五，應鐘爲徵清；列姑洗徵下。共五清。而仲呂、變徵與蕤賓、羽皆高而無清，而十二律終焉。以此相生，則上生下，皆隔八而生清；下生上，皆隔八而生正。無所參變，以此旋宮，則自黃鐘、蕤賓，自大呂至林鐘〔一〕，凡七周而仍返之黃鐘之始，無少間斷，此眞三古相傳之遺法。而西京以還，徒知史遷、京房二學，而不明呂覽，宜其戾也。」芹按：以陰陽論，則律生呂爲下生，爲陽生陰；呂生律爲上生，爲陰生陽：此顯而易知者也。而以七五分律列論，則不特黃鐘之生林鐘，太簇之生南呂，姑洗之生應鐘爲下生，即大呂之生夷則，夾鐘之生無射，亦下生也；不特林鐘之生太簇，南呂之生姑洗，應鐘之生蕤賓爲上生，即夷則之生夾鐘，無射之生仲呂，亦上生也。此微而難明者也。考伶州鳩曰：「南北之揆，七同也。故以七同其數，而以律和其聲，於是乎有七律。」韋注：「七同，合七律也。揆，度也。歲在鶉火午，辰星在天黿子。鶉火，周分野，天黿及辰水星，周所出。自午至子，其度七同也。」則自黃鐘至蕤賓爲七律。西河之說信矣！或謂蕤賓不當爲止，當在林鐘之首，此仍是陰陽對待之法，非呂氏意也。

黃鐘

韋昭國語注云：「十一月曰黃鐘，乾初九也；正月曰太簇，乾九二也；三月曰姑洗，乾九三也；五月

〔一〕鐘，底本作「鍾」，今據文義改。

曰蕤賓，乾九四也；七月曰夷則，乾九五也；九月曰無射，乾上九也；十二月曰大呂，坤六四也；二月曰夾鐘，坤六五也；四月曰仲呂，坤上六也；六月曰林鐘，坤初六也；八月曰南呂，坤六二也；十月曰應鐘，坤六三也。」考鄭氏周易爻辰圖：「子，乾初九，律中黃鐘；丑，坤六四，律中大呂；寅，乾九二，律中太簇；卯，坤六五，律中夾鐘；辰，乾九三，律中姑洗；巳，坤上六，律中仲呂；午，乾九四，律中蕤賓；未，坤初六，律中林鐘；申，乾九五，律中夷則；酉，坤六二，律中南呂；戌，乾上九，律中無射；亥，坤六三，律中應鐘。」與國語所說正同。周易乾鑿度曰：「乾陽坤陰也，並治，而交錯行。乾貞於十一月，子左行，陽時六；坤貞於六月，未右行，陰時六，以奉順成其歲。」鄭注云：「貞，正也。初爻以此爲正，次爻左右者，各從此數之。」又曰：「陽卦以其辰爲貞，丑與左行，間辰而治六辰；陰卦與陽卦同位者，退一辰以爲貞，其爻右行，間辰而治六辰。」案：乾鑿度所謂「退一辰」者，其說尚欠明白，實則陽數用奇，陰數用偶，故乾以一陽而起，子坤以二陰而起，未也。

夷則上宮

周語：「王以二月癸亥夜陳，未畢而雨。以夷則之上宮畢之。王以黃鐘之下宮，布戎於牧之野；以太簇之下宮，布令於商；以無射之上宮，布憲施舍于百姓。」韋注：「上宮，以夷則爲宮聲。夷則，上宮也。」一曰陽氣在上，故曰上宮；黃鐘在下，故曰下宮；太簇在下，故曰下宮；無射在上，故曰上宮。案：七月律中夷則，其卦爲否，三陽在上，故曰上宮。正月，律中太簇，其卦爲泰，三陽在下，故曰下宮。十一月，律中黃鐘，其卦爲復，一陽在下，故曰下宮。九月，律中無射，其卦爲剝，一陽在上，故曰上宮。則或人之說是也。黃鐘爲乾初九，太簇爲乾九二，故曰下宮。夷則爲乾九五，無射爲乾上九，故曰上宮。一以卦位言，一以爻位言，二說皆通。

鼈於何有

魯語：「鼈於何有？而使夫人怒也。」韋注：「於何有，猶何禮有鼈也。」案：吉甫詩：「炰鼈膾鯉。」韓侯詩：「炰鼈鮮魚。」則飲酒之禮，固有鼈矣。此與禮「讓乎何有」、「從政乎何有」，語意正同。言何難有鼈，而羞小者以使夫人怒也。「禮」字或是「難」字之誤。

知也夫

魯語：「女知莫如婦，男知莫如夫。」韋注：「言處女之知不如婦，童男之知不如丈夫。」「公父氏之婦知也夫。」韋註：「『知也夫』者，凡婦人之情，愛其子，欲令妻妾思慕而已。今敬姜乃反割抑，欲以明德，此丈夫之知，故曰『知也夫』」。宋庠補音云：「按：此是歎美之詞。『夫』當作『扶』」。韋氏解云『此丈夫之知』，恐誤。」案：曲禮：「若夫坐如尸，立如齊。」鄭注：「言若欲爲丈夫也。」其誤與此正同。

山死

魯語：「冥勤其官而水死，稷勤〔一〕百穀而山死。」韋注：「稷，周棄也。勤播百穀，死於黑水之山。毛詩傳云。」案：魏志杜畿傳亦引韋注。今毛詩傳無此語，不知韋注何所本也。

君武公

晉語：「欒共子曰：『且君知成之從也，未知其待于曲沃也。』」韋注：「君，武公也。言君知成將死其君，爲從臣道也，故使止臣，未知成不死，而待君于曲沃之爲貳也。」按：此與左定元年「子家子曰『若羈也，則君知其出也，而未知其入也』」語意正同。彼君指昭公，此君指哀侯。上「君何以訓」，下「從君而貳」，皆同，韋注誤。

比而亡夏

晉語：「史蘇曰：『昔夏桀伐有施，有施人以妹喜女焉。妹喜有寵，于是乎與伊尹比，而亡夏。殷辛伐有蘇，有蘇氏以妲己女焉。妲己有寵，于是乎與膠鬲比，而亡殷。周幽王伐有褒，有褒人以褒姒女焉。褒姒有寵，于是乎與虢石甫比，逐太子宜咎，而立伯服。太子出奔申，申人、繒人召西戎以伐周，周于是乎亡。』」韋注：「比，比功也。伊尹欲亡夏，妹喜爲之作禍，其功同也。膠鬲，殷賢臣。自殷適周，

〔一〕勤，底本作「勒」，而國語本作「勤」，今據文義改。

佐武王以伐殷也。」案：「比」字，如字讀，作「比功」解，則下虢石父句不可解矣！此自應讀「毗志」反，與左昭六年「乃與寺人柳比」之「比」正同。第以伊尹、膠鬲爲比，頗近戰國人口氣。讀者不以文害辭可耳！

速縣

晉語：「驪姬請使申生處曲沃，以速縣。」虞御史云：「速，疾也。縣，縊也。」案：此「縣」字當如字讀，與楚莊王縣陳、文王縣申、息之義同。即左閔元年士蔿所謂「分之都城也」，二五言之於外，驪姬請之于內，故公許之。不得以後有新城雉經事，韋注：「雉經，頭搶而縣死也。」預指申生之死立說也。虞說似誤。

伯氏不出

晉語：「伯氏不出，奚齊在廟。」韋注、賈、唐皆云：「伯氏，申生也。」一云：「伯氏，狐突也。」昭謂是時狐突未杜門，故以伯氏爲申生。伯氏，猶言長子也。」案：後篇「伯氏不出，奈吾君何」，則「伯氏」亦指狐突也。狐突字伯行，故曰伯氏。晉語雖有次第，或不盡如史之編年耳！

好艾

晉語：「國君好艾，大夫殆；好內，適子殆。」韋注：「艾當爲外，聲相誤也。好外，多嬖臣也；好內，多嬖妾也。」案：孟子：「知好色則慕少艾」〔一〕。趙注：「艾，美好也。」朱子集註：「楚辭、戰國策所謂『幼艾』，義與此同。」則「艾」字非聲之誤也。至魯語所云：「好內，女死之；好外，士死之。」好外，亦不指嬖臣言也。

蓐收

晉語：「虢公夢在廟，有神人，面白毛，虎爪，執鉞立于西阿，注：西榮也。公懼而走，神曰：『無走。帝曰：使晉襲于爾門。』公拜稽首，覺，召史嚚占之，對曰：『如君之言，則蓐收也，天之刑神也。』」考墨子明鬼篇：「昔者鄭穆公一作「秦繆公」。當晝日中處乎廟，有神入門而左，鳥身，素服三絕，說文云：「絕，斷刀絲也。」面狀正方。鄭穆見之，乃恐懼，犇，神曰：『無懼，帝享女明德，使予錫女壽十年有九，使若國家蕃昌，子孫茂，毋失。』鄭穆公再拜稽首，曰：『敢問神明同名？』曰：『予爲句芒。』」案：蓐收主刑殺，句芒主福德，二事眞的對也。海外西經：「西方蓐收，左耳有蛇，乘兩龍，金神也。東方句芒，鳥身人面，乘兩龍，木神也。」

〔一〕慕，底本作「暮」，今據中華書局本十三經注疏改。

君實有郡縣

晉語：「亡人何國之與有？君實有郡縣。」韋注：「言君亦自有郡縣，非謂之無也。」案：此連上句看，以晉比秦之郡縣，猶左傳所謂「夷於九縣」也。下文「且入河外列城五，豈謂君無有」句，乃作此解耳。

佞田

晉語：「佞之見佞，果喪其田；詐之見詐，果喪其賂。」案：左襄三十年：「天王殺其弟佞夫。」公羊作「年夫」。則古「佞」字，亦與「年」同音也。古「眞」韻通「庚」、「青」、「蒸」，「眞」又通「先」。如「陳氏」之爲「田氏」，「鎭星」之爲「填星」，「王道平平」之爲「便便」，皆是也。

乎云

晉語：「穆公曰：若無天乎云？若有天，吾必勝之。」韋注：「云，言也。晉所行，若言無有天也。」案：此「乎」字作「烏」字解，謂若無天道，尚何言也？若有天道，則我必勝之耳！

青陽

晉語：「黃帝之子二十五人，其同姓者，二人而已，惟青陽與夷鼓皆爲己姓。」韋注：「青陽，金天氏，少昊也。」「青陽，方雷氏之甥也。夷鼓，彤魚氏之甥也。其同生而異姓者四，母之子別爲十二姓。凡黄帝之子，二十五宗，其得姓者十四人，爲十二姓。」韋注謂十四人，而二人爲姬，二人爲己。故十二姓姬、酉、祁、己、滕、箴、任、荀、僖、佶、儇、依是也。唯青陽與倉林氏同于黄帝，故皆爲姬姓。案：青陽既爲己姓，又爲姬姓，必有一誤。考司馬貞史記索隱：「黄帝二十五子，其得姓者十四人。舊解破四爲三，言得姓十三人耳。」今案國語胥臣云：「唯青陽與夷鼓同己姓。」又云：「青陽與蒼林爲姬姓。」則十四人爲十二人姓，其文甚明。惟姬姓再稱青陽與蒼林，蓋國語文誤，所以致令前儒共疑其姬姓。青陽當爲玄囂，是帝嚳祖，本與黄帝同姬姓。其國語上文「青陽即是少昊，金天氏，爲己姓者耳」，既理在不疑，無煩破四爲三。案：大戴禮帝繫篇：「少典産軒轅，是爲黄帝；黄帝産玄囂。黄帝居軒轅之邱，娶于西陵氏之子，謂之嫘祖氏。産青陽及昌意。青陽降居泜水，昌意降居若水。」則玄囂姬姓，青陽己姓，自是兩人。史記云：「嫘祖爲黄帝正妃，生二子，其後皆有天下。其一曰玄囂，是謂青陽，青陽降居江水；其二曰昌意，降居若水。」合青陽、玄囂爲一人，蓋史記誤也。

咫聞

晉語：「文公學讀書于臼季，胥臣也。三日，曰：『吾不能行也咫，句。聞則多矣！』」案：「行」字與「聞」字對，「咫」字與「多」字對，言非知之艱，行之維艱，猶俗語所謂「知得一丈，不如行得一尺」也。或以「咫聞」二字連用，似失句讀。

觸槐

晉語：「靈公虐，趙宣子驟諫，公患之，使鉏麑賊之。晨往，則寢門辟矣，盛服將朝，蚤而假寐。麑退，觸廷之槐而死。」韋注：「廷，外朝之廷。周禮：『王之外朝三槐，三公位焉。』則諸侯之朝三槐，三卿位焉。」案：左宣二年杜注：「槐，趙盾庭樹。時宣子尚未在朝。」則杜注較長也。

董祁

晉語：「董祁愬于范獻子。」韋註：「祁，董叔之妻，獻子之妹也。范，姓；祁，名也。」考左襄二十一年：「欒祁與其老州賓通。」杜注：「欒祁，桓子妻，范宣子女，盈之母也。范氏，堯後，祁姓。」案：欒祁乃獻子之姊，董祁乃獻子之妹，則祁亦姓，而非名也。韋以祁爲名，似誤。

天啟之心

鄭語：「是天啟之心也。」韋注：「啟，開也，有『心』，字誤。」案：此與下「天奪之明」、左傳「天誘其衷」、「天假之年」，同一句法，「心」字非誤也。張平子西京賦：「天啟其心，人惎之謀。」蓋用此也。晉語：「非天，誰啟之心？」

虞幕

鄭語：「虞幕能聽協風。」韋昭注：「虞幕，舜後虞思也。」考左昭八年：「自幕至于瞽瞍，無違命。」杜注：「幕，舜之先。」孔疏：「魯語云：『幕，能帥顓頊者也，有虞氏報焉。』」孔晁云：「幕能修道，功不及祖，德不及宗，故每于歲之大蒸而祭焉，謂之報。言虞受舜祭幕，明幕是舜先，不知去舜遠近也。」帝系云：「顓頊生窮蟬，窮蟬生敬康，敬康生勾芒，勾芒生蟜牛，蟜牛生瞽瞍。」亦不知幕于蟜牛以前是誰，名字之異也。今以切音之法求之，則幕當是勾芒名字。案：韋昭注魯語云：「幕，舜之後虞思也，爲夏諸侯。」彼蓋以「幕」與「杼」作一例看，而不知帥顓頊之非帥舜也，此韋氏之誤也。

褒姒

鄭語：「夏之衰也，褒人之神化爲二龍，以同于王庭。龍亡，而漦在，櫝而藏之。及厲王之末，發而觀之，漦流于庭，化爲玄黿，以入于王府。府之童妾未既齔而遭之。既笄而孕，當宣王而生。」韋注：「厲王流彘，共和十四年死。十五年，宣王立，立四十六年；幽王在位，十一年而滅。」計褒姒稱豔妻時，年近五十矣，何怪後之一妻，耳順尚稱娘子者耶？此荒唐之說也。

案：孔疏引帝王世紀，以爲幽王三年嬖褒姒，褒姒年十四。若然，則宣王立四十六年崩。是先幽王之立十二年而生，其生在宣王三十六年也。厲王流彘之歲，爲共和十四年，而後宣王立。自宣王三十六年，上距流彘之歲爲五十年。流彘時，童妾七歲，則生女時，母年五十六。凡在母腹五十年。其母共和九年而笄，年十五而孕。自孕後尚四十二年而生，作爲妖異，故不與人道同。此亦無稽之言，不足信也。此條見小雅白華篇疏。

天咫

楚語：「是知天咫，安知民則？」韋注：「咫，言少也。言少，知天道耳，何知治民之法？」案：酉陽雜俎有天咫篇，本此。

司敗

楚語：「藍尹亹曰：『臣何有於死，死在司敗矣！』」韋注：「楚謂司寇爲司敗。」案：左宣四年：「箴尹克黄使於齊，還，及宋，聞亂，遂歸，復命，而自拘於司敗。」左文十年：「子西曰：『臣歸死于司敗也。』」杜注：「陳、楚名司寇爲司敗。」此其徵也。

尚勝

楚語：「子西使人召王孫勝，沈諸梁聞之，見子西曰：『若召而近之，死無日矣！吾知逃而已。』子西笑曰：『子之尚勝也。』」韋注：「子言論議好尚勝人也。」案：左哀十六年：「子西曰：『勝如卵，余翼而長之。』」則以白公爲無能爲。此「勝」字，即指白公說，言勝何惡之能爲，而子乃推而上之，說得如此利害也。韋注似未得其解。

魯陽文子

楚語：「惠王以梁與魯陽文子」〔一〕。注引賈逵國語注曰：「魯陽文子，楚平王之孫，司馬子期之子。魯陽公，即此人，其地在魯山之陽。」地理志云：「南陽魯陽有魯山。」師古曰：「即淮南所云魯陽公與韓戰，日反三舍者也。」案：楚縣尹皆僭稱公，故曰魯陽公。

奚斯

吳語：「吳王夫差既勝齊人於艾陵，乃使行人奚斯釋言於齊。」韋注：「奚斯，吳大夫。」案：此奚斯，即檀弓所謂行人儀也。或曰：子何以知奚斯之爲儀？曰：以切音之法知之。如里克之爲太史克，勃鞮之爲寺人披，皆是也。然則吳有行人儀，陳有太宰嚭矣！或曰：陳安得有太宰？曰：宋之有太宰也，以先代之後；陳之有太宰也，以三恪之封。若吳、楚之有太宰，以僭王也。魯無太宰，而羽父求爲太宰，蓋欲特置此官，其後亦竟不立也。然則吳有太宰，安得謂陳無太宰乎？或曰：如子之言，杞何以無太宰？曰：陳、宋皆大，杞微甚，不足數也。或曰：一時安得有兩宰嚭？曰：晉范宣子爲士匄，士文伯亦爲士匄，其時同，其族同，況異國乎？鄭有行人子羽，衛亦有行人子羽，見左襄十二年。其官正同。然則吳有太宰嚭，安得謂陳無太宰嚭乎？

〔一〕文子，底本「子」下有「文」字，今據上海古籍出版社本國語刪。

不稔於歲

吴語：「吴王夫差既殺申胥，不稔于歲，乃起師北征，闕爲深溝，通於商、魯之間〔一〕，以會晉公午於黄池。」韋注：「稔，孰也。謂後年不至於孰而北征也。」又云：「歸不稔於歲，余沿江泝淮，闕溝深水〔二〕，出於商、魯之間，以徹於兄弟之國。」韋注：「言伐齊之明年，不至于穀孰，而復出師也。」案：如韋注所云，則不稔于歲者，謂相隔不到一年也。考吴越春秋，夫差既殺子胥，連年不熟，民多怨恨，則以「不稔于歲」作「年穀不登」解，似亦可備一説也。

遷軍接龢

吴語：「明日，遷軍接和，斬有罪者以狥。」韋注：「上下皆和也。」案：周禮：「大司馬以旌爲左右，和之門。」鄭注：「軍門曰和，今謂之壘門，立兩旌以爲之。」則此所謂「接和」，正指軍門也，韋注誤。

行人奚斯

吴語：「行人奚斯。」即檀弓行人儀，奚斯蓋切音也。或曰：六經「儀」字，皆讀爲「莪」，子言雖辨，其如音之不合何？予曰：「奚」之爲言「何」也。有「何」之義，則必有「何」之音。信如子言，

〔一〕通，底本缺，今據上海古籍出版社本國語補。
〔二〕深，底本缺，今據上海古籍出版社本國語補。

「何斯」二字，切音爲「莪」；「斯何」二字，切音亦爲「莪」，寧得爲「奚斯」非「儀」乎？或曰：行人儀即申叔儀。左哀十三年「乞糧于公孫有山氏者」是也。然則其爲吳大夫無疑矣。

賈島佛

越語：「王命工以良金寫范蠡之狀，而朝禮之。」此鑄人之始也。齊東野語：「唐李洞，字子江，苦吟有聲。慕賈浪仙之詩，遂鑄其像事之。誦賈島佛不絕口，時以爲異。五代孫晟，初名鳳，好學，尤長于詩。嘗畫賈島像置屋壁，晨夕事之，人以爲妖。」蓋酸鹹之嗜，固有異世而同者。長江簿何以得於此人哉！據此，則不特絲繡平原，又有金鑄賈島者矣。

廣運

越語：「廣運百里。」韋注：「東西爲廣，南北爲運。」按：周禮：「大司徒以天下土地之圖，周知九州之地域，廣輪之數。」馬氏曰：「東西爲廣，南北爲輪。」「廣運」，猶「廣輪」也。然則虞書所謂「帝德廣運」，亦言乎堯之德，東西南北，無所不被耳。

衆口爍金

周語：「諺曰：『衆心成城，衆口爍金。』」賈逵曰：「鑠，銷也。衆口所惡，金爲之銷亡。」按：

此與「同心」之斷金，正是的對。言于五事爲火。左傳：「離，火也，于人爲言。」故曰「衆口鑠金」也。風俗通曰：「衆口爍金，俗説有美金于此，衆人咸共詆訿，言其不純，賣金者欲其售，因取鍛燒以見眞。此爲衆口爍金。」按：俗有「眞金不怕火」之説，蓋本於此。

失齊

齊策：「靖郭君將城薛，客諫靖郭君曰：『君不聞大魚乎？蕩而失水，則螻蟻得意焉。今夫齊，亦君之水也。君長上聲，「長養」之「長」。齊，奚以薛爲？夫齊，雖隆薛之城到之天，猶之無益也。』正曰：失齊，句。」按：新序作「無齊」，是。蓋「夫」、「無」音訛，又因上「夫齊」字混。案：「夫」乃「失」字之訛，與上「失水」句相應，非音訛也。

棼冒勃蘇

楚策：「棼冒勃蘇。」注：「定四年以爲申包胥。」補曰：「棼冒，即蚡冒；勃蘇，包胥，聲近。豈蚡冒之裔與？」按：「棼冒」，乃「包」字之切音；「勃蘇」，乃「胥」字之切音。棼冒勃蘇，即包胥也，與左傳之蚡冒同而異。

鐵鉆

趙策：「蘇秦爲趙王使於秦，反，三日不得見，謂趙王曰：『秦乃者過柱山，有兩木焉，一蓋呼侶，注：招其徒。一蓋哭。問其故，對曰：吾已大矣，年已長矣！吾苦夫匠人且以繩墨案規矩刻鏤我。一蓋曰：此非吾所苦也，是故吾事也。注：事，猶分。補曰：「故」、「固」通。吾所苦夫鐵銛注：元作「鉆」，下同。然，句。自入而出夫人者。注：銛言鐵之利，若鉆則鐵鉗也，蓋不合。此人，謂木屑；自鐵言之，爲人。正曰難通，其義未詳也。今臣使於秦，而三日不見，無有注：言得無有也。爲注：元作「謂」。補曰：錢、劉作「爲」。臣爲鐵銛者乎？』」按：「鉆」與「椹」同。玉篇：「鐵椹，斫木櫍也，亦作『枯』。音砧。」鮑注改「鉆」作「銛」，非是。又「呼侶」，謂伐木，而人呼「邪許」也。一木被伐，行將及己，故一木哭也。注以爲「招其徒」，亦非是。胡文英吳下方言考：「吳人凡前物入穴，不得出者，以物擊，迫令出，曰鉆。」此足以證自入出人之意。

負婦人

燕策：「桓公負婦人而名益尊。」按：史記管仲列傳：「其爲政也，善因禍而爲福，轉敗而爲功，桓公實怒少姬，南襲蔡，管仲因而伐楚，責包茅不入貢於周室。」據此，則所謂「負婦人而名益尊」者，即蔡姬事也。鮑彪注：「桓公好內而霸。」即王充論衡所引齊桓公負婦人以視朝者是也。然其說頗不經。吳師道補正引燕策蘇代語齊人紫敗素也，而賈十倍。謂紫者，婦人之服。紫敗素，得厚利，所謂「名益尊」也。眞癡人說夢也。

韓獻開罪

燕策：「韓獻開罪而交愈固。」案：晉語：「趙宣子言韓獻子於靈公，以爲司馬。趙孟使人以其乘車干行，獻子執而戮之，宣子召而禮之，皆偏也。告諸大夫曰：『二三子可以賀我矣！吾舉厥也而中，吾乃今知免於罪矣。』」所謂「開罪而交愈固」也。鮑彪注引邲之戰、鄢陵之戰以證之，又癡人說夢也。

今日不雨

燕策：「趙且伐燕，蘇代爲燕謂惠王趙惠文曰：『今者臣來，過易水，蚌方出曝，蚌，蜃也。而鷸啄其肉。鷸，知天將雨鳥。蚌合而箝其啄。箝，籋也。鷸曰：『今日不雨，明日不雨，即有死蚌。』蚌亦謂鷸曰：『今日不出，明日不出，即有死鷸。』兩者不肯相舍，漁者得而並擒之。』」案：陸佃埤雅引此云：「今日不兩，明日不兩，即有死蚌。」「兩」謂闢口，一本作「雨」，非是。然後知「雨」字之爲後人訛改也。楊升菴集作「必有蚌脯」，藝文類聚作「蚌將爲脯」，蓋本之春秋後語。後語云：「必見死蚌脯。」然「脯」字，亦疑後人所加耳！

烏集闕

秦策：「於是乃摩燕烏集闕。」鮑注：「摩，言切近過之。闕名未詳。」補曰：「高注：『闕，塞名也。』」謝有煇古文賞音云：「闕名即無可考，不必泥定闕名。所經歷處非一，何必獨舉燕闕？且摩字訓作切近過之，字法亦拙。意此時揣摩已成，所慮者身至闕廷，而或囁嚅，故摩爲燕烏之烏集于闕廷之想，使人主尊嚴了無怖畏于中，即下抵掌而談意耳！」按：如謝說，即孟子所謂「說大人則藐之」也。說亦可通。

黔嬴

楚策：「更嬴注：人姓名。與魏王處京臺之下，仰見飛鳥。更嬴謂魏王曰：『臣爲君引虛發而下鳥。』魏王曰：『然則射可至此乎？』更嬴曰：『可。』有閒，雁從東方來，更嬴以虛發而下之。」按：左太沖魏都賦：「控弦簡發，妙擬更嬴。」與上「纓」字叶，則「嬴」字乃「嬴」字之訛也。及讀楚詞遠遊篇：「召黔嬴而見之兮，爲余先乎平路。」司馬相如大人賦：「左玄冥而右黔雷史記作「靁」兮，前離而後矞皇。」張揖曰：「黔雷，黔嬴也，天上造化神名也。楚詞『召黔嬴而見之』，或曰水神也。」按：「更嬴」之「嬴」，猶可曰「嬴」字之誤。若「黔嬴」之「嬴」，史記作「靁」，漢書作「雷」，必非「嬴」字之訛也。自張揖以爲「黔嬴」，而後人收入八庚韻，誤也，恐更嬴亦猶是耳！

司馬法

史記穰苴列傳：「齊威王使大夫追論古者司馬兵法，而附穰苴於其中，因號曰司馬穰苴兵法。」陳君舉曰：「儀禮闕軍禮，蓋司馬法，即古軍禮也。古者百五十五篇，今亡其百五十篇。以其有者求之，必非衰世權謀變詐者所能爲也。而謂之司馬穰苴兵法，非也。」

貌侵

漢書田蚡傳：「蚡爲人貌寑而貴。」顏師古注：「短小曰寑。」酉陽雜俎：「今人謂醜爲貌寑，訛矣！魏志：『劉表以王粲貌寑，而體弱通侻，不甚重之。』注云：『侵，不足也。』」按：人之容貌，寑則改形。今人午睡初覺，形容枯槁，顏色憔悴，此其徵也。貌寑之義，或取諸此。

驪姬

史記晉世家：「晉獻公伐驪戎，得驪姬及其娣，俱愛幸之。」按：莊子齊物論：「毛嬙、驪姬，人之所美也。魚見之深入，鳥見之高飛，麋鹿見之決驟。」又云：「麗之姬，艾封人之子也。晉國之始得之也，涕泣沾襟。及其至于王所，與王同筐牀，食芻豢，而後悔其泣也。」不知何據。

大費

史秦本紀：「秦之先帝，顓頊之苗裔，孫曰女修。女修織，玄鳥隕卵，女修吞之，生子大業。大業取少典之子曰女華，女華生大費，與禹平水土，是爲柏翳，賜姓嬴氏。」索隱注：「此則秦、趙之祖，嬴姓之先，一名伯翳。尚書謂之益，世本、漢書謂之伯益是也。尋見史記上、下諸文，伯翳與伯益是一人不疑。而陳杞世家即敘伯翳與伯益爲二。」陳杞世家：「垂、益、夔、龍，其後不知所封。」則以翳、益爲兩人也。未知太史公疑而未決邪？而亦誤謬耳！案：「大費」，「扶味」反，一音「祕」。二字切音爲「翳」，「翳」之入聲爲「益」，則「伯翳」之即「伯益」，無可疑者，索隱之說良是。

玉女

史秦本紀：「大費與禹平水土，已成，帝錫玄圭，禹受曰：『非予能成，亦大費爲輔。』帝舜曰：『咨爾費，贊禹功，其賜爾皁遊。』索隱注：「『遊』音『旒』，謂賜以皁色旌旆之旒。旒色與玄玉色副，言其大〔一〕功成也。」爾後嗣將大出。」索隱注：「出，猶生也。左傳云：『晉公子，姬出也。』」乃妻之姚姓之玉女，大費拜受。」徐廣曰：「皇甫謐云：『賜之玉女，妻以姚姓之女也。』」案：禮有「請君玉女」之文，鄭注言：「玉女者，美言之也。君子於玉比德焉，其義正同。」上文賜禹以玄圭，賜大費以皂游，非以玄圭賜大費也。註所引未合。

〔一〕大，底本作「天」，中華書局本史記作「大」，今據改。

周子南君

史周本紀：「秦滅周，漢興，求周苗裔，封其後嘉三十里地，號周子南君。」注：「瓚曰：汲冢古文謂衛將軍文子爲子南彌牟，其後有子南勁，朝于魏。後惠成王如衛，命子男爲侯。秦併六國，衛最爲後，疑嘉是衛後，故氏子南而稱君也。」案：古「男」字，與「南」字通。左昭十三年：「鄭，伯男也。」國語、家語俱作「伯南」，王肅注云：「『南』，左氏作『男』，古字作『南』，亦多有。作此『南』，連言之，猶言公侯〔一〕也。」據此，則號曰「子男」者，謂子男之君耳！瓚說非也。

皆各往往

史五帝本紀贊：「余嘗西至崆峒，北過涿鹿，東漸于海，南浮江、淮矣。至長老皆各往往稱黃帝、堯、舜之處。」「皆各往往」四字疊用，頗覺費解。案：此句當先分作三句讀，然後總作一句讀，如云「至長老皆稱黃帝、堯、舜之處」〔二〕，「皆」者，合東、西、南、北而言之也。「至長老各稱黃帝、堯、舜之處」，「各」者，分東、西、南、北而言之也，然此則猶橫言之也。「至長老往往稱黃帝、堯舜之處」，「往往」者，總東、西、南、北之前後，而一一追溯之也，豎言之也。然後總作一句讀，則其解自明。乃知史記用字，一一都有著落，後人特囫圇吞棗耳！

〔一〕侯，底本作「候」，今據文義改。

〔二〕長，底本作「張」，今據中華書局本史記改。

肝人之肉

史記伯夷列傳：「盜跖日殺不辜，肝人之肉。」考莊子盜跖篇：「盜跖方休卒徒太山之陽，膾人肝而餔之。」又云：「將以子肝益晝餔之膳。」則所食者肝也。「肝人之肉」作何解耶？案：此乃古人倒字法，猶云「肉人之肝」，謂以人肝當肉吃耳。如公羊傳所云：「昧雉彼視」，皆古人倒字倒句法。若非作「視彼昧雉」解，則絕不可通耳！

烏號

史記封禪書：「黃帝采首山銅，鑄鼎于荆山下。鼎既成，有龍垂胡髯，下迎黃帝。黃帝上騎，群臣、後宮從上者七十餘人，龍乃上去。餘小臣不得上，乃悉持龍髯。龍髯拔墮，墮黃帝之弓，百姓仰望黃帝既上天，乃抱其弓與胡髯號，故後世因名其處曰『鼎湖』，其弓曰『烏號』。」案：應劭風俗通曰：「烏號弓者，柘桑之林，枝條暢茂，烏登其上，下垂著地。烏適飛去，後從撥殺，取以爲弓，因名烏號耳！太史記黃帝葬于橋山，騎龍升天，豈不怪乎？」

鳥工龍工

史舜本紀：「瞽瞍使舜上塗廩，從下縱火。焚廩，舜乃以兩笠自扞而下去，得不死。後瞽瞍又使舜穿井。舜穿井，爲匿空旁出。」索隱注：「皇甫謐云：『兩繖。』繖，笠類。列女傳云：『二女教舜鳥工上廩』是也。『匿空』，音孔。列女傳所謂『龍工入井』是也。」案：古今本劉向列女傳並無此語。考宋書符瑞志：「舜父母憎舜，使其塗廩，自下焚之，舜服鳥工衣服飛去。又使浚井，自上填之以石，舜服龍工衣自旁而出。」竹書紀年注同。此怪言不經之語，皆本之皇甫謐，而不知謐之何所本也。

金樓子后妃篇：「有虞二妃者，帝堯之二女也，長曰娥皇，次曰女英。瞽瞍使舜塗廩，舜歸告二女：『父母使我塗廩，我其往。』二女曰：『衣鳥工往。』舜既治廩，瞽瞍焚廩，舜飛去。舜入朝，瞽瞍使舜浚井，舜告二女，二女曰：『往者，衣龍工往。』舜往浚井，石隕于上，舜潛出其旁。」又通史云：「瞽瞍使舜滌廩，舜告堯二女，女曰：『時其焚汝，鵲汝衣裳，鳥工往。』舜既登廩，得免去。舜穿井，又告二女，女曰：『去汝裳衣，龍工往。』入井，瞽瞍與象下土實井，舜從他井出去。」

周公奔楚

史記魯世家：「初，成王少時，病，周公乃自揃其蚤沉之河，以祝于神曰：『王少，未有識，奸神命者，乃旦也。』亦藏其策於府。成王病有瘳。及成王用事，人或譖周公，周公奔楚。成王發府，見周公禱書，乃泣，反周公。」按：金縢：「周公居東。」孔氏以爲東征，鄭氏以爲避居東，迄無定論。竹書紀年：「成王元年，周文公出居于東。」若奔楚，則萬無此理，此必後人附會之辭，論衡以爲古文家說，要不足信也。

以貌取人，失之子羽

史記弟子列傳：「澹臺滅明，武城人，字子羽。狀貌甚惡，欲事孔子，孔子以爲材薄。既已受業，退而〔一〕修行。南游至江，從弟子三百人，設取予去就，名施乎諸侯。孔子聞之曰：『吾以言取人，失之宰予；以貌取人，失之子羽。』」考大戴禮五帝德篇：「孔子曰：『吾欲以顔色取人，於滅明邪改之；吾欲以語言取人，於予邪改之；吾欲以容貌取人，於師邪改之。』」家語所載略同。又弟子篇：「澹臺滅明有君子之姿。孔子嘗以容貌望其才，其才不充孔子之望。然其爲人公正無私，以取予去就然諾爲名。」皆言貌美。獨史記以爲貌寢，未知孰是。又張華博物志異聞篇：「澹臺子羽渡河，齎千金之璧於河，河伯欲之，至陽侯波起，兩鮫挾船，子羽左操璧，右操劍擊鮫，皆死。既渡，三投璧於河伯，河伯躍而歸之，子羽毁而去。」其即南遊至江時事耶？

乾沒

史記酷吏傳：「張湯始爲小吏，乾沒。」徐廣曰：「隨世浮沉也。」服虔曰：「射成敗也。」漢書注：「如淳曰：『豫居物以待之，得利爲乾，失利爲沒。』」正義曰：「乾沒，謂無潤澤而取他人也。」又曰：「陽浮慕爲乾，心内不合爲沒。」按：晉書馮紞傳：「賈充、荀勗並與之親善。充女之爲皇太子妃也，紞有力焉。及妃之將廢，紞、勗乾沒救請，故得不廢。」則「乾沒」似作「竭力」解。又潘岳傳：

〔一〕而，底本作「以」，今據中華書局本史記改。

「岳性輕躁，趨世利，其母數誚之曰：『爾當知足，而乾沒不已乎？』」沒，貪也。則「乾沒」，似作「貪利」解。湯傳云：「與長安富賈田甲、魚翁叔之屬交私。」又云：「湯之客田甲，雖賈人，有賢操。始湯爲小吏時，與錢通。」徐廣曰：「以利交。」則湯之乾沒，或亦貪利之意乎？諸說紛紛，俱似未合。又晉書盧循傳：「徐道覆欲乾沒一戰。」似亦作「竭力」解。

鍼石

史記扁鵲傳：「疾在血脈，鍼石之所及也。」齊東野語：「古者鍼以石爲之。昔金元起欲注素問，訪王孺以砭石，答曰：『古人以石爲鍼，必不用鐵。』說文有此『砭』字。許慎云：『以石刺病也。』東山經云：「高氏之山，多鍼石。」郭璞云：「可以砭針。」春秋：「美疢不如惡石。」服子慎注云：『石，砭石也。』季世無復佳石，故以鍼代之耳！」

誅全甲

史記衛霍傳：「驃騎過焉支山千有餘里，合短兵，殺折蘭王，斬盧胡王，誅全甲。徐廣注：「『全』，一作『金』。」執渾邪王子及相國、都尉，首虜八千餘級；收休屠祭天金人。」漢書：「鏖皋蘭下，殺折蘭王，斬盧侯王，鋭悍者誅，全甲獲醜，執渾邪王子。」師古曰：「『全甲』謂軍中之甲不喪失也。」案：韓非子云：「矢來有鄉，鄉，方也，有從來之方。則積鐵以備一鄉；謂聚鐵于身，以備一處，即甲之不全者。矢來無鄉，則爲鐵室以盡備之。謂甲之全者，自首至足無不有鐵，故曰鐵室。」則「誅全甲」者，正謂誅其甲之全者耳，非全師而歸之謂也。野客叢書乃以漢書爲是，史記爲誤，何也？

罘罳災

漢書文帝紀：「未央東闕罘罳災。」顏師古曰：「罘罳，謂連闕，曲閣也。一曰屏也。」釋名曰：「罘罳在門外。罘，復也；罳，思也。臣將入請事，於此復重思之。」蘇鶚演義曰：「顏注並釋名，皆誤。按：罘，浮；罳，絲也。謂織絲之文輕疏浮虛貌，蓋宮殿簷戶閒也。」唐文宗實錄：「甘露之變，出殿北門，裂斷罘罳而去。」又溫庭筠補陳武帝書：「罘罳晝捲，閶闔晨開。」皆非曲閣、屏障之意。相如子虛賦：「罘網彌山。」此亦謂羅鳥網。即罘罳爲網，不誤矣。又楚詞招魂：「網戶朱綴，刻方連些。」集注：「網戶者，以木爲門扉，而刻爲方目，使如羅網之狀。即漢所謂罘罳，而陳泰之以爲今之亮隔，其說是也。」按：「罘罳」諸說不一，或以爲屏，則明堂位疏屏是也；或以爲網，則殿角護雀網是也。酉陽雜俎：「士林間多呼殿榱桷護雀網爲罘罳，其淺悞如此。」則不作網解。程大昌雍錄：「罘罳，鏤木爲之。其中疏通，可以透明。或爲方空，或爲連。其狀扶疏，故曰罘罳。」則不作屏解。又漢儀注：「罘罳，伏思也。君視朝至內屏思惟，故名之。」則又與釋名微異。姑並存以備考可也。

馬牛羊齒已長

漢書南粵王傳：「高后用事，別異蠻夷，出令曰：『毋與蠻夷外越金鐵田器；馬、牛、羊即予，予牡，毋予牝。』老夫處僻，馬、牛、羊齒已長。」猶今謙言犬馬之齒也。齒，高曰：「長，正。」誤。今按顏師古云：「謂老也。蓋謂馬、牛、羊已老，非指人也。」此承上文馬、牛、羊毋與牝而言。馬、牛、羊皆已老，不可供祭祀。蓋祭祀之牲，貴少壯肥腯，故下文云「祭祀不修」也。春秋傳、新序皆云「馬之齒長矣」，亦謂馬爾。

團焦

北齊書神武帝紀：「從葛榮徙據并州，抵楊州，邑人龐蒼鷹，止團焦中。每從外歸，主人遙聞行響動地。蒼鷹母數見團焦赤氣，赫然屬天。」按：裴松之三國志注：「魏略曰：焦先，字孝然。結草爲裳，自作一瓜牛廬。松之以爲『瓜』當作『蝸』，蝸牛，螺蟲之有角者也，俗呼爲『黃犢』。先等作圜舍，形如蝸牛蔽，故謂之瓜牛廬。」據此，則團焦者，野人所結之圜舍也。以其爲焦先所作，故曰團焦。又陳其年詩序：「攜來筰杖，竹無淚以恆斑；結就焦團，椶未癭而先紫。」不知「焦團」又爲何物也。

群書札記卷二

曾子植羊

劉子新論觀量篇：「晉文種菜，曾子植羊，非性闇蠢，不辨方隅，以其運大，不習小務也。」注：「謂剉羊皮，用土種之也。西海以羊臍種土中，溉水，聞雷而生。臍系地中，及長，驚以木；臍斷，便行齧草，至秋可食，臍內有種。」按：此本淮南子「文公樹米、曾子駕羊猶爲智也」。陸賈新語：「文公種米，曾子駕羊。」淮南本此。尸子曰：「羊不任駕鹽車。」則駕羊似作服牛乘馬解。劉子易「駕」爲「植」，則「植」作種羊解矣。考陶九成輟耕錄：「漠北種羊角，能產羊，其大如兔，食之肥美。」則羊固有種者矣。

五星聚東井

北魏書高允傳：「崔浩別爲魏曆〔一〕，以示高允，曰：『漢元年十月，五星聚東井。案星傳：太白辰星，當附日而行。十月日在尾、箕，昏沒于申南，而東井方出于寅北。二星何得背日而行？宜更審之。』

〔一〕曆，底本作「歷」，今據文義改。下同，不另出校。

後歲餘，浩謂允曰：『先所論者，果如君言。五星乃以前三月聚東井，非十月也。』」王幼學綱目集覽曰：「以曆推之，從歲星也。其年歲星在東井，故五星從而聚之。」劉曆：「太白辰星去日，卒不能一兩次耳！今十月而從歲星于東井，非其理也。然則五星以秦之十月聚東井耳！秦之十月，今之七月，日當在鶉尾，故太白辰星得從歲也。」按：劉說似矣。然漢高元年，歲在甲午，而云「歲星在東井」，此不可解也。

歲在大棣

漢志曰：「歲在大棣，名曰敦牂，太歲在午。」按：史記天官書：「歲陰左行，歲星右轉，以攝提格歲，歲陰在寅；歲星居丑。單閼歲，歲陰在卯，星居子；執徐歲，歲陰在辰，星居亥；大荒落歲，歲陰在巳，星居戌；敦牂歲，歲陰在午，星居酉；叶洽歲，歲陰在未，星居申；涒灘歲，歲陰在申，星居未；作鄂歲，歲陰在酉，星居午；閹茂歲，歲陰在戌，星居巳；大淵獻歲，歲陰在亥，星居辰；困敦歲，歲陰在子，星居卯；赤奮若歲，歲陰在丑，星居寅。」此其常也。今太歲在午，歲星安得在未乎？考漢書天文志：「太歲在午，曰敦牂。」太初曆：「歲星在東井、輿鬼。」故云爾，而不知其非也。當從天官書爲是。

按：太初曆所用，乃六合之法，以子與丑合，寅與亥合，卯與戌合，辰與酉合，巳與申合，午與未合，此歲合也。而以之考歲星之右轉，則非矣！嘗見星命家言：以子通卯，以丑通寅，以辰通亥，以巳通戌，以午通酉，以未通申。初不得其解。既而思之，此即歲陰在卯、歲星居子之義也。雖小道，必有可觀者矣！

或曰：如子之說，漢高元年冬十月，按：漢用秦曆，秦之十月，今之七月也。五星聚於東井，非與？余曰：五星聚井，容或有之。以爲太歲在午，則不合。盡信書，不如無書也。

全謝山經史問答：「問：律曆志：漢高即位，歲在大棣之東井之二十六當作「二」。度，鶉首之六度，故漢志曰：歲在大棣，名曰敦牂，太歲在午。不知大棣是何分野？答：大棣之名，不見于十二分野，但以漢高即位之年在午。考之史記天官書，有云：『敦牂歲，歲陰在午，星在酉。』歲陰者，太歲也，即所謂鶉首之六度也。其云『星』者，歲星也，殆所謂大棣之東井二十六度也。然則大棣，即壽星之垣。則星或亦一名大棣，但祇見於此，更無可考。」按：律曆志：「鶉首，初井十六度，中井三十一度，終於柳八度。」則東井之三十二度，指度而言之也。鶉首之六度，指宮而言之也。考大棣，一名巨蠏。巨即「大」字之義，「棣」當讀大。「巨蠏」二字，切音爲「棣」。則大棣，乃未宮之分野。謝山以爲壽星者，誤矣！山海經：「姑射國在海中，屬列姑射，西南山環之，大蠏在海中。」注：「蓋千里之蠏也。」未宮之名巨蠏，蓋取諸此。汲冢周書：「海陽大蠏，其殼專車。」釋典十二星宮有巨蠏焉！

里名勝母　里，史記作「縣」

漢書鄒陽傳：「里名勝母，曾子不入。」李善文選注：「古有此事，未詳此所本。」考淮南子：「曾子立孝，不過勝母之閭。」鄒陽書蓋本此。考尸子：「孔子至于勝母縣，暮矣而不宿；過于盜泉，渴矣而不飲：惡其名也。」則此乃孔子事。又淮南子：「曾子立廉，不飲盜泉，所謂養志也。」論語撰考：「讖水，名盜泉，孔子不漱。許慎說文：孔子席不正不坐，割不正不食，不飲盜泉之水，積正也。」陸士衡猛虎行「渴不飲盜泉之水」，本此。

黃金滿籯

漢書韋賢傳：「少子玄成，復以明經歷位至丞相。故魯、鄒諺曰：『遺子黃金滿籯，不如一經。』」如淳注：「籯，竹器，受三四斗。今陳留俗有此器。」蔡謨曰：「滿籯者，言其多耳，非器名也。若論陳留之俗，則我陳人也，不聞有此器。」師古曰：「許慎說文解字云：『籯，笭也。』揚雄方言云：『陳、楚、宋、魏之間，謂筲爲籯。』然則筐籠之屬是也。今書本『籯』字，或作『盈』，又是盈滿之正義，蓋兩通也。」案：「滿籯」二字，與「一經」作對，自是器名。若作「盈餘」解，則失其旨矣。蔡說非是。文選蜀都賦注：「籯，縢也。」則以「籯」作囊解，此又一說也。

主臣

漢書陳平列傳：「平謝曰：『主臣。』文穎曰：「惶恐之辭也，猶今言死罪也。」孟康曰：「主臣，主群臣也。若今言人主也。」晉灼曰：「主，擊也；臣，服也。言其擊服惶恐之辭也。」顔師古曰：「文、晉二說是也。」陛下不知其駑下，使待罪宰相。」案：三說俱不得其解，而文、晉二說尤強作解事。考漢書郊祀志：「宣帝時，美陽得鼎，中有刻書，曰：『王命尸臣，官此栒音荀。邑。師古曰：「尸臣，主事之臣也。栒邑，即豳地是也。」賜爾旂鸞、黼黻、琱戈。』尸臣拜手稽首，曰：『敢對揚天子，丕顯休命。』」案：爾雅釋詁：「尸，主也。」尸臣，主臣也。如太康之尸位，羲和之尸厥官，皆作「主」字解。「主臣」二字，係下自稱，以彼證此，極爲明析。而師古不一引用，反仍文、晉謬説，何也？

彈冠

漢書王吉傳：「吉與貢禹爲友，世稱『王陽在位，貢禹彈冠』。」師古曰：「彈冠者，且入仕也，言其取舍同也。」又蕭育傳：「育少與陳咸、朱博爲友，著聞當世。往者有王陽、貢公，故長安語曰：『蕭、朱結綬，王、貢彈冠』，言其相薦達也。」俗云「王陽結綬，貢禹彈冠」，合兩事爲一事，似誤。

後來居上

漢書汲黯列傳：「黯見上，言曰：『陛下用群臣，如積薪耳，後來者居上。』上曰：『人果不可以無學。觀汲黯之言，日益甚矣！』」師古曰：「言其鄙俚也。或曰積薪之言出曾子，故云不可無學也。」案：文子：「虛無因循，常後而不先。譬若積薪燎，後者處上也。」黯之言本此。自以或説爲長，第以爲出於曾子，豈曾子之逸篇邪？抑曾子即文子之訛耶？

屠牛坦解牛

漢書賈誼列傳：「屠牛坦一朝解十二牛，而芒刃不頓讀鈍。者，所排擊割剝，皆衆理解也。」案：

管子制分篇：「屠牛坦朝解九牛，而刀可以莫注：猶削也。鐵，則刃遊間也。」莊子庖丁之論蓋本諸此。

四皓

漢書張良列傳：「顧上有所不能致者四人，四人年老矣！」師古注：「四人，謂園公、綺里季、夏黃公、甪里先生，所謂商山四皓也。皇甫謐高士傳：「四皓者，皆河內軹人也，或在汲。一曰東園公，二曰甪里先生（一），三曰綺里季，四曰夏黃公。或曰當作綺里季夏。」案：後漢書鄭玄傳：「南山四皓，有園公、夏黃公，潛光隱耀，世加同「嘉」。其高，皆悉稱公。」章懷太子注：「四皓，高帝時也，有園公、夏黃公、甪里先生、綺里季也。」則「夏」字當連，「黃」字不當連「季」也。案：四皓俱以姓名傳。東園、甪里、綺里，疑皆地名，而季，則其字也。若以「夏」字屬上句，則「季夏」二字非名非姓，爲不倫矣！此固不可以周之八士例也。惟「夏」、「黃」二字皆可作姓。第以「夏」爲姓，則「黃」字無着落；若以「黃」爲姓，則「夏」字必地名矣！竊意「夏黃」二字，與上「東園」、「甪里」、「綺里」一例，亦是地名，而不係姓。則四皓俱不以姓名傳，猶之黃石公未必即姓黃也。存參陶淵明詩：「路若經商山」、「多謝綺與甪。」又云：「且當從黃綺」、「黃綺之商山」，亦未必即以黃綺爲姓也。又姓譜以園爲姓，更謬。

（一）甪，底本作「角」，形近致誤，據文義徑改。下同，不另出校。

於檡

漢書敘傳：「子文初生，棄于瞢中，而虎乳之，楚人謂乳穀。如淳曰：「『穀』音『構』。牛羊乳叶曰『構』。」謂虎於檡，音「塗」。左傳作「菟」。故名『穀於』。檡字子文，楚人謂虎『班』，其子以爲號。」

按：「於菟」二字，乃「虎」字之切音。「穀」，楮也。酉陽雜俎：「葉有瓣曰楮，無曰構。」不知何以取義于乳？

便面

漢書張敞傳：「無威儀，走馬章臺街，自以便面拊馬。」顏師古曰：「便面，所以障面，蓋扇之類也。不欲見人，以此自障其面，則得其便，故曰便面，亦曰屏面。今之沙門所持竹扇，上斜平，而下圓圜，即今之便面也。」又匡謬正俗云：「便面者，所執持以平面，或有所避，或自整飾，藉其隱翳，得之而安，故呼便面耳。今人所持，縱自蔽者，總謂之扇，蓋轉易之稱乎？」按：「便面」二字，切音爲「扇」，此切音之以音而兼義者也。

擇其所耆

漢書賈誼傳：「故擇其所耆，必先受業，乃得嘗之。」人多不解。按：賈子新書：「昔周文王使太公望傅，太子發嗜鮑魚，而太公弗與，曰：『禮，鮑魚不登於俎，豈有非禮而可以養太子哉！』」此其證也。又北齊書邢峙傳：「以經入授皇太子，廚宰進太子食，有菜曰邪蒿，峙命去之，曰：『此菜有不正之名，非殿下所宜食。』」亦是此意。

春秋繁露

漢書董仲舒傳：「仲舒說春秋事得失，玉杯、繁露、清明、竹林之屬數十篇，十餘萬言。或問春秋何以名繁露？」按：古今注：「牛亨問曰：『冕旒以繁露，何也？』答曰：『綴珠垂下，重如繁露也。仲舒以此名篇，猶曰此天子之事也云爾。』客頷之而去。」周禮大司樂疏：「董仲舒作春秋繁露，繁，多；露，潤。爲春秋作義，潤益處多。」殊未得其解。

九子母

漢書：「孝成皇帝，元帝太子也。元帝在太子宮生甲觀畫堂。」應劭曰：「甲觀，在太子宮甲地，主用乳生也。畫堂，畫九子母。」如淳曰：「甲觀，觀名；畫堂，堂名。」三輔黃圖云：「太子宮有甲觀。」師古曰：「甲者，甲、乙、丙、丁之次也。元后傳言見于丙殿，此其例也。而應氏以爲在宮之甲地，謬矣！畫堂但畫飾耳，豈必九子母乎？霍光止畫室中，則是宮殿中通有彩畫之堂室。」猗覺寮雜記：「應劭注漢書，成帝生甲觀畫堂云：畫九子母。不知佛自後漢方入中國，安得元帝時已有九子母也？」按：楚辭天問：「女岐無合，夫焉取九子？」女岐，神女也。又劉向列女傳：「魯九子之母，號曰母師。」安知所畫者非此乎？此不足以難仲遠也。至應氏以甲觀在甲地，此指太子東宮而言，非無說也。恐丙殿亦是在丙方耳！

子夏本夔

漢書東方朔傳：「子夏爲太常。」注：「應劭曰：『子夏當爲夔，夔知樂，故可以爲太常。』」錢刻説文統釋自序：「子夏本夔，此離析之失也。」考師古注「以有文學，故爲太常也」，而應劭曰「以『子夏』兩字，總合爲『夔』解」，云：「夔知樂，故以爲太常。」此説非也。案：子夏正知樂者。觀樂記魏文侯之問答可見矣！則子夏非「夔」字之訛也，師古駁之良是。

水到渠成

漢書溝洫志：「韓使水工鄭國間，説秦，令鑿涇水自中山西底瓠口爲渠，並北山，東注洛，三百餘里，欲以溉田。中作而覺，秦欲殺鄭國，鄭國曰：『始臣爲間。然渠成，亦秦之利也。』秦以爲然，卒使就渠。」今俗有「水到渠成」語，本此。案：龍川志：「諺曰：『水到魚行。』」則「渠成」二字，又似「魚行」之訛矣。

祁連山

漢書霍去病傳：「去病至祁連山。」師古注：「祁連山，即天山也，匈奴呼天爲祁連山。」案：「祁連」二字，切音爲「天」；「焉支」二字，切音亦爲「天」。匈奴歌：「失我祁連山，使我六畜不蕃息。失〔一〕我焉支山，使我婦女無顏色。」蓋皆謂天山也。十道志以祁連、焉支爲二山，似誤。

度曲

漢書元帝贊：「元帝多才藝，善史書，鼓琴瑟，吹洞簫，自度曲，被歌聲，分刌節度，窮極幼眇。」應劭曰：「自隱度作新曲，以爲歌詩聲也。」荀悅曰：「被聲能播樂也。」臣瓚曰：「度曲，謂歌終更授其次，謂之度曲。西京賦曰：『度曲未終，雲起雪飛。』」張衡舞賦亦曰：「度終復位，次受二入。」師古曰：「應、荀二說皆是也。度，大各反。」野客叢書：「元帝度曲，乃『隱度』之『度』，音『鐸』。西京賦乃『度次』之『度』，音『杜』。古文苑：宋玉笛賦：『度曲羊腸。』此語可以爲證。今人詞中用『度曲』二字，類謂祖元贊，非也。」按：楚詞大招：「二八接武，投詩賦只。叩鐘調磬，娛人亂只。四上競氣，極聲變只。魂乎歸來，聽歌譔只。」此正形容度曲被歌之妙，則漢書贊「度」字，正宜作去聲讀，師古之音非也。

東陸西陸

後漢書律曆志：「日行北陸，謂之冬；西陸，謂之春；南陸，謂之夏；東陸，謂之秋。」考左傳昭公四年：「古者，日在北陸而藏冰。」杜注：「陸，道也，謂夏十二月，日在虚、危。冰堅而藏之。」

〔一〕失，底本作「矢」，今據中華書局本史記改。

「西陸朝覿而出之。」杜注：「謂夏三月，日在昴、畢，蟄蟲出而用冰〔一〕。春分之中，奎星朝見南方。」蓋日躔右行，自北而西、而南、而東，故冬行北陸，春行西陸，夏行南陸，秋行東陸，其序本如是也。自司馬彪續漢書誤作「日行北陸謂之冬，東陸謂之春，南陸謂之夏，西陸謂之秋」，後人不察，因而仍之。如張景陽雜詩：「大火流坤維，白日馳西陸。」郭景純遊仙詩：「蓐收清西陸，朱羲將由白。」皆誤也。案：漢書天文志：「月有九行，黑道二，出黃道北；赤道二，出黃道南；白道二，出黃道西；青道二，出黃道東。立春、春分，月東從青道〔二〕；立秋、秋分，西從白道；立冬、冬至，北從黑道；立夏、夏至，南從赤道。」彼蓋以月行例日道，而不知西陸之必不可易而爲秋，東陸之必不可易而爲春也。凡類書皆引律曆志，皆誤作「東陸謂之春，西陸謂之秋」，不可不辨。

迎婆娑神

後漢書列女傳：「孝女曹娥者，會稽上虞人也。父盱，能弦歌，爲巫祝。五月五日，於縣江泝濤迎婆娑神〔三〕，溺死。」困學紀聞曹娥碑云：「『盱能撫節按歌，婆娑樂神，以五月時迎伍君。』傳云『迎婆娑神』，誤也。」案：「迎婆娑神」，即「婆娑樂神」，其云「迎婆娑神」者，乃倒字法，非誤也，古文每有此種句法。

〔一〕蟄蟲，底本作「蟲」，今據十三經註疏補。
〔二〕月東從青道，底本作「月從東作從青道」，「東」字前衍「從」，「東」字后衍「作」，今據中華書局本漢書刪。
〔三〕迎婆娑神，底本作「婆娑迎神」，今據文義改。

弋者何篡

後漢書逸民傳：「揚雄曰：『鴻飛冥冥，弋者何篡焉。』言其違患之遠也。」注：「『篡』字，諸本或作『慕』。法言作『篡』。宋衷曰：『篡，取也。鴻高飛，冥冥薄天，雖有弋人，何施巧而取也？喻賢者隱處，不離暴亂之害也。』今人謂以計數取物謂篡。篡，亦取也。」李善文選注：「今『篡』或爲『慕』，誤也。」張九齡詠懷詩：「今我遊冥冥，弋者何所慕？」此用「慕」字之始。

絕塵不反

後漢書逸民傳：「蓋錄其絕塵不反，同夫作者，列之此篇。」注引韓詩外傳：「山林之士往而不能反。」則作「反」字解。昭明文選作「絕塵不及」，注：莊子：「夫子奔逸絕塵，而回瞠乎若後耳！」司馬彪注：「言不可及也。」則作「及」字解。二義皆通，而「反」字之義較長。

獨爲君子

後漢書黨錮傳：「張儉亡命，止李篤家。外黃令毛欽操兵到門，篤引欽謂曰：『張儉知名天下，而亡非其罪。縱儉可得，寧忍執之乎？』欽因起撫篤曰：『蘧伯玉恥獨爲君子。』」又謝承後漢書：「劉表受學於同郡王暢。暢，南陽太守，行過於儉。表時年十七，進諫曰：『蘧伯玉恥獨爲君子。』」案：此語未詳所出。考大戴禮衛將軍文子篇：「孔子曰：『獨貴，獨富，君子恥之。』」是澹臺滅明之行，非蘧伯玉也。若南唐鍾離君與許令事，則襲用後漢語耳！

度轂

後漢書崔駰列傳：「駰擬揚雄解嘲，作達旨。」中有句云：「顔回明仁於度轂。」注云：「未詳。」案：韓詩外傳：「孔子見客，客去，顔淵曰：『客，仁也。』孔子曰：『恨兮其心，頮兮其口，仁則吾不知也。』顔淵蹙然變色曰：『良玉度尺，雖有十仞之土，不能掩其光；良珠度寸，雖有百仞之水，不能掩其瑩。夫形體也，色心也。苟有溫良在中，則眉睫與之矣；疵瑕在中，則眉睫不能匿之。』」達旨所用，即此事也。「轂」字，以音，則「玉」字之訛；以形，則「穀」字之訛：二者必居一於此矣。或云：此是人名。與下「程嬰顯義於趙武」對看，則上文如「原衰見廉於壺飧，宣孟收德於柬脯，吳札結信于邱木」等句，原不盡是人名耳！

高足

後漢書鄭玄傳：「玄事扶風馬融，融門徒四百餘人，升堂進者五十餘生。玄在門下三年，不得見，迺使高業弟子傳受於玄。會融集諸生，考論圖緯，聞玄善算，迺召見于樓上，玄因從質諸疑義，問畢辭歸。融喟然謂門人曰：『鄭生今去，吾道東矣！』」案：世説新語文學：「鄭玄在馬融門下三年，不得相見，高足弟子傳受而已。」「高足」二字，蓋本此也。

零星

後漢書東夷列傳：「高句驪其俗好祠鬼神，社稷零星。」注：「龍星左角曰天田，則農祥也。辰日祀以牛，號曰零星。」風俗通曰：「辰之神爲零星，故以辰日祠于東南也。」按：「零星」二字，切音爲「辰」，此古「眞」、「青」之所以通也，猶曰「辰星」云爾。祠于東南者，因其方也。「俗說縣令問主簿：『靈星在城東南，何法？』主簿仰答曰：『唯靈星所以在東南者。』亦不知也。」可發一哂。

馬加牛加

後漢書東夷列傳：「夫餘國以六畜名官，有馬加、牛加、狗加，其邑落皆主屬諸加。」案：以畜名官，殊不雅馴，其實即司徒、司馬、司寇、司空之類也。又高句驪凡有五族，其置官有相加、對盧、沛者、古鄒大加、主簿部、優台、使者、帛衣、先人等名。注：「古鄒大加，高麗掌賓客之官，如鴻臚也，餘無解。」

畫龍不成

後漢書馬援傳「所謂畫虎不成，反類狗者也」，孔僖傳「所謂畫龍不成，反類爲狗者」，「龍」字殊不可解。野客叢書：「劉注：按古語皆云：『畫虎不成』，此誤以爲畫龍。余謂此非誤也，蓋章懷太子避唐諱爾。正如令狐德芬後周書引韋法保語『古人稱不入獸穴，不得獸子』同意，是亦避『虎』字也。」

按：此説甚新。然同一儒林傳，劉昆虎渡事，何以不諱？此不可解也。

風俗通曰：「衆心成城。」俗説曰：「衆人同心者，可共築起一城；同心共飲，雒陽酒可盡也。」又曰：「『郭』或謂之『郛』，『郛』者，亦大也。」

肸蠁

司馬相如上林賦：「肸蠁布寫。」司馬彪注：「肸，過也。芬芳之過，若蠁之布寫也。」李善注：「説文曰：『肸蠁，布也。』」顔師古漢書注：「肸蠁，盛作也；寫，布也：皆言香氣發越耳。後人用之祭祀，或以爲誤。」按：揚子雲甘泉賦：「於是欽柴宗祈，燎薰皇天，臯搖泰一。肸蠁豐融，懿懿芬芬。」已作其香始升解矣。後人用之祭祀，蓋本此也。

盧橘

司馬相如上林賦：「盧橘夏熟。」應劭注：「伊尹書曰：『箕山之東，青鳥之所，有盧橘夏熟。』」晉灼注：「此雖賦上林，博引異方珍奇，不係于一也。」師古曰：「盧，黑色也。」案：呂氏春秋本味篇：「伊尹曰：『箕山之東，青鳥之所，有甘櫨焉。』」應劭所引伊尹篇，即此也。楊升菴集：「上林賦『盧橘夏熟』，近注唐詩三體者，指爲枇杷。然予觀上林賦又有『枇杷橪柹』之文，不應重出也。偶閱吳録云：『朱光禄爲建安郡，中庭有橘，冬月樹上覆裹之。至明年夏，色變青黑，味絕美。此即盧橘盧黑也。』此説近是。」案：郭璞注：「今蜀中有結客橙，似橘而非，若柚而芬香。冬夏華實相繼，或如彈丸，或如拳，通歲食之。」即盧橘也。又史記索隱：「按廣州記云：盧橘皮厚，大小如甘，酢多，九月結實，正赤，明年二月更青黑，夏熟。」是盧橘之説，亦不一矣。要其非枇杷，則無疑矣。

玉樹青葱

揚子雲甘泉賦：「翠玉樹之青葱兮，璧馬犀之瞵瑞。」李善注引漢武故事曰：「上起神屋，前庭植玉樹，珊瑚爲枝，碧玉爲葉。」左太沖三都賦序：「相如賦上林而引『盧橘夏熟』，揚雄賦甘泉而陳『玉樹青葱』，班固賦西都而歎『以出比目』，張衡賦西京而述以『遊海』。若假稱珍怪以爲潤色，侈言無驗，雖麗非經。」三輔黄圖：「甘泉宫，一曰雲陽宫，北岸有槐樹，今謂玉樹，根幹盤峙，二三百年木也。」楊震關輔古語云：「耆老相傳：咸以爲此樹即揚雄甘泉賦所謂『玉樹青葱』也。」則太沖之譏未爲當矣！

巨靈

張平子西京賦：「綴以二華，巨靈贔屓，高掌遠蹠，以流河曲，厥跡猶存。」薛綜注：「華，山名也；巨靈，河神也。古語云：此本一山。當河水過之而曲行，河神以手擘開其上，蹋離其下，中分爲二，以通河流。手足之跡，于今尚在。贔屓，作力之貌也。」案：遁甲開山圖：「有巨靈胡者，徧得坤元之道，能造山川出江，河神化之，宜與元氣齊生爲九元眞母。」干寶搜神記：「二華之山，蓋本一山也，當河，河水過之而曲行。河神巨靈以手擘開其上，以足蹈離其下，中分爲兩，以利河流。今觀手跡于華嶽上，指掌之形具在，腳跡在首陽山下，至今猶存。故張衡作西京賦所稱『巨靈贔屓，高掌遠跡，以流河曲』是也。」又郭憲洞冥記：「惟有一短人，愛悅于帝，名曰巨靈。帝傍有青珉唾壺，巨靈乍出入其中。或戲笑帝前，東方朔望見巨靈，乃目之，巨靈因而飛去。望見化成青雀，因其飛去。帝乃起青雀臺，時見青雀來，則不見巨靈也。」按：漢武故事：「東郡送一短人，長七寸，曰巨靈。」即此事也。蓋巨靈之名則同，而大小迴異矣！

天與地杳

揚子雲羽獵賦：「章皇周流，出入日月，天與地杳。一作「沓」。應劭注：「沓，合也。」」顏師古曰：「章皇周流，言匝徧也。謂苑囿之大，遙望日月皆從中出入，而天地之際杳然縣遠也。說者反以『杳』爲『沓』解。云重『沓』，非惟乖理，蓋以失韻。」案：「沓」字與「月」字不叶。「杳」字與上「鎬」、「道」、「草」爲韻。考陶淵明詩「清氣澄餘滓，杳然天界高」，杜少陵詩「尚書氣與秋天杳」，則顏說是也。

周公受秬鬯而鬼方臣

王子淵四子講德論：「昔文王應九尾狐而東夷歸，周武王獲白魚而諸侯同辭，周公受秬鬯而鬼方臣，宣王得百狼而夷狄賓。」案：周公受秬鬯，見書洛誥；而臣鬼方事，未詳所出。考竹書紀年：「武丁三十五年，周公季歷伐西洛、鬼戎。」沈約附注云：「王嘉季歷之功，錫之圭瓚、秬鬯，九命爲伯。」此爲近之。然子淵所指明是周公，不是王季。且竹書出晉世，亦不可以證漢文也。文王事，見春秋緯；武王事，見尚書緯；宣王白狼事，亦未詳所出，姑存之以俟考。周語：「穆王征犬戎，得四狼、四白鹿以歸，自是荒服者不至。」正與此反。案：宋書符瑞志：「白狼，宣王得之而犬戎服。」亦不知其何所本也。

足下

李陵答蘇武書：「子卿足下。」李善文選注引蔡邕獨斷曰：「陛下者，群臣與至尊言，不敢指斥天子，故呼在陛下者而告之，因以卑達尊之意也。及群臣士庶相與言殿下、閣下、足下、侍者、執事之屬，皆此類也。」案：劉敬叔異苑：「介子推逃祿隱跡，抱樹燒死。文公拊木哀嗟，伐而製屐，每懷割股之功，俯視其屐：『悲夫足下。』『足下』之稱，將起于此。」則小說家言矣！

天帝醉

張平子西京賦：「昔者大帝說秦穆公而覲之，饗以鈞天廣樂。帝有醉焉，乃爲金策，錫用此土，而翦諸鶉首。」善注：「虞喜志林曰：『喭曰：天帝醉，秦暴金誤隕石墜。』謂秦穆公夢天帝奏鈞天樂，已有此喭。」案：史記始皇本紀：「三十六年，熒、惑守心，有墜星下東郡，至地爲石。徐廣曰：「表云：石晝隕。」黔首或刻其石，曰：『始皇帝死而地分。』始皇聞之，盡取石旁居人誅之，因燔銷其石。」喭所云，蓋即此讖也。而「金誤」二字，殊不可解。庾子山哀江南賦：「以鶉首而賜秦，天何爲而此醉？」蓋用此也。又述異記：「秦二世元年，宮中雨金。既而頃刻，皆化爲石。」喭言，得無指此歟？

雉媒

潘安仁射雉賦序：「余徙家于琅邪，其俗善射。聊以講肄之餘暇，而習媒翳之事，遂樂而賦之。」徐爰注：「媒者，少養雉子，至長狎人，能引野雉，因名曰媒。翳者，所隱以射者也。晉邦過江，斯藝乃廢。歷代迄今，寡能厥事。嘗覽茲賦，昧而莫曉。聊記所聞，以備遺忘。」案：西京雜記：「茂陵文固陽，本瑯邪人，善馴野雉爲媒，用以射雉。每以三春之月，爲茅障以自翳，用觟矢以射之，日連百數。茂陵輕薄者化之，皆以雜寶鑽廁翳障，以青州蘆葦爲弩矢，輕騎妖服，追隨於道路，以爲歡娱也。」則當時之風，尚可知矣！

大谷梨

潘安仁閒居賦：「張公大谷之梨。」李善注：「廣志曰：『洛陽北芒山有張公夏梨，甚甘，惟有一樹。大谷，未詳。』」案：西京雜記：「上林苑有紫梨、青梨、芳梨、大谷梨、細葉梨、縹葉梨、金葉梨、瀚海梨、東王梨、紫條梨。」潘賦本此。此亦足以證西京雜記非吴均之僞書〔一〕。庾子山詩：「梨紅大谷晚，桂白小山秋。」亦本於此。杜少陵詩：「杜酒何勞勸，張梨不外求。」蓋用潘句也。

〔一〕均，底本作「筠」，今據文義改。

蕭杌

干令升晉紀總論：「目三公以蕭杌之稱，摽上議以虚談之名。」李善注：「干寶晉紀云：『言君上之議虚談也。』蕭杌，未詳。」案：高士奇天祿識餘：「晉書總論云：『目三公以蕭兀。』注謂蕭然自放，兀爾無名。」

齒居晉而黄

嵇康養生論〔一〕：「頸處險而癭，見淮南子。齒居晉而黄。善注：「未詳。」」考陸佃埤雅釋木：「世語啗棗，令人齒黄。養生論曰：『齒居晉而黄。』晉齒食此故也。」案：史記貨殖傳：「安邑千樹棗，燕秦千樹栗，此其人皆與千戶侯等。」安邑，晉地也。

桐乳致巢

宋玉風賦：「枳句來巢，空穴來風。」善注：「枳，木名。『枳句』，言枳樹多句也。莊子逸篇：『空閄來風，桐乳致巢。』司馬彪注：『門戶孔空，風善從之。桐子似乳，著其葉而生。其葉似箕，鳥喜巢其中也。』」庾子山華林園馬射賦：「桐垂細乳。」蓋用此也。

〔一〕嵇，底本作「嵇」，今據文義改。下同，不另出校。

奇相

郭景純江賦：「奇相得道而宅神，乃協靈爽於湘娥。」注：「江神謂之奇相。」考張唐英蜀檮杌：「將大霖雨，禱于奇相之祠。唐英按：古史震蒙氏之女，竊黃帝玄珠，沈江而死，爲此神，即今江瀆廣廟是也。」據此，則奇相與湘君皆水神，皆女子也。

齧膝

王褒聖主得賢臣頌：「駕齧膝，驂乘旦。」漢書注：「孟康曰：『良馬低頭，口至膝，故曰齧膝。』」文選注：「應劭曰：『馬怒有餘氣，故齧膝而行也。』張晏曰：『齧膝、乘旦，皆良馬名。駕則旦至，故以爲名。』」按：魏志方伎傳：「朱建平善相馬，文帝將出，取馬外入。建平道遇之，曰：『此馬之相，今日死矣！』帝將乘馬，馬惡衣香，驚，齧文帝膝。帝大怒，即便殺之。」此亦一齧膝也，而良惡迥異矣！

遺風

又云：「追奔電，逐遺風。」注：「遺風，風之疾者也。」按：呂氏春秋本味篇：「馬之美者，青龍之匹，遺風之乘。」注：「馬行迅謂之遺風。」崔豹古今注：「秦始皇有七名馬：追風、白兔、躡景、犇電、飛翮、銅爵、神鳧。」則奔電、遺風，皆馬名也。

合歡蠲忿

嵇康養生論：「合歡蠲忿，萱草忘憂。」按：博物志：「神農經曰：上藥養命，謂五石之練形，六芝之延年也；中藥養性，合歡蠲忿，萱草忘憂；下藥治病，謂大黄除實，當歸止痛。」續博物志：「王孫，一名黄孫，一名黄昏。」孫思邈有黄昏散，注云：「黄昏木，或曰合歡，合昏夜、合花。」陳無己云：「探囊一試黄昏湯。」草部、木部黄昏爲二物。郭璞曰：「守宫槐，晝日聶合，而夜舒布也。」江東有木，與此相反，俗因名合昏。」又云：「孫思邈以合歡爲萱草，嵇叔夜合歡蠲忿。萱草、忘憂，兩物也。」又云：「諼草一名鹿蔥花，名宜男。」名醫別錄：「萱草，今之鹿蔥也。」風土記云：「姙婦佩其花，生男也。」案：古今注：「合歡樹似梧桐，枝葉繁，互相交結。每風來，輒身相解，了不相牽，綴樹之階庭，使人不忿。」嵇康種之舍前，則木部者。是竇叔向詩「夜合花開香滿庭」，則草部者是也。

廣陵散

潘岳笙賦：「輟張女之哀彈，流廣陵之名散。」善注：「閔洪琴賦曰：『汝南古曲，張女哀彈。』然蓋古曲，未詳所起。」按：晉書嵇康傳：「初，康嘗遊乎西洛，暮宿華陽亭，引琴而彈，夜分忽有客詣之，稱是古人，與康共談音律，詞致清辨。因索琴彈之，而爲廣陵散，聲調絕倫，遂以授康，仍誓不傳人，亦不言其姓氏。後康將刑東市，索琴彈之，曰：『昔袁孝尼嘗從吾學廣陵散，吾每固靳之。廣陵散于今絕矣！』」沈存中曰：「盧氏雜說云：韓皐謂嵇康琴曲有廣陵散者，以王淩、毌丘儉輩皆自廣林敗散。

言魏之散亡自廣陵始，故名其曲曰廣陵散。以予考之，『散』自是曲名，如操、弄、摻、淡、序、引之類。故潘岳笙賦云：『輟張女之哀彈，流廣陵之名散。』又應璩與劉孔才書云：『聽廣陵之清散。』以是知散是曲名明矣！」兼韻會載琴曰廣陵散，寒字韻。據此，則散亦可讀平聲也。按：此條見夢溪筆談。近刻文選者，第舉綱目，集覽以爲王幼學云云，誤也。

神女賦

姚寬西溪叢語云：「楚襄王與宋玉遊高唐之上，見雲氣之異，問宋玉。玉曰：『昔先王夢遊高唐，與神女遇，玉爲高唐之賦。』先王謂懷王也。是夜夢見神女，寤而白王，王令玉言其狀，使爲神女賦。後人遂謂襄王夢神女，非也。今文選本『玉』、『王』錯誤。」按：高唐賦有「對曰」，神女賦無「對曰」，故後人遂以玉夢爲王夢。然下文云：「他人莫覩，玉覽其狀。」則王夢之爲玉夢，無可疑者。何義門云：「令威語又本沈存中補筆談。」

群書札記卷三

銀手如斷

大戴禮衛將軍文子篇：「學以深，厲以斷，送迎必敬，上友下交，銀手當是「乎」字之誤。如斷，是卜商之行也。」盧辯注：「銀，廉鍔也。如斷，言便能。殊不可解。」案：此疑即易所謂「二人同心，其利斷金」者也。說文：「銀，白金也。」以「銀」作「金」解，其義甚明。又家語：「弟子行學之深，送迎必敬，上交下接，若截焉，是卜商之行也。」按：此即可者與之不可者拒之之意。戴記所云「如斷」，或即家語所謂若截耳！

及日

大戴禮本命篇：「婦人不出闈門，事在饋食之間而已矣。是故女及日乎閨門之內。盧注：「專其志，且遠嫌。」不百里而奔喪。」盧注言「及日」：「故經成見星。」按：「及日」，猶言「逮日」。檀弓：「朝奠日出，夕奠逮日。」謂女子有行，必及日未入而還也。考奔喪之禮，日行百里，不以夜行。惟父母之喪，見星而行，見星而舍。據此，則百里而奔喪者，男子之禮，非婦人之禮，故曰「不百里而奔喪」也。或云：「不百里」，據注當是「不見星」之訛。則雖奔父母之喪，亦仍不以夜行耳。此其所以異於男子也，此其所以爲遠嫌也。「及日」或作「日及」，疑誤。嚴陵方氏曰：「逮日者，及日也。於日未沒之時，爲及日矣！」

地圓

古語：「天圓地方。」案：天文：「周髀家云：『天圓如張蓋，地方如碁局。』」是天圓而地方也。渾天儀注云：「天如雞子，地如雞中黃。」是天圓而地亦圓也。虞喜安天論云：「天確乎在上，有常安之形；地魄焉在下，有居靜之體。當相覆冒，方則俱方，圓則俱圓，無方圓不同之義也。」是亦以地爲圓矣。後世天文家以地爲地球，詳見群經札記。皆以地爲圓，不以地爲方者也。考曾子天圓篇：「單居離問于曾子曰：『天圓而地方者，誠有之乎？』曾子曰：『天之所生，上首；地之所生，下首。上首之謂圓，下首之謂方。如誠天圓而地方，則是四角之不掩也。參嘗聞之夫子曰：天道曰圓，地道曰方。』」盧辯注：「人首圓足方，繫之天地，因謂天地爲方圓也。」周髀曰：「方屬地，圓屬天，天圓地方也。」淮南子曰：「天之圓不中規，地之方不中矩。」白虎通曰：「天，鎮也，其道曰圓；地，諦也，其道曰方。一曰：員謂水也。道曰方圓耳，非形也。」則地圓之說，自古而已然矣！

蒿柱

大戴禮明堂篇：「周時德澤洽和，蒿茂大以爲宮柱，名蒿宮也。」竹書紀年沈約注：「周德既隆，草木茂盛。蒿堪爲宮室，因名蒿室。」案：范成大桂海虞衡志：「大蒿，容、梧道中久無霜雪處，年深滋長，大者可作屋柱，小亦中肩輿之扛。」則蒿之堪爲柱也信矣！俗語云：「村中無大樹，蓬蒿當雀杆。」

蓋淺見寡聞之言耳！

鞠則見

夏小正：「鞠則見。」傳曰：「鞠者何也？星名也。鞠則見者，歲再見爾。」金仁山云：「天文書不見鞠星，是時初昏，參中。則晨所見者，危、室諸星耳！古『鞠』、『菊』通用。蓋謂菊始苗，九月榮鞠，則菊花也。」黃崑圃曰：「鞠星，蓋黃星也。舜時黃星見，或夏后時亦有之。」金氏以「鞠」爲「菊」，恐正月非菊苗時也。顧桐陰集解云：「黃星是瑞應，豈得入紀候之書？至傳云『歲再見』，亦未詳。」仁山以「鞠」爲「菊」，正與采芸相類，謹闕疑可也。案：小正書：「正月鞠則見，三月參則伏。四月昴則見，五月參則見，八月辰則伏。」共五條，書法正同。則傳所云「星名」者是也。但不知其爲何星爾。考詩：「嘒彼小星，三五在東。」毛傳：「三，心；五，噣。四時更見。」鄭箋云：「星在東方，三月時也。噣亦作「咮」。爾雅：「咮謂之柳。」在東方，正月時也。如是終歲列宿更見。」疑鞠星乃噣星也。若以「鞠」爲「菊」，則如「囿有見韭」、「時有見稊」、「囿有見杏」等句書法，皆不類矣。

蜉蝣有殷 本作「浮游」

夏小正：「蜉蝣有殷。」傳曰：「殷，衆也。蜉蝣，殷之時也。蜉蝣者，渠略也。朝生而暮死，稱有，何也？有見也。」「浮游」，爾雅作「蜉蝣」。黃氏曰：「能浮水上而游，故謂之浮游。」顧桐陰集解云：「殷，猶衆也。見其衆，而知其爲五月矣！」案：「殷」字當作「衣」字解。考詩曹風一章曰：

「蜉蝣之羽，衣裳楚楚。」二章曰：「蜉蝣之翼，采采衣服。」三章曰：「蜉蝣掘閱，麻衣如雪。」則小正所云「有殷」，即「有衣」也。案：中庸：「壹戎衣。」鄭注：「衣讀如殷，聲之誤也。齊人言殷聲如衣。『壹戎衣』者，言一用兵伐殷也。」據小正，則殷聲如衣，不獨齊人之方言矣。中庸讀「衣」爲「殷」，小正讀「殷」爲「衣」，故曰「殷」字當作「衣」字解。

九宫

大戴禮明堂記：「二九四，七五三，六一八。」注：「記用九室，謂法龜文，故取此數以明其制也。」考易乾鑿度曰：「太乙取其數，以行九宫。」鄭玄注云：「大乙者，北辰神名也。下行八卦之宫，每四，乃還於中央。中央者，北辰之所居，故謂之九宫。天數大分，以陽出，以陰入。陽起於子，陰起於午。是以太乙下，九宫從坎宫始，自此而從於坤宫，自此而從於震宫，自此而從於巽宫，所以行半矣。還息於中央之宫。既又自此而從於乾宫，又自此而從於兑宫，又自此而從於艮宫，又自此而從於離宫，行則周矣。上游息於太乙之星而反。紫宫行起從坎宫始，而終於離宫也。」按：此即洛書之數，所謂戴九履一，左三右七，二四爲肩，六八爲足，五數居中者是也。故曰「法龜文」也。又子華子曰：「二與四抱九，而上躋六與八，蹈一而下沉，戴九而履一，據三而持七，五居中宫。故曰天地之大數，莫中乎五。」此亦洛書之數也。

鴟龜曳銜

集注：「鴟龜事無所見。舊說謂鮌死爲鴟龜所食。鮌何以聽而不爭乎？詳其文勢，與下文應龍相類。

似謂鮌聽鴟龜曳銜之事，而敗其事。然無稽之談，亦無足答矣！」按：搜神記曰：「秦惠王二十七年，使張儀築成都。城屢頹，忽有大龜浮于江，至東子城東南隅而斃。儀以問巫，巫曰：『依龜築之便就。』故名龜化城。」按：淮南子曰：「鯀作九仞之城。」意當日鮌之築城，必有與此事相類者，故天問云爾，然不可考矣。

正則靈均

楚詞：「皇覽揆余於初度兮，肇錫余以嘉名。名余曰正則兮，字余曰靈均。」注：「正，平；則，法；靈，神；均，調也。」按：此乃切音之法。「正」、「則」二字，合音爲「平」；「靈」、「均」二字，合音爲「原」。「正」、「平」同韻，而「均」、「原」不同韻者，此即「眞」韻轉「文」、「元」之法也。後儒不知古人切音之法，第以字義疏解，陋矣！

禹麾

楚詞大招：「直嬴在位，近禹麾只。」注：「直嬴，正直而才有餘者。」禹麾，朱子曰：「未詳。或曰近禹之指麾用人也。」案：史記：「栢翳與禹平水土，賜姓嬴氏，其後爲秦。」此「直嬴」，蓋指伯益言。以喻強秦已服，猶虞賓之在位，伯益之贊禹也云爾。屈子此語，致有深意，而注家殊不得其解。

采薇

楚詞天問：「驚女采薇鹿何祐，北至回水萃何喜。」注：「昔有女子采薇，有所驚，而走至回水之上，因而得鹿，其家遂以昌熾。」然一女耳，有何關係？乃令得鹿而祐之乎？何此女之偏萃其喜乎？案：譙周古史考：「夷、齊采薇而食，野有婦人謂之曰：『子義不食周粟，此亦周之草木也。』於是餓死。」劉孝標辨命論「夷叔斃淑媛之言」是也。又列士傳：「夷、齊隱于首陽山，不食周粟，採薇而食。時王摩子入山，難之曰：『君不食周粟，而隱周山，食周薇，柰何？』二人遂不食薇。經七日，天遣白鹿乳之，得數日。夷、齊私念：此鹿肉食之必美。鹿知其意，不復來，二子遂餓而死。」此雖不經之談，然于天問卻合。若舊注云云，眞不堪一笑也。莊子：「二子北至於首陽之山，遂餓而死焉。」則回水當即在首陽山下也。考水經注：「雷首山，一名獨頭山，夷、齊所隱也。山南有古冢，俗謂之夷齊墓。其水西南流，亦曰雷水。」則回水之即雷水明矣！應劭風俗通：「清擬夷、叔，政〔一〕則冉季。」孝標「夷、叔」二字本此。

封豨

楚詞天問：「馮珧利玦，封豨是射。何獻蒸肉之膏，而后帝不若？」注：「馮，挾也。珧，弓名也。玦，射韘也。封豨，神獸也。后帝，天帝也。言羿射封豨，以其肉享天帝，而天帝不順羿之所爲也。」

〔一〕政，底本作「改」，今據中華書局本風俗通改。

帝既生羿，使之得意滿志，射豨獻媚，何以帝又不若之乎？此不可解也。」案：此條與論語南宮适所問正同。謂善射如羿，而卒不得其死也。考左昭二十八年：「昔有仍氏生女，黰黑，而甚美，光可以鑒，名曰玄妻。樂正后夔取之，生伯封，實有豕心。貪惏無厭，忿纇無期，謂之封豕。有窮后羿滅之，夔是以不祀。」此封豨，即伯封也。其云「獻蒸肉之膏」者，即左襄四年魏莊子所云「家衆殺而亨之，以食其子」者是也。舊注隨文解義，殊不得其旨。

憚青兕

楚詞招魂：「與王趨夢兮課後先，君王親發兮憚青兕。」考呂氏春秋至忠篇：「荆莊哀王獵於雲夢，射隨兕，中之。申公子培劫王而奪之，王曰：『何其暴而不敬也？』命吏誅之。左右大夫皆進諫曰：『子培，賢者也，又爲百倍之人臣，此必有故，願察之也。』不出三月，子培疾而死，荆興師戰於兩棠，大勝晉。歸，而賞有功者。申公子培之弟進，請賞於軍旅，曰：『臣兄之有功也于車下。』王曰：『何謂也？』對曰：『臣之兄犯暴不敬之名，觸死亡之罪於王之側，其愚心將以忠於君王之身，而持千歲之壽也。臣之兄嘗讀故記曰：殺隨兕者，不出三月。是以臣之兄驚懼而爭之，故伏其罪而死。』王令人發平府而視之於故府，果有。乃厚賞之。」招魂所云，正用此事，憚有戒心也。即屈子事君致身，惓惓不忘之義也。舊注云：「憚負矢懼而走也。」從「兕」索解，似未得屈子之意。案：荆哀王宜作楚莊，見說苑立節篇，但彼又以隨兕爲科雉耳！

黄棘

楚詞：「借光景以往來兮，施黄棘之枉策。」王逸注：「黄棘，棘刺也。言願借神光電景，飛注往來，施棘之刺，以爲馬策。言其利用急疾也。」洪慶善曰：「言己之所以假延日月，往來天地之間，無以自處者，以其君施黄棘之枉策故也。初，懷王二十五年與秦盟于黄棘。史記楚世家：『二十五年，懷王入，與秦昭王盟約于黄棘。』其後爲秦所欺，卒客死于秦。』今頃襄任用姦回，將亡國，是覆施黄棘之枉策也。黄棘，地名。」吴仁傑離騷草木疏云：「按：『借光景以往來』，猶離騷經『聊假日以媮樂』。逸注云：『神光電影。』非是。又以『黄棘』爲『棘刺』，而不知所據。今按山海經：『苦山有木焉，名曰黄棘。案：宋刻脱此四字，今訂補。黄華而員葉，其實如蘭。』離騷草木多用山海經，九章蓋取諸此。地名之説誤也。本草木部有赤棘、白棘，唐本註引切韻曰：『棘，小棗也。花、葉、莖、實俱類棗。』嘉祐圖經云：『枸杞，一名仙人杖。而狗杞有針者，一名枸棘。』今此所云黄棘，以黄華得名。又其實如蘭，則用爲馬策者，特取其香耳，不以刺爲嫌也。唯椒亦然。」案：斗南駁王、汪，確有根據。第「枉策」二字，不無微意。則補注引史記以黄棘爲地名，正未可厚非也。

九折臂

左定十三年：「齊高彊曰：『三折肱知爲良醫。』」楚詞九章：「九折臂而成醫兮，吾今而知其信然。」一用易之豐卦，一用禮之少儀。

楚些

幼讀楚騷「些」字，不得其解。考夢溪筆談：「楚詞招魂尾句皆曰『些』，蘇箇反。語辭□。今夔、峽、湘、湖及南、北江獠人，凡禁呪句尾，皆稱『些』。此乃楚人舊俗，即梵語『薩嚩訶』也。三字合言之，即『些』字也。」

啓棘賓商

楚詞天問：「啓棘賓商，九辯、九歌。」王逸注：「訓啓爲陳，訓賓爲列。謂商爲五音之商。」洪興祖補注以爲急相符契，以賓客之禮，而作是樂。朱子辯證：「『棘』當作『夢』，『商』當作『天』。言啓夢上賓于天，而得此二樂以歸耳。若山海經云：『夏后上三嬪于天，得九辯、九歌以下。』則是當時別本。此書亦誤作『嬪』。故或曰因以商爲說。然『商』字猶作『天』字，則可驗矣！」按：「賓商」，疑指商均言。虞以丹朱爲賓，夏以商均爲賓，猶后夔之言「虞賓在位」也。若山海經所云，恐不足爲據耳！「何勤子屠母，而死分竟地。」朱子集注：「屠母，疑亦謂淮南所說禹治水，自化爲熊，以通轘轅之道。塗山氏見之而慚，遂化爲石。時方孕啓，禹曰：『歸我子。』於是石破北方，而啓生。其石在嵩山。見漢書注。竟地，即化石也。此皆怪妄不足論，但恐文義當如此耳！」案：此條當指太康，言勤勞也。「子屠疑作「瘏」，病也。母」，疑即五子之歌所謂「厥弟五人，御其母以從」者也。「死分竟同「境」。地」，謂太康爲羿所拒，死于河南。而河北之地，已爲羿所竊據也。離騷經曰：「啓九辯與九歌兮，夏康娛以自縱。不顧難而圖後兮，五子用失乎家衖。」正與此合。

女岐

「女岐無夫合，焉取九子？」集注：「女岐，神女，無夫而生九子。」釋氏書有九子母之説，疑即謂□□。應劭漢書注：「九子母，或云即女岐也。」

娵隅

世説新語排調：「郝隆爲桓公南蠻參軍，三月三日，會作詩，攬筆便作一句云：『娵隅躍清池。』桓公問：『娵隅是何物？』對曰：『蠻名魚爲娵隅。』桓公曰：『作詩何以作蠻語？』隆曰：『千里投公，始得蠻府參軍，那得不作蠻語也？』」案：「娵隅」二字，合音爲「魚」，亦切音之法也。

玄之妹

世説新語賢媛：「王江州夫人語謝遏曰：『汝何以都不復進？』夫人，玄之妹。『爲是塵務經心，天分有限。』」王敬美云：「此豈女弟待兄言？註誤。『妹』當爲『姊』。」案：王江州，即王凝之；夫人，即謝道蘊；遏，即謝玄小字。下條明云：「謝遏絕重其姊，張玄常稱其妹。」則「妹」字乃刻本之訛，非孝標之誤也。王以爲註誤，過矣！

軒軒霞舉

世說新語容止：「林公道王長史『斂衿作一來，何其軒軒韶舉！』」又：「海西時，諸公每朝，朝堂猶暗。惟會稽王來朝，軒軒如朝霞舉。」案：開天遺事：「玄宗召李白便見於便殿，神氣高朗，軒軒然若霞舉。」正用世說語也。

茗柯

世說新語賞譽：「簡文云：『劉尹茗柯有實理。』」「柯」一作「打」，又作「仃」，又作「行」。劉本注：「言茗之枝柯小實，非外博而中虛也。」楊用修曰：「韓康伯雖無骨幹，然亦膚立。」「膚立」，當是「茗柯」之反。案：「茗柯」二字，初不得其解。既而思之，此亦切音之法也。當從注作「茗打」。頂、等二音。「茗打」二字，合音爲「梗」。楚詞橘頌：「願歲并謝，與長友兮；淑離不淫，梗其有理兮。」意正相合。或者以王右軍道劉眞長標雲柯而不扶疏，遂改「茗打」爲「茗柯」，未可知耳！然「茗柯」字亦自佳。

江廧

世說新語賞譽：「裴令公曰：『見傅蘭碩碬，江廧靡所不有。』」王敬美曰：「據晉史，作『汪翔』，蓋『汪』字之訛而爲『江』，『翔』音訛而爲『廧』也。然汪翔亦甚費解。」案：「江廧」二字無所考。惟逸周書作雒解有「堤唐山廧」句，孔晁注：「山廧，謂廧畫山雲。」豈「江廧」爲「山廧」之訛耶？抑「唐廧」之誤耶？若晉史作「汪翔」，則直作「汪洋」解耳！姑存之以俟考。

爾馨

世說新語品藻：「王丞相云：『見謝仁祖語，恒令人得上。』與何次道語，唯舉手指地，曰：『正自爾馨。』」注：「前篇及諸書皆云王公重何充，謂必代己相。而此章以手指地，意如輕何。或清言析理，何不逮謝故耶？」劉本注有尊謝卑何之意。案：賞譽篇：「何次道往丞相許，丞相以鹿麈尾指坐，呼何共坐，曰：『來，來，此是君坐。』」又：「丞相治揚州廨舍，按行而言曰：『我正爲次道治此爾！』何少爲桓公所重，故屢發此歎。」據此，則所云「正自爾馨」者，謂正得人意中所欲言。此重之之辭，非輕之之辭也。王敬美云：「此方言意云也。只如此，故非譽之也。未是令人得上，謂猶得駕乎其上也。」劉會孟云：「得上，亦足以發。」非是。又方正篇：「桓大司馬詣劉尹，臥不起。桓彎彈彈劉枕，丸迸碎牀褥間。劉作色而起曰：『使君句如馨地。』劉會孟曰：『如馨』，即『如此』。寧可鬥戰求勝？」又語：「王仲祖有好儀形，每覽鏡自照，曰：『王文開那生如馨兒？』」則皆作「如此」解也。

僧之董狐

世說新語：「干寶向劉眞長敘其搜神記，劉曰：『卿可謂鬼之董狐。』」案：酉陽雜俎貝編：「魏李騫、崔劼至梁同泰寺，僧迎門引接至浮圖中，佛傍有執板筆者，僧謂騫曰：『此是尸頭，專記人罪。』竇曰：『便是僧之董狐。』」此亦可資笑談之一噱也。

漁山樵水

世說新語排調：「孫子荆年少時欲隱，語王武子：『當枕石漱流。』案：古樂府有「枕石漱流」之句。誤曰『漱石枕流』。王曰：『流可枕，石可漱乎？』孫曰：『所以枕流，欲洗其耳；所以漱石，欲礪其齒。』」王敬美曰：「誤語，乃得佳。遂爲口實。此王子敬畫蠅也。」宋景濂竹溪逸民傳：「逸民謂其友曰：『吾將漁於山，樵於水矣！』其友疑其誕。逸民曰：『樵於水，志豈在薪？漁於山，志豈在魚？』」此語乃眞可與「漱石枕流」作對也。

阿堵

世說新語規箴：「王夷甫雅尚玄遠，常嫉其婦貪濁，口未嘗言『錢』字。婦欲試之，令婢以錢遶牀，不得行。夷甫晨起，見錢閡行，呼婢曰：『舉卻阿堵物。』」劉須溪注：「『阿堵物』，猶言『這箇物』，非以名錢。」楊升菴云：「『阿堵』，近世不解此，遂謂錢曰『阿堵』，可笑。晉人曰『阿堵』，猶唐人曰『若箇』，今人曰『這箇』也。」案：世說新語文學：「殷中軍見佛經云：『理亦應阿堵上。』」謂理只在眼睛前也。又世說新語巧藝：「顧長康畫人，或數年不點目精，人問其故，曰：『四體妍蚩，本無關於妙處。傳神寫照，正在阿堵中。』」謂傳神只在眼精中也。則所云「阿堵物」者，亦謂眼前物耳。今俗語猶有「眼睛前頭」之說，即此意也。須溪、升菴之說，似猶未的耳。晉書王衍傳作「舉阿堵物卻」。

披沙揀金

世說新語文學：「孫興公云：『潘文爛若披錦，無處不善；陸文若排沙簡金，往往見寶。』」鍾嶸詩品：「謝混云：『潘詩爛若舒錦，無處不佳；陸文如披沙簡金，往往見寶。』」紀曉嵐庚辰集云：「按舊注皆引此文。然唐試此題，乃以『求寶之道，同乎選材』爲韻，李程、席夔、張仲方三賦，皆以求賢立意，疑別有所出，今不可考。」案：開天遺事：「明皇燕諸學士於便殿，顧謂李白曰：『朕與天后任人如何？』白曰：『天后任人如小兒市瓜，不擇香味，唯取肥大。陛下任人如淘沙取金，剖石採玉，皆得其精粹。』上大笑。」唐人賦蓋本諸此。所謂「求寶之道，同乎選材」者也。

一弦

世說新語注：「嵇康集序曰：『孫登者，不知何許人，無家，於汲郡北山土窟住。夏則編草爲裳，冬則被髮自覆。好讀易，鼓一弦琴，見者皆親樂之。』」此與陶淵明蓄無弦琴，每醉輒撫弄以寄其意，皆千古韻事也。又列仙傳：「太眞王夫人，王母少女玉巵也，每彈一弦琴，即百禽飛集，時乘白龍，周遊四海。」此又一一弦琴也。

坐隱手談

世說新語：「王中郎以圍碁是坐隱，支公以圍棊爲手談。」劉注：「博物志曰：『堯作圍棊以教丹朱。』」金樓子：「初，堯教丹朱棋，以文桑爲局，犀象爲子。」按：瑯嬛記：「吳耽不好棊，見人著，輒曰：『汝非死將軍，奈何以鬼陣相攻？』後人因名棊曰鬼陣。」此與手談雅語正相反也。續博物志 語林云：「王中郎以圍棊爲坐隱，或亦謂之爲手談，又謂之爲棊聖。」西京雜記：「杜陵杜夫子善奕棊，爲天下第一人。或訊其費日，夫子曰：『精其理者，足以大裨聖教。』」棋聖之稱，其以是乎？

虺瓦弔

世說新語 輕詆：「蔡伯喈睹睞笛椽，孫興公聽妓振且擺折，王右軍聞，大嗔曰：『三祖壽一作「臺」。樂器，虺瓦一作「瓩凡」。弔，孫家兒打折。』」劉會孟曰：「三祖上三代保守此笛。虺瓦弔，若非地名，即不祥短命。」按：「虺瓦弔」，當是詈人之辭。考裴淵廣州記曰：「弔，蛇頭鼉身，水宿，亦木棲，俗謂曰弔。膏至輕利，以銅瓦器貯之，浸出，而惟雞卵盛之不漏。治諸毒，絕驗也。」此爲近之弔，一名吉弔。

何乃淘

世說新語 排調：「劉眞長始見王丞相。時盛暑之月，丞相以腹熨彈棊局，曰：『何乃淘？』」劉注：

「吳人以冷爲淘。」劉既出，人問王公云何，曰：『未見他異，惟聞作吳語耳！』」胡文英吳下方言考：「『何』，虛問之辭。『那淘』，猶『如何』也。吳中呼『若何』爲『那淘』。」按：集韻：「『淘』與『瀞』同『冷』也，吳人謂之淘。」說文解字：「冷，寒也。楚人謂冷曰『瀞』。」當從孝標之說爲是。

茗仃

世說新語賞譽：「簡文云：『劉尹茗柯，有實理。』」「柯」一作「打」，又一作「仃」。胡文英吳下方言考：「茗仃，到底也，到頂也。吳諺謂至極爲茗仃。」按：晉書山簡傳：「酩酊無所知。」「酩酊」，亦作「茗艼」，醉甚也。文英之說良是。此「茗柯」字，其爲「茗仃」之訛無疑。詳見前條。

末下鹽豉

世說新語言語：「陸機詣王武子，武子前置數斛羊酪，指以示陸曰：『卿江東何以敵此？』曰：『有千里蓴羹，但未下鹽豉耳！』」劉會孟曰：「最得占對之妙，言外謂下鹽豉，美尚未止此。第語深約，可以意得，難以俊賞耳！」王敬美曰：「千里，湖名。今志猶可考。」陳志華曰：「晉書：『千里蓴羹，未下鹽豉。』」或云：謂千里、末下，是蓴豉所出之地。張鉅山詩：「一出修門道，重觀末下蓴。」按：圖南因話錄曰：「『末』字誤爲『未』。末下、千里，皆地名。其地今屬平江。」案：此自以「蓴羹」對「羊酪」，故時人稱之爲名對。晉人最重蓴羹。觀張季鷹傳可見也。「千里」或是湖名，「末下」之名，疑是後起，不可信也。當從世說，作「未」字爲是。

冰衿

世說新語 規箴：「郗太尉晚節好談，既雅非所經，而甚矜之。後詣王丞相，丞相曰：『願公勿復談。』郗遂大瞋，冰衿而出，不得一言。」王敬美曰：「『冰衿』二字，切音爲『噤』，謂寒戰而口不能言也。」凌氏之解得之。

衛莊

杜赤霄行：「皇孫猶曾困蓮勺，衛莊見貶傷其足。」注：「『衛』當作『鮑』。左傳：『鮑莊子之知不如葵，葵猶能衛其足。』注：『葵，傾葉向日，以蔽其根。』」按：左哀十七年：「衛莊公踰於北方，而隊折股，則傷足矣。」上文用皇孫事，此當用衛莊事，但不知其何所指耳。

將軍蓋

杜少陵修水筒詩：「詎要方氏符，何假將軍蓋？草堂作「佩」。」趙曰：「意是用貳師將軍拔刀刺山而飛泉出事，但無『蓋』字耳！」按：東觀漢記：「耿恭爲校尉，居疏勒。匈奴來攻，城中穿井十五丈無水。恭曰：『聞貳師將軍拔佩刀刾一作「刺」。山，而飛泉出。今漢德神靈，豈有窮乎！』乃正衣冠，向井拜。有頃，井泉噴出。」據此，則草堂作「佩」者是也。或云「蓋」當作「拜」，亦通。

風吹蒼江樹

杜詩：「風吹蒼江樹，雨灑石壁來。」朱子語録：「杜詩最多誤字。如『風吹蒼江樹，雨灑石壁來。』『樹』字無意思，當作『去』字無疑。『去』字對『來』字。」又如蜀有漏天，以其西極陰盛，常雨，如天之漏也。故杜詩云：『鼓角漏天東。』後人不曉其義，遂改『漏』字爲『滿』，似此類極多。」按：杜上漢中王詩：「杳杳東山攜漢妓，冷冷修竹待王歸。」滄浪詩話云：「疑是『攜妓去』，亦以『去』對『歸』也。」寰宇記：「卬都縣漏天，秋夏常雨。棘人道有大漏天、小漏天。梁益記：『雅州西北有大、小漏天。』時公居梓州，正在其東，故曰『鼓角漏天東』也。」

杜陪李七司馬皁江上觀造竹橋詩：「天寒白鶴歸華表，日落青龍見水中。」注引搜神後記丁令威化鶴歸集城門華表柱事。按：異苑：「太康二年冬，大雪，南州人見二白鶴於橋下語曰：『今茲寒不減堯崩年。』於是飛去。」此句切「橋」，下句切「竹橋」也。

收珠南海

杜詩：「自平宮中呂太一，收珠南海千餘日。」按：李善文選注：「李陵與蘇武書曰：『陵當爲單於畜兵養士，循先將軍之令，將飲馬河、洛，收珠南海。』」少陵蓋本此也。考通鑒綱目：「代宗廣德元年，宦官呂太一反廣州，討平之。」或以「自平」爲宮名者，誤也。

豆子熟

杜少陵別贊上人詩：「楊柳晨在手，豆子雨已熟。」杜詩詳註：「華嚴疏鈔云：『譬如春月下諸豆子，得煖氣，色尋便出上。』」按：傳燈錄：「馬祖謂大梅和尚：『梅子熟矣！』」亦即此意。

五雲高太甲

杜詩：「五雲高太甲，六月曠摶扶。」嚴滄浪詩云：「太甲之義，殆不可曉。得非高太乙耶？乙爲甲，蓋亦相近。以星對風，亦從其類也。考王勃益州夫子廟碑云：『帝車南指，遁七曜於中階；華蓋西臨，藏五雲於太甲。』酉陽雜俎謂燕公讀碑，自『帝車』至『太甲』四句，悉不解，訪之一公。一公言北斗建午，七曜在南方，有是之象，無位聖人當出。『華蓋』已下，卒不可悉。」按：少陵此句，明用王子安語，則嚴滄浪之欲改「甲」爲「乙」者，妄矣！楊升菴云：「晉天文志：『華蓋杠旁六星，曰六甲。』太甲恐是六甲一星之名。」然未有考證，姑闕疑以俟博識可也。

夕葵

杜少陵詩：「負米力葵外，讀詩秋樹根。」蔡夢弼注：「『力』，一作『夕』。」劉須溪云：「『力葵』固不可解，『夕葵』亦晦。」案：陸士衡園葵詩：「種葵北園中，葵生鬱萋萋。朝榮東北傾，夕潁西南晞。」則「夕葵」二字原有出處。所謂韓文杜詩，無一字無來歷也。

杜位宅守歲

杜詩：「守歲阿戎家，椒盤已頌花。」「戎」一作「咸」。千家注：「王洙曰：晉王戎，字濬沖。阮籍與戎父渾爲友，嘗謂渾曰：『共卿語，不如與阿戎談。』」黃鶴曰：「杜位乃公之從弟，不應用父子事。善注本作『阿咸』。東坡與子由詩云：『頭上銀幡笑阿咸。』又云：『欲喚阿咸來守歲，林烏櫪馬鬭諠譁。』正用公此詩也。」案：竹林七賢論：「初，籍與戎父渾俱爲尚書郎。每造渾坐，未安，輒曰：『與卿語，不如與阿戎語。』」黃注所以云「不應用父子事」也。按：南史王鎮之傳：「王思遠，王晏從父弟也。晏拜驃騎，會子弟謂思遠兄思徵曰：『隆昌之末〔一〕，阿戎勸吾自裁。若用其語，豈有今日？』思遠遽應曰：『如阿戎所見，猶未晚也。』」「阿戎」，思遠小字。則「阿戎」二字，正是從弟，杜未嘗誤用也。如「功曹非復漢蕭何」，乃解者自誤耳！

胡奴

杜少陵示獠奴阿段詩：「曾驚陶侃胡奴異，怪爾常穿虎豹群。」趙注：「薛夢符云：晉陶侃傳：家僮千餘。世說謂：胡奴，陶範小字。侃別傳曰：範，侃第十子也。可以見胡奴者，陶侃之子名。其于阿段，似無相干。」按：劉敬叔異苑：「陶侃家僮千餘人，嘗得胡奴，不喜言。嘗默坐，侃一日出郊，奴執鞭以隨。胡僧見而驚禮云：『此海山使者也。』侃異之。至夜，失奴所在。」杜蓋用此。

〔一〕昌，底本作「呂」，今據中華書局本南史改。

況余白首

杜少陵觀公孫大娘弟子舞劍器行序：「大曆二年十月十九日，夔州別駕元特宅見臨潁李十二娘舞劍器。壯其蔚跂，問所師，曰：『余公孫大娘弟子也。』開元三載，余尚童稚，記於郾城觀公孫氏舞劍器渾脫，瀏灕頓挫，獨出冠時。自高頭、宜春梨園二伎坊內，人洎外供奉。曉是舞者，聖文神武皇帝初，公孫一人而已。玉貌繡衣，況余（唐詩三百首云：疑是「晚余」之訛。）白首。今茲弟子亦匪盛顏。既辨其由來，知波瀾莫二。撫事忼慨，聊爲劍器行。昔者吳人張旭善草書，書帖數，常於鄴縣見公孫大娘舞西河劍器，自此草書長進，豪蕩感激。即公孫可知矣！」案：「況余」二字，承「余尚童稚」句來，多少感慨。若作「晚余」二字，指公孫大娘說，則「玉貌繡衣，晚余白首」，竟成何語耶？

天闕

杜少陵遊龍門奉先寺詩：「天闕象緯逼，雲臥衣裳冷。」劉會孟曰：「『臥』字可虛可實。用『天闕』，高渾。若天閱、天濶，豈不牽強乎？」蔡夢弼注引蔡絛西清詩話：「荆公云：『天闕』當作『天閱』，對『雲臥』爲親切。」（語林：「黃山谷對衆極言其是。劉貢父聞之，曰：『直是怕他。』」）按：韋述東都記：「龍門號雙闕，以與大內對峙。若天闕，此龍門詩也。用『闕』字無疑。此爲的解。」楊升菴云：「章表臣詩話，據舊本作『天闚』。引史記『以管闚天』之語，其見卓矣。今又按文選潘岳秋興賦：『闚天文之祕奧。』注引陸賈新語：『楚王作乾谿之臺，闚天文。』杜子美熟精文選者也。其用『天闚』字，正本此。天闕，闕天也。雲臥，臥雲也：此倒字法也。子美復生，必以余爲知言。」然余謂總不若「天闕」之渾成耳！

鐵馬汗常趨

杜工部行次昭陵詩：「玉衣晨自舉，鐵馬汗常趨。」楊升菴集：「安祿山之亂，哥舒翰與賊將崔乾祐戰，見黄旗軍數百隊，官軍以爲賊，賊以爲官軍。相持久之，忽不見。是日昭陵内石馬皆汗流。」杜詩蓋用此也。

花雜雲輕

杜少陵詩：「花遠重重樹，雲輕處處山。」「遠」一作「雜」。案：此用邱遲與陳伯之書「暮春三月，雜花生樹」句。則「雜」字爲是。且以「遠」字對「輕」字，則「輕」字對上讀，謂雲氣縹緲，處處見山也。以「雜」字對「輕」字，則「輕」字連下讀，謂春山吐雲，處處皆輕也。「雜」字、「輕」字，乃寫花而非寫樹，寫雲而非寫山：此唐人詩法也。

丙穴

杜少陵詩：「魚知丙穴由來美。」千家注：「王洙曰：左太沖蜀都賦：『嘉魚出於丙穴。』注云：

『丙穴在漢中沔陽北，有魚穴二所，常以二八月取之。丙，地名也。』」曾達臣獨醒志曰：「鄒善良曰：丙穴之魚，不獨漢中有之。柏枝山有丙穴，方數尺，有嘉魚常以春末游渚，冬入穴。丙，陽方，穴口向丙，或以爲魚以丙日取者，非也。魚何能擇日出入耶？黄鶴曰：邛州太邑縣有嘉魚穴。又萬州梁山縣柏枝山有丙穴，出嘉魚。興州順政縣丙水出穴，丙穴穴口濶五六尺，有嘉魚。」然則蜀多丙穴魚也。案：水經注：「丙水上承出丙穴，穴出嘉魚。常以三月出，十月入穴口向丙，故曰丙穴。」最爲明析。又本草綱目：「陳藏器曰：左思蜀都賦：『嘉魚出於丙穴。』六臣注云：『魚以丙日出穴，或云穴向內耳。』魚豈能擇日出入耶？」按：抱朴子云：「燕避戊己，鶴知夜半」，魚豈不知丙日乎？此又一說也。

鳩芹詩

杜少陵詩：「炙背可以獻天子，野人由來知美芹。」蓋用列子也。案：二老堂詩話：「蜀人縷鳩爲膾，配以芹菜。或爲詩云：『本欲將芹補，那知弄巧成？』」「鳩芹」二字甚新；「弄巧成」三字不可解，大約言鳩性拙也。

毒我腸

杜少陵夏夜歎：「永日不可暮，炎蒸毒我腸。」按：徐陵玉臺新詠載相如琴歌曰：「鳳兮鳳兮歸故鄉，遨遊四海求其皇。時未通兮無所將，何悟今日登此堂！有豔淑女在此房，室邇人遐毒我腸，何緣交頸爲鴛鴦！」少陵「毒我腸」本此。或改「毒」字爲「愁」字者，誤也。

屠蘇

杜少陵槐葉冷淘詩：「願隨金腰褭，洙曰：「馬也。」走置錦屠蘇。」千家注杜：「修可曰：屠蘇字，或作『廜蘇』。玉篇云：廜蘇，菴也。通俗文：屋平曰廜蘇。廣韻云：廜蘇，草菴。又屠蘇酒，蓋昔人居廜蘇釀酒，因名。」今詳是詩「走置錦屠蘇」，正謂屋也。古樂府插腰銅七首：「障日錦屠蘇。」楊升菴集：「蕭子雲雪賦曰：『韜罣罳之飛棟，没屠蘇之高影。始飄舞于圓池，終亭華於芳井。』廣雅云：『屠蘇，平屋也。』魏略云：李勝爲河南太守，群廳事前屠蘇壞。唐孫思邈有屠蘇酒方，蓋取菴名以名酒，後人遂以屠蘇爲酒名矣！何遜詩：『郊郭勤二頃，形體甜一蘇。』又大冠亦曰屠蘇，禮曰童子幘，無屋。凡冠有屋者，曰屠蘇。晉志：元康中，商人皆著大障，諺曰：『屠蘇障日覆兩耳，會見曙兒作天子。』」案：「屠蘇」二字，切音爲「廬」，則屠蘇之爲屋也明矣！

槐葉冷淘

猗覺寮雜記：「子美槐葉冷淘云：『君王納晚涼，此味亦時須。』事見太官令〔一〕夏供槐葉冷淘，出唐六典。又東坡云：『青浮卵盌槐牙餅，紅點冰盤藿葉魚。』」「槐芽冷淘」，見杜詩；「藿葉膾」，見禮記注。

〔一〕令，底本作「令令」，衍一「令」字，今據唐六典删。

坐人衣

杜少陵詩：「巫山秋夜螢火飛，疏簾巧入坐人衣。」或曰「坐」字指螢説，謂坐人衣上也。「坐」字巧甚。案：「坐人」二字，疑連讀。「坐人」，謂在坐之人耳！若以螢爲坐衣，則太纖矣！此與「黄鶯並坐交愁濕」、古樂府「烏生八九子，端坐秦氏桂樹間」，故不同也。

功曹

杜子美詩：「勳業終歸馬伏波，功曹非復漢蕭何。」中山詩話：「曹參嘗爲功曹，而杜詩云蕭何，誤矣！」按：光武嘗謂鄧禹：「何以不掾功曹？」墨莊漫録：「前漢高帝紀：『蕭何爲主吏。』孟康注曰：『主吏，功曹也。』然則少陵用此，非誤，第貢父偶思之未至耳！」按：吴志江表傳：「孫策謂虞翻曰：『卿復以功曹爲吾蕭何，守會稽耳！』」是亦以蕭何爲功曹也。

何顒

杜子美上兜率寺詩：「庾信哀雖久，何顒好不忘。」劉注：「似謂好佛。」豈誤記何胤耶？胤侈于食味，周顒勸之食菜。應作周顒，緣出處姓誤。蔡夢弼曰：「何顒疑是周顒。何胤，後漢黨錮之輩。周顒常奉佛食菜。考之南史：『周顒，字彦倫，音辭辯麗，長於佛理。』然公集中嶽麓道林二寺行又有『何顒免興孤』之句，豈亦誤耶？」按：唐書藝文志有何顒傳一卷。老杜所用，或在於此，姑闕疑焉可也。

春睡美

杜子美偪側行：「曉來急雨春風顛，睡美不聞鐘鼓傳。」東坡詩云：「報道先生春睡美，道人輕打五更鐘。」蓋本諸此。

禿節

杜少陵詩：「燃臍郿塢敗，握節漢臣歸。」竹坡詩話：「晁以道家有宋子京手書杜少陵詩一卷，如『握節漢臣歸』，乃是『禿節』；『新炊問黃粱』，乃是『聞黃粱』。以道跋云：『前輩見書自多，不如晚生少年但以印本爲正也。』」按：漢書蘇武傳：「杖漢節牧羊，臥起操持，節毛盡落。」後漢書張衡傳：「蘇武以禿節效貞。」「禿節」二字本此。

黔突煖席

杜詩：「賢有不黔突，聖有不煖席。」注：「淮南子：墨子無黔突，孔子無煖席。」按：淮南子修務訓：「孔子無黔突，墨子無煖席。」高注：「突竈不至於黑，坐席不至於溫，汲汲於行道也。」注易「孔」、「墨」二字，誤。考文子曰：「墨子無黔突，孔子無煖席，非以貪祿慕位，欲起天下之利，除萬民之害也。」班孟堅答賓戲：「聖哲之治，棲棲皇皇。孔席不煖，墨突不黔。」韓退之諍臣論：「孔席不暇煖，墨突不得黔。」皆本此也。

胡奴

杜少陵示獠奴阿段詩：「曾驚陶侃胡奴異，怪爾常穿虎豹群。」顧炎武曰：「陶侃，胡奴，蓋謂士行有胡奴可比阿段。胡奴，乃侃子範小字，非奴也。」或曰：「當作陶峴胡奴事，見甘澤謠。」陳廷敬曰：「陶侃奴，見僞蘇注及異苑，薛夢符已辨其妄謬，然其事卒不知所出。舊有臆解，陶侃或是陶峴。峴，彭澤之孫，浮游江湖，與孟彥深、孟雲卿、焦遂共載，人號水仙。有崑崙名磨訶，善泅水。後峴投劍西塞江，命奴取。久之，奴支體磔落，裂浮于江水上。峴流涕迴櫂，賦詩自序，不復游江湖。峴既公同時人，其友又公之友，異事新聞，故公用之耳！侃、峴音相近。但峴事僻，人因改作侃也。」按：陶侃胡奴事，以僞蘇注所引，故並異苑而疑之。然異苑不可信，袁郊甘澤謠獨可信乎？陶之子名胡奴，陶之童有胡奴，不必以此而疑彼也。

合歡

杜陪李七司馬皂江上觀造竹橋：「合歡卻笑千年事，驅石何時到海東？」劉須溪曰：「如此用合歡事，不可解。」趙次公云：「合歡橋落成，而聚客歡飲。笑者，笑前人之勞而無功。」按：「成」擬「合歡」二字，疑是「合觀」之訛，以題上原有「觀」字也，不必曲解。

群書札記卷四

大戴禮序

右大戴禮十三卷，總十四卷。隋志所載，亦十三卷，而夏小正別爲卷。唐志但云十三卷，而無夏小正之別矣！崇文總目則十卷，而云「三十五篇」，無諸本可正定也。蓋自漢興，得先儒所記禮書，凡二百四篇，戴德刪之爲八十五篇，謂之大戴禮，戴聖又刪德之書爲四十九篇，謂之小戴禮。今立之學官者，小戴書也。然大戴篇始三十九，終八十一，當爲四十三篇。中間缺者四篇，而重出者一篇。兩篇七十三，其上不見者，猶三十八篇，復不能合于八十五篇之數。豈但當爲八十一邪？其缺者，或既逸；其不見者，抑聖所取者也。然哀公問、投壺二篇，與小戴書無甚異。禮察篇與經解亦同。曾子大孝篇與祭義相似。則聖已取之篇，豈其文無所刪者也。勸學、禮三本見於荀卿子。至取舍之設及保傅，則見於賈誼疏間，與經子同者尚多。有淳熙乙未歲後九月，潁川韓元吉書。芹按：大戴禮八十五篇，自三十九篇起，至八十一篇止，首缺三十八篇，中缺四十三、四十四、四十五、六十一四篇，末缺八十二、八十三、八十四、八十五四篇，共缺四十六篇，與小戴所取之數正合。雖哀公問、投壺二篇複出，要其爲小戴之所刪無疑也。考漢書藝文志：「禮古經五十六卷，經七十篇后氏、戴氏；記百三十一篇七十子後學者所記也。」又云：「禮古經者，出於魯淹中（蘇林曰：「里名也。」）及孔氏〔一〕，十七篇文相似〔二〕，多三十九篇。」芹按：大戴禮八十五篇，小戴禮四十六篇，合之爲記百三十一篇。又大戴八十五篇，除小戴禮四十六篇，得多三十九篇。藝文志所云，指此也。第不知孔氏學七十篇者爲何等耳？以愚度之，大約如孔子家語之類。今所傳者四十四篇，其文多與大、小戴相出入也。藝文志：「孔子家語二十七卷。」（師古曰：「非今所有家語。」）則今所傳家語十卷，疑即藝文志所云孔氏學者，非王肅僞撰也。」

毛西河經問：「禮記無戴聖集成之事。戴聖受儀禮，立戴氏一學，且立一戴氏博士，而于禮記，似無與焉。若禮記，則前志祇云『記百三十一篇』，當是禮記未成書時底本，然並不名禮記，亦並無二戴傳禮記之說。惟後漢儒林有鄭玄所注四十九篇之目，則與今禮記篇數相合。故鄭玄作六藝論云：『今禮行於世者，戴德、戴聖之學也。此儀禮也。』又云：『戴德傳記八十五篇，則今大戴禮是也。戴聖傳禮四十九篇，則禮記是也。』然其說究無所考。及觀隋經籍志，則明云：『漢初，河間獻王得仲尼弟子所記一百三十一篇。至劉向校經籍，檢得一百三十篇，因第而敘之；又得明堂陰陽記凡數種，共二百十四篇。戴德刪其煩重，合而記之，爲八十五篇，謂之大戴禮。戴聖又刪大戴之書爲四十六篇，謂之小戴記。』則二戴爲武、宣時人，豈能刪哀、平間向、歆所校之書，荒唐甚矣！且戴聖所刪，止四十六篇，相傳三篇爲馬融增入，則與後漢儒林所稱四十九篇之目，又復不合，此皆當闕之，以俟後此之論定者。故曰戴聖集禮記，未敢信也。」

〔一〕底本「氏」後有「學」字，漢書原本無，今據刪。

〔二〕十七，底本作「七十」，漢書原本作「十七」，今據刪。

芹按：漢書儒林傳：「后倉說禮數萬言，號曰后氏曲臺記。」服虔曰：「在曲臺校書著記，因以爲名。」師古曰：「曲臺殿在未央宮。」授梁戴德延君、戴聖次君。德號大戴，爲信都大傅；聖號小戴，以博士論石渠，至九江太守。由是禮有大戴、小戴之學，故世以八十五篇爲大戴所刪，四十六篇爲小戴所刪。而不知二戴所傳，乃儀禮，非禮記也。考漢書藝文志：「漢興，魯高堂生傳士禮十七篇，訖孝宣世，后倉最明，戴德、戴聖、慶普皆其弟子，三家立於學官。禮古經者，出於魯淹中，及孔氏學七十篇文相似，多三十九篇。及明堂陰陽、王史氏記所見，多天子、諸侯、卿大夫之制。雖不能備，猶瘉。師古曰：「『瘉』與『愈』同。愈，勝也。」倉等推士禮而致于天子之說。」則二戴所傳，其非禮記明矣！然則大戴八十五篇，小戴四十六篇，合之爲百三十一篇，皆七十子後學者所記，而非二戴之所刪也。

犧尊

鄭志：張逸問曰：「明堂注：『犧尊以莎羽爲畫飾。』前問曰：『犧』，讀如『莎』。莎，鳳皇也。不解鳳皇何以爲沙？」答曰：「刻畫鳳皇之象於尊，其形婆娑。然其有作『獻』字者。齊人之聲誤耳！」阮諶三禮圖云：「犧尊畫以牛形。」芹按：莊子天地篇：「百年之木，破爲犧尊，青黃而文之，所斷在溝中。比犧尊於溝中之斷，則美惡有間矣！其于失性一也。」據此，則犧尊以木爲之，但未知其象鳳形、象牛形耳。又莊子馬蹄篇：「純朴不殘，孰爲犧尊？」

中文尚書

後漢書劉陶傳：「陶明尚書、春秋，爲之訓詁。推三家尚書三家謂夏侯建、夏侯勝、歐陽和伯也。及古文。是正文字三百餘事，名曰中文尚書。」考杜林傳：「林前於西州，得漆書古文尚書一卷，常寶愛之。出以示宏等曰：『林流離兵亂，常恐斯經將絕，何意東海惠子、濟南徐生復能傳之！是道竟不墜於地也。古文雖不合時務，然願諸生無悔所學。』宏、巡益重之。於是古文遂行。」芹按：漆書古文，非孔壁古文也。劉陶中文尚書所云古文是正者，或即杜林之漆書歟？

二十八篇

孔叢子：「孔臧與從弟安國書曰：『曩惟聞尚書二十八篇，取象二十八宿。何圖古文乃自百篇邪？』」芹按：伏生書二十九篇，今云二十八篇者，以去僞泰誓一篇也。考史記周本紀所載，漢書董仲舒傳所引，皆僞泰誓篇語，今其軼，猶見尚書大傳。

連山　歸藏

周禮：「太卜掌三易之灋：一曰連山，二曰歸藏，三曰周易。」鄭注：「連山，是山出內氣也。歸藏者，萬物莫不歸而藏于其中。」杜子春云：「連山，宓戲；歸藏，黄帝。」賈疏：「連山易，其卦以純艮爲首。艮爲山，山上山下，是名連山。雲氣出納於山，故名易爲連山。歸藏易，以純坤爲首。坤爲地，萬物莫不歸而藏于中，故名爲歸藏也。必以三者爲首者，取三正、三統之義。周以十一月爲正天統，故以乾爲首；殷以十二月爲正地統，故以坤爲首；夏以十三月爲正人統，故以艮爲首也。」芹按：連山，即兼山也。以爲山出納雲、日夜不止，注與疏皆支離矣！考鄭氏易贊云：「夏曰連山，殷曰歸藏。」此爲定說。皇甫謐記云：「夏人因炎帝曰連山，殷人因黄帝曰歸藏，則兼而用之。」彼蓋以連山爲烈山氏，故易宓戲爲炎帝也。然則歸藏何義矣？若宋人僞三墳以連山易爲伏犧氏，歸藏易爲神農氏，乾坤易爲軒轅氏，怪妄之甚。

困學紀聞：「桓譚新論云：『連山八萬言，歸藏四千三百言。』夏易詳而殷易簡，未詳所據。」芹按：連山、歸藏，漢書藝文志無之，隋書經籍志：「歸藏十三卷，晉太尉參軍薛貞撰。」唐書藝文志：「連山十卷，司馬膺注。歸藏十三卷。」考隋書劉炫傳：「時牛弘奏請購求天下遺逸之書，炫遂僞造書百餘卷，題爲連山易、魯史記等，錄上送官，取賞而去。」然此非桓譚所見也。連山易不少概見，歸藏則山海經注時有之，不知譚所謂八萬言、四千言者，果何據也？抑桓譚新論四字亦後人僞托耶？

夔一足

孔叢子：「魯哀公曰：『吾聞夔一足，有異于人，信乎？』孔子曰：『昔重黎舉夔而進，又欲求人而佐焉。舜曰：夫樂，天地之精也，惟聖人爲能和六律，均五音，知樂之本，以通八風。夔能若此，一而足矣。故曰一足，非一足也。』公曰：『善。』」莊子逸篇：「聲氏之牛夜亡，而遇夔，止而問焉：『我有四足，動而不善。子一足，而超踴，何以然？』夔曰：『以吾一足王于子矣！』」芹按：山海經：「東海有獸，狀如牛，蒼身而無角，一足出入水，則必風雨。其光如日月，其聲如雷，其名曰夔。」則夔固有一足者矣！

小人鼓缶

連叢子：「鮑彥謂子豐曰：『家書多才，辭莫過淮南也。』子豐曰：『試說其最工不可及者。』彥曰：『君子有酒，小人鼓缶。雖不可好，亦不可醜。』子豐曰：『君子樂醮，小人擊抃。雖不足貴，亦不足賤。君子舞象，小人擊壤。上化使然，又何足賞？吾能作數十曲，但無益於世。』」芹按：文子上德篇：「君子有酒，小人鞭缶。雖不可好，亦不可醜。」淮南本此。

鹿人從

夏小正：「八月，鹿人從。」傳曰：「鹿人從者，從群也。鹿之養也，離群而善之，離而生，非所知時也。故記從不記離。君子之幽居也不言。或曰人從。人從也者，大者于外，小者放于內率之也。」芹按：「鹿」與「麓」通。左傳：「山林之木，衡鹿守之。」說文：「麓守，山林吏也。」此「鹿人」與「跡人」一例，當是仲秋獮田致禽，以祀祊，故曰「鹿人從」也。觀冬令云：「十有一月，王狩，嗇人不從。」傳云：「『嗇人不從』，不從者，弗行。」則鹿人之當連讀也可知矣！

乃衣瓜

夏小正：「五月乃衣瓜。」傳云：「『乃衣瓜』，『瓜』當作『乃』者，急瓜之辭也。瓜者，始食瓜也。」芹按：曲禮：「爲天子削瓜者副之，巾以絺；爲國君者華之，巾以綌。」即小正之所謂「衣瓜」者也。鄭玄周禮注云：「巾，猶衣也。」故以衣飾車，曰巾車。

始用暢

夏小正：「正月初，歲祭耒，始用暢。」闞本作「暢」。舊注：「音韔。」案：「暢」，不生也。「暢」訓「達」，作「暢」爲是。暢也者，終歲之用祭也。其曰「初」云爾也者，言是月之始用之也。初者，始也。或曰：祭韭也。芹按：古「暢」字與「鬯」字通。禮雜記：「暢臼以椈，杵以梧。」孔疏：「暢，鬱鬯也。椈，柏也。梧，桐也。謂以柏爲臼，以桐爲杵，擣鬱鬯也。」則「暢」之爲「鬯」也明矣！

反坫謂之垿

廣雅釋宮：「反坫謂之垿。」考論語：「邦君爲兩君之好，有反坫。」鄭注：「反坫，反爵之坫，在兩楹之間。若與鄰國爲好會，其獻酢之禮更酌。酌畢，則各反爵于坫上。」邢疏：「熊氏云：『主君獻賓，賓筵前受爵，飲畢反坫，虚爵于坫上，于西階上拜。主人于阼階上答拜。賓〔一〕于坫取爵，洗爵，酌

〔一〕賓，底本作「實」，今據邢昺爾雅疏改。

以酢主人，主人受爵，飲畢，反此虛爵於坫上。主人阼階上拜，賓答拜。』是賓主飲畢反爵於坫上也。」而云「酌畢，各反爵於坫上」者，文不具耳！禮郊特牲：「臺門而旅，樹反坫。」鄭注：「反坫，反爵之坫也。蓋在尊南，兩君相見，主君既獻，於反爵焉。」孔疏：「坫以土爲之。明堂云：『反坫出尊。』則坫爲尊而設，故知反坫，反爵也。以言出尊，故云『蓋在尊南』也。鄉飲酒是卿大夫之禮，尊于房戶間；燕禮是燕己之臣子，故尊於東楹之西。若兩君相敵，則尊于兩楹間，故其坫在兩楹間。云『兩君相見，主君既獻，于反爵焉』者，謂于此坫上而反爵焉。」雜記同。芹按：黃氏日抄云：「反坫，鄭注謂坫在兩楹之間，反爵其上。」按：今世釋奠反爵，乃以四方板而圓，坎其中。或云：此反坫之餘制。然「坫」字從「土」，而云「在兩楹間」，豈在常設之者歟？按：郊特牲：「臺門而旅，樹反坫。」雜記：「旅樹而反坫。」鄭氏亦以樹爲屏，以反坫爲反爵之地。然內則載閣食之制云：「士于坫。」明堂位載朝位之制云：「反坫，出尊。崇坫，康圭。」士虞禮載苴茅之制云：「饌于西坫上。」是則累土而爲之者，皆可名坫，而坫亦有東西、高卑之不同，非必反爵之處也。如「臺門而旅，樹反坫」，當是立反坫于臺門之內，如今行在所之騏驥院、牛羊司，與凡營壘多於臺門立土牆之類歟？鄭氏之釋反坫，皆本論語。其指坫爲反爵，皆本「好」之一字。意兩君之好爲飲酒，故云爾。然以坫之反爲爵之反，似異於經典文。又按：汲冢周書云：「乃立五宮，咸有四阿，反坫。」注云：「反坫，外向室也。」則反坫又非反爵之地。反主坫，言非主爵言也。反，殆向外之名。坫，殆別設大門屏之名。豈兩君之好，必欲容其儀衛之衆而爲此外向之室歟？若據郊特牲以反坫與臺門相聯，汲冢書以反坫與四阿相聯，則論語以「反坫」與「樹塞門」相聯，恐均爲宮室僭侈之事。據此，則廣雅所云「反坫謂之坏」者，與爾雅東、西牆謂之序，垝謂之坫，其義正同：皆指宮室言也。按：士虞禮云：「饌于西坫上。」鄭注云：「坫，在堂角。」郭注爾雅云：「在堂隅，本此。」賈疏云：「坫有二：若明堂位云：『崇坫，亢圭。』論語云：『兩君之好，有反坫之等。』在廟中有之。以亢反坫之屬，此言坫者，皆據堂上角爲名，故云堂角也。」據此，則鄭氏之注論語，不知別有據否？而其所云坫在堂角者，此即廣雅所稱「反坫」也已。

畢方

郭景純山海經序：「東方生曉畢方之名，劉子政辨盜械之尸，王頎訪兩面之客，海民獲長臂之衣。」案：西山經：「章莪之山，有鳥焉，其狀如鶴，一足，赤文，青質而白喙，名曰畢方。其鳴自叫也，見則其邑有譌火。」漢武故事：「有獻獨足鶴者，東方朔曰：『此山海經所謂畢方也。』」海外南經：「畢方，鳥，人面，一腳。」

又海內西經：「貳負之臣曰危，危與貳負殺窫窳，帝乃梏之疏屬之山。梏其右足，反縛兩手，與髮繫之山上。本在開題西北。」郭注：「漢宣帝使人上郡發盤石，石室中得一人，跣裸被髮，反縛械一足，以問群臣，莫能知。劉子政按此言對之，宣帝大驚。於是時人爭學山海經矣！」論者多以爲是其尸象，非眞體也。意者以靈怪變化論，難以理測矣。

又海外南經：「長臂國，在焦僥東。舊說云：其人手下垂至地。」魏黃初中，玄菟太守王頎討高句麗王宮，窮追之，過沃沮國。其東界臨大海，近日之所出。問其耆老：「海東復有人否？」云：「嘗在海中得一布褶，身如中人衣，兩袖長三丈，即此長臂人衣也。」按：魏志：「王頎討高句麗，盡其東界，問其耆老：「海東復有人否？」耆老言：國人嘗乘船捕魚，遭風，見吹數十日〔一〕，東得一島，上有人言語，不相曉其俗，常以七月取童女沉海。又言有一國亦在海中，純女無男。又說得一布衣從海中浮出，其身如中國人衣，其兩袖長三丈。又得一破船隨波出海，岸邊有一人，項中復有面，生得之，與語不相通，不食而死。所謂兩面之客也。

涇清渭濁

按：涇、渭二水，向以爲渭清涇濁，與清濟濁河，併爲一談，牢不可破久矣！近人著涇渭二水考，以爲涇清而渭濁，渭清涇濁，向屬傳訛。予詢之友人，亦云：「考辛氏三秦記及山海經注，涇水出安定、朝那縣西開頭山，東南經新平、扶風至京兆高陵縣，而入渭水，合流三百里，清濁不相雜。東合漆沮水，至潼津入於河，未嘗指涇水爲濁、渭水爲清也。惟史記河渠書云：『涇水一石，其泥數斗。』則涇之濁可知。郭子儀奏：『雍州背負清渭濁河之固。』則渭之清可知。唐獨孤綬涇渭合流賦：『涇如經也，自北而南流；渭若緯焉，從西而東注。至清者渭，至濁者涇。惟清也，鑒物之道著；惟濁也，含垢之義形。』則鑿鑿言之矣！」芹按：程大昌禹貢論：「舊說云：『河濁濟清。』濟之南出也清，是以知其能截河，似是而非。今世兩水之交，清濁未嘗不會，固嘗見少變於多矣，未嘗見多變于少也。涇比渭差小，於其會也，則已曰『涇以渭濁』矣，孰謂濟能亂河而南鄉，能復清乎？」按：泰之之論濟水，未爲定論。其以涇方濟，以渭比河，則確以清者爲涇，濁者爲渭矣！然後知史所云「涇水一石，其泥數斗」者，乃涇、渭合

〔一〕日，底本作「里日」，三國志魏志無「里」字，今據刪。

流之水，而非涇水之本然也。即詩所云「涇以渭濁」者，乃涇之清，以渭而濁，而非涇之濁，以渭之清，相形而見也。說詳詩札記。

畢方

山海經：「章義之山，有鳥如鶴，一足，赤文，白喙，名曰畢方。見，則其邑有譌火。」譌火，妖火也。案：尚書故實：「漢武帝時，有獻獨足鶴者，東方朔曰：『此山海經所爲畢鸞也。』」又薛綜東京賦注：「畢方老父神，如鳥，兩足一翼者，常銜火在人家作怪災也。」又柳子厚有逐畢方文。又山海經：「崌山之上，有鳥焉，其狀如鴞，赤身白首，名曰竊脂，可以衛火。」又曰：「符禺之山，有鳥名鴖，其狀如翠，而赤喙，可以衛火。」則鳥又有火者矣！

日用折平一

唐書武平一傳：「初，崔日用自言明左氏春秋諸侯官族。他日，學士大集，日用折平一曰：『君文章固耐久。若言經，則敗績矣！』平一乃請所疑，日用曰：『魯三桓，鄭七穆，奈何？』對曰：『慶父、叔牙、季友，桓三子也。孟孫至彘，凡九世；叔孫舒、季孫肥，凡八世；鄭穆公十一子，子然及二子孔三族亡，子羽不爲卿，故稱七穆：子罕、子駟、子良、子國、子游、子印、子豐也。』一坐驚服。平一問日用曰：『公言齊桓公、楚莊王時，諸侯屬齊若楚凡幾？平公、靈王時，諸侯屬晉、楚凡幾？晉六卿，齊、楚執政幾何人？』日用謝曰：『吾不知，君能知乎？』平一條舉始末，無留語。日用曰：『吾請北面。』」

闔坐大笑。」則前爲日用折平一，後乃平一折日用也。芹按：左傳孔疏：「鄭七穆，謂子展公孫舍之，罕氏也；子西公孫夏，駟氏也；子産公孫僑，國氏也；伯有良霄，良氏也；子太叔游吉，游氏也；子石公孫段，豐氏也；伯石印段，印氏也。穆公十一子，謂子良，公子去疾也；子罕，公子喜也；子駟，公子騑也；子國，公子發也；子孔，公子嘉也；子游，公子偃也；子豐也；子印也；子羽也；子然也；士子孔也。子然、二子孔已亡，子羽不爲卿，故止七也。按：子然、二子孔，見左襄十九年傳：子印、子羽，見成十三年傳。又世族譜云：『子羽，穆公子，其後爲羽氏，即羽師頡，是其孫，此非行人子羽，公孫揮也。』世族譜以公孫揮爲雜人自外，唯有罕、駟、豐、游、印、國、良七族見於經、傳，故稱七穆也。」

黍禾蠅蠅

尚書大傳：「微子將往朝周，過殷之故墟，見麥秀之蕲。「蕲」，禾黍之蠅蠅也。曰：『此父母之國，宗廟社稷所立也。』志動心悲，欲哭，則爲朝周；俯泣，則近婦人。推而廣之，作雅聲，謂之麥秀歌。歌曰：『麥秀蕲兮，黍禾蠅蠅。文選注作「油油」。彼狡童兮，不我好仇。』」鄭注：「狡童，謂紂。」史記：「箕子朝周，過故殷墟，感宮室毀壞，生禾黍，箕子傷之，欲哭，則不可；欲泣，爲其近婦人，乃作麥秀之詩，以歌詠之。其詩曰：『麥秀漸漸兮，禾黍油油。彼狡僮兮，不與我好兮。』所謂狡僮者，紂也。殷民聞之，皆爲流涕。」芹按：紂，君也。微、箕，臣也。即微子爲庶兄，箕子爲諸父，亦斷無呼其君爲狡童之理。狡童者，武庚也。作賓王家，而狡焉思逞。若紂，則獨夫而已矣，狡童云乎哉！案：「蠅」字，乃古文「蠅」字之誤。「秋秋」，猶油油也。與「仇」字叶，或疑「秋」，「秋」字不宜連用。考荀子解蔽篇，有曰：「鳳皇秋秋。」揚子雲羽獵賦有曰：「秋秋蹌蹌。」則「秋秋」二字，原可連用。若作「蠅蠅」，不特字義無解，即韻亦不叶矣！

鴞賦

孔臧鴞賦：「季夏庚子，思道靜居。爰有飛鴞，集我屋隅。」賈誼鵩鳥賦：「單閼之歲兮，四月孟夏。庚子日斜兮，鵩集余舍。序曰：鵩似鴞，不祥鳥也。」荀灼注：「巴蜀異物志曰：『有鳥如小鷄，體有文色，土俗因形，名之曰鵩。不能遠飛，行不出域。』」芹按：序云「鵩似鴞」，則鴞非鵩也。陸璣詩疏：「鴞大如班鳩，綠色，惡聲。之鳥也，入人家凶，賈誼所賦鵩鳥是也。其肉甚美，可爲羹臛，又可爲炙。漢供御物，各隨其時，惟鴞冬夏常施之，以其美故也。」案：鴞，即今之貓頭鳥，一名鴟鵂，一名禍鳥，一名畫鳥，皆聲之轉也。陸璣以爲即鵩鳥者，非。

女嬃

楚詞離騷經：「女嬃之嬋媛兮，申申其詈予。」王逸注：「女嬃，屈原姊也。嬋媛，猶牽引也。」又九歌：「女嬋媛兮爲余太息。」王逸注：「女，謂女嬃也，屈原姊也。或曰：須，女之賤者，此即『衆女嫉余之蛾眉，謠諑謂余以善淫者』也，豈靈均之姊乎？」芹按：「女嬃」二字，切音爲姊，其爲靈均之姊無疑。且下文詈詞，是愛惜，不是嫉妬。本文具在，可見也。「嬋媛」，猶嬋娟，美好貌。孟浩然詞：「花嬋娟，沃春泉。竹嬋娟，籠曉煙。雪嬋娟，不長妍。月嬋娟，眞可憐。」王逸注作「牽引」解，恐非。

荆州記：「屈原有賢姊，名嬃。聞原放逐，亦來歸，喻令自寬。鄉人冀其見從，因名其地曰姊歸。後立嬃廟于原之故宅，有擣衣石尚存。」按：「女嬃」二字，乃「姊」字之切音，非原姊名嬃也。或以女嬃爲嫉妒之女，非屈原之姊，則又強作解事者矣！

掌夢

楚辭招魂：「帝告巫陽女曰巫，陽，其名也。曰：『有人在下，我欲輔之。魂魄離散，汝筮予之。』巫陽對曰：『掌夢，案：周官：「大卜掌三夢之法，故曰掌夢。」上帝其命難從。若必筮予之，恐後之句，謝不能句，復用巫陽焉，乃下招曰。』」云云。張鳳翼文選纂注：「此一節巫陽對語，不可曉，恐有脫誤。然其大意，謂帝命有不可從者。如必筮其所在，而後招以與之，則恐後期，而其魂徂謝，且將不得用巫陽之技矣！」芹按：此當以「恐後之」句，「謝不能」句，「復用巫陽焉」句。上添「帝乃」二字解，則文義自明。一本「之」字在「謝」字下，疑誤。

反坫

夢溪筆談：「常有人自負才名，後爲進士，曾知海州。有筆工善畫水，召使畫便廳，自爲之記。其間敘畫水之因，曰：『設于廳事，以代反坫。』人莫不怪之。余竊意其心，以謂『邦君屏塞門，管氏亦屏塞門；邦君爲兩君之好，有反坫，管氏亦有反坫。』其文相屬，故謬以屏爲反坫耳！」芹按：爾雅：「宮東西牆謂之序。」郭注：「所以序，別內外。」邢疏：「此謂室前堂上、東廂西廂之牆也。」又云：「垝謂之坫。」郭注：「在堂隅坫端也。」邢疏：「坫者，堂角也。一名垝。」鄭注云：「坫在堂角，然則堂之東南角爲東坫，西南角爲西坫也。」又逸周書云：「乃立五宮，咸有四阿，反坫。」孔注：「反坫，外向室也。」又廣雅：「反坫謂之㘿。」皆指宮室言，不指反爵言。則以代反坫句，非無據也。釋文云：「坫，屏也。」亦言具屏翳也。

匏瓜

黃氏日抄：「黃勉齋宰臨川，刊臨川人應抑之天文圖，有匏瓜星。其下注云：『論語：吾豈匏瓜也哉？焉能繫而不食。』正指星而言。蓋星有匏瓜之名，徒繫于天而不可食，正與『維南有箕，不可簸揚；維北有斗，不可挹酒漿』同義。又建昌吳觀附此于四書疑義，未知然否？」芹按：以匏瓜爲星名，已見皇侃論語義疏，洪容齋亦主此說。然從古注作「苦匏可繫而不可食」解，于義較優。考王仲宣登樓賦：「懼匏瓜之徒懸兮，畏井渫之莫食。」則以物言。曹子建洛神賦：「歎匏瓜之無匹兮，詠牽牛之獨處。」阮瑀止慾賦：「傷匏瓜之無偶，悲織女之獨勤。」則以星言也。

月采

漢書律曆志：「古文月采篇曰：『三日曰朏。』」顏師古注：「月采說月之光采，其書則亡。」

按：國語：「天子少采夕月。」「月采」二字，疑本諸此。

渠挐

揚子方言：「杷，郭注：「無齒爲杷。」宋、魏之間，謂之渠挐。今江東名亦然。諸豬反。或謂之渠疏。語轉也。」

按：「渠挐」，乃「杷」字之切音。「挐」字，當作「女加」反，不作「諸豬」反。「渠疏」，乃其聲之轉耳。

伯都

揚子方言：「虎，陳、魏、宋、楚之間，謂之李父；江、淮、南楚之間，謂之李耳。」郭注：「虎食物值耳即止，以觸其諱故。」或謂之於䖘，於音烏。今江南山夷呼虎爲䖘，音狗竇。自關而西，謂之伯都。俗曰：伯都事神虎說。

芹按：「伯都」二字，即「虎」字之切音。戴東原疏證云：「左傳：楚人謂乳穀，謂虎於菟。釋文：菟音徒，此注言音竇，語轉也。菟即『䖘』古字，多假借。於玉篇作『⿸虍鳥』。註：內『神』字，諸刻訛作『抑』。永樂大典本作『神』。其上仍當脫一『見』字。」芹按：「於菟」二字，亦「虎」字之切音。「䖘」不得音「竇」也，當作音「顧」。下脫一字。觀下節「爵子及雞雛，皆謂之鷇。」郭注：「恪遘反。關西曰鷇，音狗竇。」東原疏證云：「音狗竇。各本作音顧。」可知其正以對易而訛也。第「顧」下所脫之字，不可考耳！

諧聲

何異孫十一經問對：「問：『六書之名，諧聲者何？』對曰：『諧聲，與五書同出。五書有窮，諧聲無窮。五書尚義，諧聲尚聲。觸聲成字，不可勝舉。亦有諧聲兼會意者。』」芹按：六書之有諧聲，即後世切音所自始。以爲出西域三十六字母者，妄也。以爲起于三國孫叔然者，亦非也。其以兩字而爲一字者，如易「雨而」之爲「需」，「言公」之爲「訟」，「言兼」之爲「謙」，「土欠」之爲「坎」，「目癸」之爲「睽」，「女后」之爲「姤」，「雨辰」之爲「震」，「水齊」之爲「濟」是也。其以一字而爲兩字者，如爾雅「虹」之爲「蝃蝀」，「筆」之爲「不律」，「茨」之爲「蒺藜」，「竹」之爲「篇蓄」，「蘥」之爲「雀麥」，「蜚」之爲「蠦蜰」，「鳩」之爲「鶻鵃」，「鷽」之爲「卑居」是也。他皆放此。

犧尊

禮記「犧尊」，鄭氏讀爲「莎」。周禮「獻尊」，鄭氏讀爲「犧」。熊氏經說曰：「犧之爲娑，亦如皮之爲婆，儀之爲莪。知犧尊所以音娑，則尊當爲牛，而鳳羽婆娑之說，非也；又可知象尊爲象，而象骨飾尊之說，非也。魏太和中，青州人得齊大夫送女器，爲牛而背負尊，王肅以爲刻全牛，鑿其背爲尊，一以爲負，一以爲鑿。阮諶則爲畫牛象於尊，聶氏三禮圖亦謂飾以牛負之，與鑿，有未可與臆斷者。然于施勺，則負爲便矣！」芹按：莊子：「百年之木，破爲犧樽。青黄而文之，其斷在溝中。」則古之犧尊，似以刻木爲之，非以範金爲之也。

果下牛

魏志濊國傳：「出果下馬，漢桓帝時獻之。」注：「果下馬，高三尺，乘之可以果樹下行，故謂之果下。」桂海虞衡志：「有果下馬，最高不踰三尺。」按：爾雅釋畜有「犤牛」。郭注：「犤牛，庳小。今之㹇牛也。又呼果下牛。出廣州高涼郡。」據此，則更有果下牛矣！

罘罳

漢書：「未央宮東闕，罘罳災。」顔師古注：「罘罳，連闕曲閣也。」廣雅：「罘罳，屏也。」釋名：「罘罳，在門外。罘，復也；罳，思也。言臣將入請事於此復思也。」考蘇鶚演義曰：「師古、釋名二說皆誤。按：罘罳從網，是形；不思是聲。罘，浮也。罳，絲也。謂織絲之文輕疏浮虛之貌，蓋宮殿簷戶之間也。」唐文宗實錄：「甘露之變，出殿北門，裂斷罘罳而去。」溫庭筠補陳武帝書：「罘罳晝捲，閶闔晨開。」皆非曲閣屏障之意。相如子虛賦：「罘網彌山。」此亦謂羅鳥之網，即罘罳爲網不謬矣！芹按：桓寬鹽鐵論：「祠堂屏閣，桓闕罘罳。」注：「罘，浮也；罳，絲也。謂織絲之文輕疏浮虛之貌，蓋宮殿簷戶之間也。」與蘇氏之義正同，則罘罳之爲網也明矣！

猶軸轉斛

管子：「我遊猶軸轉斛。」司馬曰：「是先王之觀已。」芹按：鹽鐵論：「齊國内倍而外附，權移于臣，政墜于家。公室卑而田宗強，轉轂遊海者，蓋三千乘。失之于本，而末不可救。」據此，則「轉斛」字，疑即「轉轂」之訛也。

草淺獸肥

魏文帝典論自序：「時歲之暮春，勾芒司節，和風扇物。弓燥手柔，草淺獸肥。」考詩紀歷樞：「彼茁者葭，一發五豝。孟春獸肥草短之候也。」典論蓋本諸此。

羊質虎文

揚子法言：「羊質虎皮，見豺而戰，見草而悅，忘其皮之爲虎也。」按：黄石公素書：「羊質虎皮者柔。」法言本此。

耦耕

新定顧氏曰：「古未用牛耕。易只言服牛乘馬，引重致遠。如論語：『長沮、桀溺耦而耕。』詩：『十千維耦。』月令：『季冬，命農修耦耕事。』皆是人耦而耕。最可考者，古人於蠟祭迎貓迎虎，凡有功于田者，無不報祭，獨不及牛。可見古人未知以牛耕。自漢以來，方有賣劍買犢之說。」芹按：山海經云：「叔均始作牛耕。」則牛之教耕久矣！又聖門弟子冉耕，字伯牛；司馬牛，名犂。若非牛耕，何以有此名與字乎？後人以牛耕爲始於漢趙過者，非也。後漢書：「立春之日，京都百官青衣，立青幡，施土耕，牛人於門外，令地主率官吏打之。」今俗云「打春牛」，蓋本此也。

馬一匹

韓詩外傳：「顏回望吳門，見一匹練，孔子曰：『馬也。』」然則馬之光景，一匹長耳！故後人號馬爲一匹。風俗通云：「俗說相馬，及君子與人相匹。或曰：馬夜行目明，照前四丈，故曰一匹。或曰：度馬縱横，適得一匹。或說馬死賣之，得一匹帛。或云：春秋左氏說：諸侯相贈，乘馬束帛，帛爲匹，與馬之相匹耳！」淵鑒引文心雕龍曰：「古名車以兩，名馬以匹。」蓋車有佐乘，馬有驂服，皆以對並爲稱。單亦爲匹。如匹夫、匹婦之稱匹也。此說較長。芹按：公羊傳：「匹馬隻輪無反者。」是單亦爲匹也。

趙李相經過

阮籍詠懷詩：「平生少年時，輕薄好絃歌。西遊咸陽中，趙、李相經過。」顏延年曰：「趙，漢成帝趙后飛燕也；李，武帝李夫人也。」何義門云：「漢書外戚傳：『鴻嘉後隆于內寵，班婕妤侍者李平，得幸，立爲婕妤。上曰：「始衛皇后，亦從微起。」乃賜平姓曰衛。其後趙飛燕姊弟，亦從微賤興。』趙、李並稱，當指此。序傳有『及趙、李諸侍中，皆引滿舉白，談笑大噱』之語，注誤也。」葉樹藩曰：

「按丹鉛録云：『漢書谷永傳：成帝數微行，近幸小臣。趙李從微賤，專寵。趙李，字正出。』此若如顔注趙飛燕、李夫人，豈可言經過耶？」芹按：漢書以「近幸小臣」爲句，「趙、李」二字連下讀，指趙飛燕、李倢伃而言，即外戚傳之趙、李也。嗣宗所用，乃陽翟輕俠趙季、李款，故有「趙、李相經過」之句。升菴以趙、李爲小臣，誤矣！而義門亦未爲得也。趙季、李款，見漢書何並傳。

毛嬙

宋玉神女賦：「毛嬙障袂不足程式，西施掩面比之無色。」善注：「慎子曰：『毛嬙、先施，天下之姣也。衣之以皮倛，則見者皆走；易之以玄錫，則行者皆止。』先施、西施一也。」考莊子音義：「毛嬙。」司馬彪云：「古美人，一云越王美姬也。」「西施」，司馬彪云：「夏姬也。一云句踐所獻吳王美女也。」芹按：毛嬙無考。考左傳：「宋芮司徒生女子，赤而毛，棄諸堤下。共姬之妾取以入，名之曰棄。長而美。平公入夕，見棄也而視之，尤。姬納諸御。」然則毛嬙者，宋平公夫人也。以體生毛，故曰「毛」；以備嬪嬙，故曰「嬙」。此其據矣。

享帚自珍

李善上文選注表：「享帚自珍，緘石知謬。」考魏文帝典論：「里語曰：『家有弊帚，享之千金，』斯不自見之患也。』」善注引東觀漢記曰：「吳漢入蜀都，縱兵大掠，上詔讓漢曰：『城降，孩兒老母口萬數，一旦放兵縱火，聞之可爲酸鼻。家有弊帚，享之千金。禹後漢書作「尚」。宗室子孫，故嘗更職，何忍行此。』」然「享」字殊不可解。按：錄異記云：「有商人區明者，過彭澤湖。有車馬出，自稱青洪君，要明過，厚禮之。問何所須，有人教明，但乞如願。及問，以此言答。青洪君甚惜如願，不得已，許之，乃其婢也。既而送出，自爾商人或有所求，如願並爲即得。後至正旦，如願起晚，乃打如願，如願走入糞埽中，商人以杖打糞埽，喚如願，竟不還也。」此如願故事，頗似從里語附會。糞埽，敝帚也。如願曾致千金者也。然「享」字終不可解。

又按：搜神記云：「有商人甌明，過青草湖，湖神邀歸，問所須。有一人私語曰：『君但求如願，不必餘物。』明依其語，湖君許之。及出，乃呼如願，是一少婢也。至家，數年遂大富。後歲旦，如願起宴，明鞭之。如願鑽入糞帚中，明家漸貧。故今歲旦，糞帚不出戶，恐如願在其中也。」此與今刻搜神記小異。

坑儒

秦始皇本紀：「『諸生在咸陽者，吾使人廉問，或爲訞言以亂黔首。』于是使御史悉案問諸生，諸生傳相告引，乃自除犯禁者四百六十餘人，皆坑之咸陽。使天下知之，以懲後。」或云：始皇所坑者乃方士，非儒生也。芹按：下文「長子扶蘇諫曰：『諸生皆誦法孔子，今上皆重法繩之，臣恐天下不安』」，則所坑者乃儒生，非方士也。又古文奇字：「秦始皇改古文爲大篆，國人多誹謗。秦王患之，召諸生七百人，俱拜爲郎。密令冬月種瓜於驪山硎谷中溫處。瓜實成，使人上書曰：『瓜冬實。』有詔下博士諸生說之，人人各異。皆使往諸瓜所，先爲伏機坑上。諸儒至論難，遂發機填之，皆終命。」芹按：此事雖不可信，而其指坑儒，則一也。

炙轂過

史記孟荀列傳：「齊人頌曰：『談天衍，雕龍奭，炙轂過髡。』」劉向別錄曰：「鄒衍之所言五德終始、天地廣大，盡言天事，故曰『談天』。鄒奭修衍之文，飾若雕鏤龍文，故曰『雕龍』。」別錄曰：「『過』字作『輠』，『輠』者，車之盛膏器也。炙之雖盡，猶有餘流者。言淳于髡智不盡如炙輠也。」左思齊都賦注曰：「言其多智難盡，如炙膏過之，有潤澤也。」芹按：「炙轂」，徐廣曰：「一作『亂諣』。」俗語「亂諣」二字，本此。

乘震執規

漢書魏相傳：「東方之神太昊，乘震執規，司春。木爲仁，仁者生，生者圓，故爲規。南方之神炎帝，乘離執衡，司夏。火爲禮，禮者齊，齊者平，故爲衡。西方之神少皞，乘兌執矩，司秋。金爲義，義者成，成者方，故爲矩。北方之神顓頊，乘坎執權，司冬。水爲智，智者謀，謀者重，故爲權。中央之神黃帝，乘坤、艮執繩，司下土。土爲信，信者誠，誠者直，故爲繩。」以上，皆張晏注。芹按：淮南子天文訓：「東方，其帝太皞，其佐句芒，執規而治春；南方，其帝炎帝，其佐朱明，即祝融也。執衡而治夏；中央，其帝黃帝，其佐后土，執繩而制四方。西方，其帝少皞，其佐蓐收，執矩而治秋。北方，其帝顓頊，其佐玄冥，執權而治冬。」相語蓋本諸此。據此，則宋人之先天圖乾南坤北、離東坎西者，妄矣！

智囊

史記：「樗里子滑稽多智，秦人號爲智囊。」漢書鼂錯傳：「錯爲太子家令，太子家號曰智囊。」師古曰：「言其一身所有，皆是智算，如囊橐之盛物也。」干寶晉書：「桓範出赴爽，宣王謂蔣濟曰：『智囊往矣！』」又後漢魯恭傳：「祖父匡，王莽時爲義和，有權數，注：「匡設六筦之法，以窮工商，故曰權數。」號曰智囊。」芹按：五色線：「魏有三高僧：支謙、支諒、支讖。惟謙爲人細長黑瘦，眼多白，而睛黃，復多智，時賢諺云：『支郎眼中黃，形軀雖小是智囊。』」據此，則僧亦有稱智囊者矣！

厠牏

史記萬石君傳：「建爲郎中令，每五日洗沐歸，謁親，入子舍，取親中中裙厠牏，身自浣滌。」徐廣曰：「牏，築垣短板也，音注。厠牏謂厠溷垣牆。建隱于其厠洗滌也。一讀牏爲竇。竇音豆。言建又自洗蕩厠竇，瀉除穢惡之穴也。」呂靜曰：「楲窬，褻器也，音威豆。」駰案：「蘇林曰：『牏音投。賈逵解周官：楲，虎子也。窬，行清也。』孟康曰：『厠行清，窬，行中受糞者也。東南人謂鑿木空中如曹，謂之窬。』晉灼曰：『今世謂反閉小袖衫爲「侯窬」〔一〕，此最厠近身之衣也。』」漢書：「取親中帬厠牏，身自澣灑。」服虔曰：「親身之衣也。」蘇林曰：「牏音投。賈逵解周官云：『牏，行清也。』」孟康曰：「厠行清，牏中受糞函者也。東南人謂鑿木空中如曹，謂之牏。」晉灼曰：「今世謂反門小袖衫爲

〔一〕底本「窬」下有「厠」字，今據中華書局本史記刪。

侯牏。」師古曰：「親，謂父也。中帬，若今言中衣也。厠牏者，近身之小衫，若今汗衫也。」蘇音、晉說是矣！」芹按：厠牏，即厠籌也。古七「虞」與十一「尤」通，在七「虞」爲厠牏，在十一「尤」爲厠籌，其義一也。諸說紛紛，皆非。

當盧

漢書司馬相如傳：「相如迺令文君當盧。」韋昭注：「鑪，酒肆也。以土爲墮，邊高似鑪。」師古曰：「賣酒之處，以累土爲盧，以居酒甕。四邊隆起，其一面高，形如鍛盧，故名盧耳。而俗之學者，皆謂『當盧』爲對溫酒火盧，失其義矣！」芹按：世說新語任誕：「阮公鄰家婦有美色，當壚酤酒。阮與王安豐常從婦飲酒，阮醉，便眠其婦側。夫始殊疑之，伺察，終無他意。」是亦一卓文君也。

群書札記卷五

登龍門

後漢書黨錮傳：「李膺獨持風裁，以名聲自高。士有被其容接者，名爲登龍門。」芹按：蓮社高賢傳：「法師慧持，遠公母弟也。至成都郫縣，居龍淵寺，大宏佛法。升其堂者，號登龍門。」據此，則和尚亦有登龍門者矣。

波太子

吳越春秋：「波太子。原注：「詳下文。」則夫差爲太子波之子。此「太子」下，當又有「子」字。夫差日夜告于伍胥曰：『王欲立太子，非我而誰當立？此計在君耳！』伍子胥曰：『太子未有定，我入則決矣！』闔廬有頃，召子胥謀立太子，子胥曰：『今王欲立太子者，莫大乎波秦原注：「秦」字疑衍。之子夫差。』」芹按：「秦」字，乃「太子」二字之訛。據此，則夫差，太子波之子也。然左傳明云：「夫差，爾忘越王之殺而父乎？」則吳越春秋非也。

乾沒

魏志傅嘏傳：「吳大將諸葛恪揚聲欲向青、徐，朝廷將爲之備。嘏議以爲淮海非賊輕行之路，又昔孫權遣兵入海，漂浪沈溺，略無孑遺。恪豈敢傾根竭本、寄命洪流以徼乾沒乎？」注：「漢書張湯傳曰：『湯始爲小吏，乾沒，與長安富賈田甲、漁翁叔之屬交私。』服虔說曰：『乾沒，射成敗也。』如淳曰：『得利爲乾，失利爲沒。』臣松之以虔直以乾沒爲射成敗，而不說乾沒之義，於理猶爲未暢。淳以『得利爲乾』，又不可了。愚謂乾宜讀爲乾〔一〕燥之乾，蓋謂有所徼射，不計乾燥之與沈沒而爲之。」芹按：此亦作「貪利」解，與晉書潘岳傳同。或云：「得利爲乾，失利爲沒」，與「陸沉」義同。則「乾沒」二字，絕不可解矣！

瓜牛廬

三國志注：「魏略曰：『焦先，字孝然，結草爲裳。自作一瓜牛廬，淨掃其中，飢則爲人客作飽食而已。』臣松之案：魏略云：焦先及楊沛，並作瓜牛廬，止其中，以爲瓜當作蝸。蝸牛，螺蟲之有角者也。俗呼爲黃犢。先等作圜舍，形如蝸牛蔽，故謂之瓜牛廬。」芹按：古今注：「蝸牛，陵螺也，形如螔蝓，殼如小螺，熱則自懸於葉下，野人結圓舍如蝸牛之殼，故曰蝸舍，亦曰蝸牛之舍也。」案：今俗名團焦，即此。又太平清話：「倪元鎮所居，名蝸牛廬。」

〔一〕乾，底本作「干」，今據中華書局本三國志改。

披雲排霧

王隱晉書：「樂廣爲尚書郎，尚書令衛瓘見而奇之，曰：『此人，人之水鏡，見之瑩然，若披雲霧而覩青天也。』」徐幹中論：「文王略于渭水，遇太公釣，召而與之言，載之而歸。文王之識也，灼然若驅雲而見白日，霍然若開霧而覩青天。」野客叢書：「今用『披霧而見青天』事，多指樂廣。梁孝元詩『還思逢樂廣，能令雲霧褰』、駱賓王詩『情披樂廣天』是也。不知此語已先見徐幹中論。晉人蓋引此語以美樂廣耳！」芹按：謝靈運詩：「排霧屬盛明，披雲對清朗。」「披雲」用樂廣事，則「披霧」自屬文王。必非一事兩用也。又阮瑀謝太祖牋曰：「一得披玄雲望白日。」「披雲」二字本此。

小巫見大巫

三國志張紘傳注：「吳書曰：紘見陳琳作武庫賦、應機論，與琳書，深歎美之。琳答曰：『僕在河北，與天下隔。此間率少於文章，易爲雄伯，故使僕受此過差之譚，非其實也。今景興在此，足下在彼，所謂小巫見大巫，神氣盡矣！』」芹按：莊子逸篇：「小巫見大巫，拔茅而棄，此其所以終身弗如。」琳書本此。

廢蓼莪

晉書孝友傳：「王裒痛父非命，每讀詩至『哀哀父母，生我劬勞』，未嘗不三復流涕，門人受業者並廢蓼莪之篇。」芹按：南齊書高逸傳：「顧歡早孤，每讀詩至『哀哀父母』，輒執書慟泣。學者由是廢蓼莪篇不復講。」此又一事也。

拜五經

南史隱逸傳：「臧榮緒惇愛五經，謂人曰：『昔呂尚奉丹書，武王致齋降位，李、釋教誡，並有禮敬之儀。因甄明至道，乃著拜五經序論，常以宣尼庚子日生，其日陳五經拜之，自號被褐先生。」芹按：臧榮緒以宣尼庚子日生，凡庚子日陳五經再拜如神靈。黄省曾亦以五經奉高架上，朔望拜之。有拜五經文，見陳眉公太平清話。

鬚髯如戟

南史褚彦回傳：「山陰公主謂曰：『君鬚髯如戟，何無丈夫意？』」芹按：孔叢子：「子高見齊王，齊王問：『誰可臨淄宰？』稱管穆焉，王曰：『穆容貌陋，民不敬。』答曰：『夫見敬在德。昔臣嘗行臨淄市，見屠商焉，身修八尺，鬚髯如戟，面正紅白，市之男女未有敬之者，無德故也。』王曰：『是所謂祖龍始者也，（祖龍始，乃屠商姓，名忱。）如先生之言。』於是乃以管穆爲臨淄宰。」「鬚髯如戟」語本此。

夷白齋

南史隱逸傳：「蔡薈，字休明，陳留人，清抗不與俗人交。李撝謂江斅曰：『古人稱安貧清白曰夷，涅而不緇曰白，至如蔡休明者，可不謂之夷白乎？』」宋人夷白齋詩話，蓋取諸此。

毛嬙

王褒四子講德論：「毛嬙、西施，善毀者不能蔽其好；嫫母、倭傀，善譽者不能掩其醜。」善注：「慎子曰：『毛嬙、先施，天下之姣也。衣之以皮倛，則見之者皆走；易之玄錫，則行者皆止。』先施、西施，一也。孫卿子曰：『閭娵、子奢，莫之媒也。嫫姆、力父，是之喜也。』倭傀、醜女，未詳所見。」芹按：古之美女，以毛嬙、西施並稱，而毛嬙無所見。考左襄二十六年：「初，宋芮司徒生女子，赤而毛，棄諸堤下。共姬之妾取以入，名之曰棄，長而美。」疑此是與？軒轅本紀黃帝納醜女，號嫫母，使訓宮人，而有淑德，奏上德之頌。帝周遊行時，元妃嫘祖死于道，帝祭之，以爲祖神，令次妃嫫母監護於道，以時祭之，因以嫫母爲方相氏。則嫫母之醜可知矣！

膚不生毛

司馬相如難蜀父老：「夏后氏躬腠胝無胈，膚不生毛。」善注：「莊子曰：兩祖女浣於白水之上者，禹過之而趨，曰：『治天下奈何？』女曰：『股無胈，脛不生毛，顏色烈凍，手足胼胝，何以至是也？』」按：莊子天下篇：「昔者禹之堙洪水，決江河，名川三百，支川三千。禹親自操橐耜，腓無胈，脛無毛。沐甚風〔一〕，櫛疾雨。」所引墨子語如此。善注所引，蓋莊子逸篇也。

〔一〕沐，底本作「沭」，今據文義改。

駕輕鴻

沈休文詩：「朋來握石髓，賓至駕輕鴻。」李善注：「郭璞遊仙詩曰：『駕鴻乘紫煙。』」芹按：述異記：「荀瓌，字叔偉，潛棲卻粒。嘗東遊，憩江夏黃鶴樓上，望西南有物，飄然降自霄漢。俄頃已至，乃駕鶴之賓也。鶴止戶側，仙者就席，羽衣虹裳，賓主歡對。已而辭去，跨鶴騰空，眇然煙滅。」「駕鴻」，當即用駕鶴事耳！

映雪

任彥昇爲蕭楊州作薦士表：「集螢映雪，編蒲緝柳。」李善注：「孫氏世錄曰：『孫康家貧，常映雪讀書。清介，交遊不雜。』」芹按：南史孫伯翳傳：「父康，起部郎。家貧，常映雪讀書。」此其事也。

虞初

張平子西京賦：「匪唯翫好，乃有秘書。小說九百，本自虞初。」善注：「漢書曰：『虞初周說九百四十三篇。初，河南人也。武帝時，以方士侍郎，乘馬，衣黃衣，號黃車使者。小說家者流，蓋出於稗官。』應劭曰：『其說以周書爲本。』」湯臨川虞初志，蓋取諸此。

瓊枝

楚辭：「折瓊枝以爲羞兮，精瓊爢音靡。以爲粻。音張。」王逸注：「羞，脯也。精，鑿也。爢，屑也。粻，糧也。」按：莊子逸篇：「老子曰：『吾聞南方有鳥，名爲鳳鳳。之所居也，積石千里，河水出下，鳳鳥居上。天爲生食，其樹名瓊枝，高百仞，以璆琳琅玕爲實。天又爲生離珠，一人三頭，遞起以飼琅玕。』」離騷所用，正與此同。

六經

困學紀聞：「六經始見於莊子天運篇。原注：「孔子曰：治詩、書、禮、樂、易、春秋六經。」以禮、樂、易、詩、書、春秋爲六藝，始見於太史公滑稽列傳。原注：「孔子曰：六藝，于治一也。」或云七經，原注：「後漢趙典學孔子七經。」蜀秦宓謂文翁遣相如東，受七經。或以六經、六緯爲十二經。原注：「莊子天道篇。」或以五經、五緯爲十經。原注：「南史周續之。」或云九經。原注：「釋文序錄：易、詩、書、周禮、儀禮、禮記、春秋、孝經、論語。唐谷那律傳：『九經庫。』始有九經之名。」樂經既亡，而有五經，自漢武立博士始也。邵子定以易、詩、書、春秋爲四經，猶春、夏、秋、冬，皇、帝、王、伯。」芹按：韓詩外傳：「孔子困于陳、蔡之間，即三經之席。」則又有稱三經者矣！唐書儒學列傳：「谷那律淹識群書，褚遂良常稱爲『九經庫』。」

四府

困學紀聞三：「皇象春，五帝象夏，三王象秋，五伯象冬。見於王莽傳。蓋古之遺言也。」與邵子觀物篇同。芹按：邵子又云：「春爲生物之府，夏爲長物之府，秋爲收物之府，冬爲藏物之府，此昊天之四府乎？易爲生民之府，書爲長民之府，詩爲收民之府，春秋爲藏民之府，此聖人之四府乎？」以易、書、詩、春秋配春、夏、秋、冬，不知其何所本也。

墨允墨智

困學紀聞論語疏：「案春秋少陽篇：伯夷姓墨，名允，字公信。伯，長也。夷謚叔齊，名智，字公達，伯夷之弟。齊亦謚也。少陽篇，未詳何書。」原注：「眞宗問陳彭年：『墨允、墨智何人？』彭年曰：『伯夷、叔齊也。』上問：『見何書？』曰：『春秋少陽。』夷、齊之父名初，字子朝。』胡明仲曰：『少陽以夷、齊爲伯叔之謚。彼已去國，隱居終身，尚誰爲之節惠哉？蓋如伯達、仲忽，亦名而已矣！』」芹按：輟耕錄引吾衍閒居錄云：「孤竹君姓墨，音眉。名台，音怡。初見孔叢子注。中子名伯遼，見周曇詠史詩注。『伯』當作『仲』。若如吾說，則伯夷、叔齊，似又是名。」莊綽雞肋編：「伯夷姓墨，名允，一名元。」

箕子胥餘

莊子音義：「司馬彪云：『胥餘，箕子名也，見尸子。』」崔譔注同。又云：「尸子曰：『箕子胥餘，漆身爲厲，披髮佯狂。』」或云尸子曰：「比干也，胥餘其名。」芹按：莊子大宗師篇：「若狐不偕〔一〕、務光、伯夷、叔齊、箕子、胥餘、紀他、甲徒狄，是役人之役，適人之適，而不自適其適者也。」明明另是一人，非箕子名也。考秦策：「箕子、接輿，漆身爲厲，被髮爲狂，無益于殷、楚。」與尸子語正同。是「胥餘」即「接輿」也。而以爲箕子之名，謬矣！

柳下季

莊子音義：「柳下惠，姓展，名獲，字季禽。一云字子禽。居柳下，而施德惠。一云：惠，謚也。一云：柳下，邑名。」芹按：許慎淮南子注曰：「展禽之家有柳樹，身行惠德，因號柳下惠。一云：柳下，邑名。」此陸德明音義所本也。朱子集注於論語則云：「食邑名于，孟子則云居柳下。」當是先見邢疏，後見釋文及楊倞荀子注也。左傳孔疏：「禽是二十字，季是五十字。」最爲明析。

孔子不見母

莊子盜跖篇：「孔子不見母，李云：「未聞。」匡子不見父。事見孟子。」按：檀弓：「孔子少孤，不知其墓。」諸說紛紛，竊疑「墓」字乃「母」字之誤。孔子少孤，非特蚤喪聖父，亦蚤喪聖母也。正此一字，則檀弓可解，莊子可通矣！否則，莊子本文，或是孔子不見父，匡子不見母，後人傳寫誤耳！

〔一〕狐，底本作「務」，今據中華書局本莊子集釋改。

傅說

莊子大宗師篇：「傅説乘東維，騎箕尾，而比于列星。」音義：「司馬彪云：『東維、箕斗之間，天漢津之東維也。』星經曰：『傅説一星在尾上。』言其乘東維，託龍尾，乃列宿。今尾上有傅説星。」崔本此下更有「其生無父母，死登假三年，而形遯，此言神之不可名者也」，凡二十二字。芹按：此與漢武内傳所云東方朔乘雲飛去，同一誕謾之言，不足信也。

胥敖

莊子齊物論：「昔者堯問於舜曰：『我欲伐宗、膾、胥敖。』」司馬彪曰：「宗、膾、胥敖，三國名也。」崔譔云：「宗，一也；膾，二也；胥敖，三也。」又人間世云：「昔者堯攻叢枝、胥敖。」芹按：「胥敖」二字，切音爲「苗」，即三苗也。「叢枝」，即「宗」也。「膾」，無考。

醜女

尹文子：「齊有黄公者，好謙卑。有二女，皆國色。以其美也，常謙辭毀之，以爲醜惡。醜惡之名遠布，年過，而一國無聘者。衛有鰥夫，時冒娶之，果國色。然後曰：『黄公好謙，故毀其子不姝美。』於是爭禮之，亦國色也。」芹按：襄陽記：「黄承彦者，高爽開列，爲沔南名士，謂諸葛孔明曰：『聞君擇婦，身有醜女，黄頭黑色，而才堪相配。』孔明許，即載送之，時人以爲笑樂。鄉里爲之諺曰：『莫作孔明擇婦，只得阿承醜女。』」則後世黃公之女，又有眞醜者矣！

鼓造

淮南子說林訓：「鼓造辟兵，壽盡五月之望。」高注：「鼓造，謂梟。一曰蝦蟇。五月望作梟羹，亦作蝦蟇羹。」芹按：「鼓造」二字，切音爲「梟」，則作「梟」者是。「望」，謂五月五日也。

暉日

淮南子繆稱訓：「暉（同「暈」。）日知晏，陰諧知雨。」高注：「暉日，鴆鳥也。晏無雲也。天將晏靜，暉日先鳴。陰諧，天將陰雨，則鳴。」芹按：羅願爾雅翼：「鴆，毒鳥也。雄名運日，雌名陰諧。天晏靜無云，則運日先鳴；天將陰雨，則陰諧鳴之。故淮南子云『運日知晏〔一〕，陰諧知雨』也。或曰：取蛇虺時，呼同力數十聲，石起蛇出，故江東人呼爲同力鳥。又廣南異物志曰：『檀雞，鴆鳥之別名。』」芹按：「暈日」二字，合音爲「鴆」，「諧陰」二字，合音亦爲「鴆」。則「運日」、「陰諧」，皆「鴆」字之切音也。故以名之。

〔一〕晏，底本作「宴」，今據文義改。

星如玉李

金樓子：「星如玉李，月上金。缺一字。霧生猶穀，河垂似帶。」按：陶九成說郛作「月上金波」，則缺者，乃「波」字也。楊誠齋詩：「西畔天星如玉李，伴人不睡向人明。」蓋用此也。

展重陽

唐書：「文宗開成元年，於三月十三展上巳。以次年九月十九日，展重陽。」芹按：天中記：「唐文宗開成元年，歸融爲京兆尹。時兩公主出降，府事供帳事繁，又逼近上巳，曲江賜宴奏取改日。上曰：『去年重陽，重取九月十九，未爲失。』遂改十三日爲展上巳。」據此，則上巳、重陽，皆可展也。

按：此與唐書先後不合，未知孰是？

金雞

唐書武后傳：「太后遂封嵩山，禪少室，冊山之神爲帝，配爲后。登封壇南有大槲，赦日置雞其杪，賜號金雞樹。」芹按：封氏聞見記：「國有大赦，則命衛尉樹金雞于闕下，武庫令掌其事。雞以黃金爲首，建之于高橦之下。宣赦畢，則除之。」案：金雞，魏、晉以前無聞焉。或云始自後魏，亦云起自呂光。隋書百官志云：「北齊尚書省有三公曹，赦則掌建金雞。」蓋自隋朝廢此官，而魏衛尉掌之。北齊每有赦宥，則于閶門前樹金雞三日而止。武成帝即位，大赦天下，其日設金雞。宋孝王不識其義，問于光祿大夫司馬膺之曰：「赦建金雞，其義何也？」答曰：「按海中星占：『天雞星動，必當有赦。』」由是王以雞爲候。據此，則金雞取象天雞矣！

車渠

尚書大傳：「散宜生之江、淮之浦，取大貝，大如大車之渠。」鄭注：「渠車，罔也。」按：夢溪筆談：「海物有車渠，蛤屬也。大者如箕，背有渠壟，如蚶殼，故以爲器，緻如白玉，生南海。」尚書大傳曰：「文王囚於羑里，散宜生得大貝如車渠以獻紂。」鄭康成乃解之曰：「渠車，罔也。」蓋康成不識車渠，謬解之耳！

露布

封氏聞見記：「露布，捷書之別名也。諸軍破賊，則以帛書建諸竿上，兵部謂之露布。蓋自漢以來，有其名。所以名露者，謂不封檢而宣；布，欲四方遠知，亦爲之露布。魏武奏事，云『有警急，輒露版插羽』是也。」按：春秋緯：「文露沉，武露布。」露布之名，蓋取諸此。

豹直

封氏聞見記：「御史直日，謂之伏豹，亦曰豹直。杜易簡云：『伏豹者，言衆官皆出，己獨留，如藏伏之豹，故云伏豹。』韓琬則解爲爆直，言如燒竹，遇節則爆。余以爲：舊說南山赤豹，愛其毛體，深藏不出，故古以喻賢者隱居避世。鮑明遠賦云：『豈若南山赤豹，避雨霧而深藏？』此言伏豹之直者，蓋取不出之義。杜說雖不甚明，粗得其意；韓其疏矣！」芹按：「豹直」二字，出詩經，即鄭風所云「羔裘豹飾，邦之司直」者是也。諸說紛紛，皆堪一哂。

酇侯

李濟翁資暇錄：「漢相蕭何封爲酇侯，舉代呼爲鹺，有呼贊者，則反掩口而咥，深可訝也。鄒氏分明云：『屬沛郡者音嵯，屬南陽者音贊。』又茂陵書〔一〕云：『蕭何國在南陽。』合二家之說，音贊不音鹺，明矣！」按：史記蕭相國世家：「高祖以蕭何功最盛，封爲酇侯。」注：「文穎曰：『音贊。』瓚曰：『今南陽酇縣也。』孫檢曰：有二縣，音字多亂。其屬沛郡者，音嵯；屬南陽者，音讚。案：茂陵書：蕭何國在南陽，宜呼讚。今呼嵯，嵯，舊字作⿰虘阝，今皆作酇，所由亂也。』」漢書注：「臣瓚曰：『茂陵書：何封國在南陽。酇，音贊。』師古曰：『瓚說是也。而或云何封沛郡酇縣，音才何反，非也。』」按：地理志南陽酇縣云：「侯國。」沛酇縣不云侯國也。又南陽酇者，本是春秋時陰國，今爲襄州陰城縣。縣有酇城。城西，見有蕭何廟。但酇字別有⿰虘阝音。是以沛之⿰虘阝縣，史記、漢書皆作「酇」字，明其音同也。班固泗水亭碑以蕭何相國所封與何同韻，於義無爽。然其封邑，實在南陽，非沛縣也。且地理志云：「王莽改沛酇曰贊治。」然則沛酇，亦有「贊」音。據此，則南陽之酇，亦可讀「嵯」；沛

〔一〕茂陵書，底本作「茂陵詩」，今據中華書局本史記改。

縣之鄺，亦可讀「贊」。然要以分屬者爲是。

將軍蓋

杜少陵修水筒詩：「詎要方士符，何假將軍蓋？」趙曰：「『何假將軍蓋』，意是用貳師將軍拔刀刺山而飛泉出事，但無『蓋』字耳！」芹按：後漢書耿恭傳：「聞昔貳師將軍拔佩刀刺山，飛泉湧出。」此「蓋」字，疑是「佩」字之訛。

綠沈槍

杜少陵重過何將軍山林詩：「雨拋金鎖甲，苔臥綠沈槍。」蔡夢弼曰：「甲言金鎖，謂以金綿連鎖之也。槍言綠沈，謂以綠色之物沈沒其柄也。」陸放翁老學菴筆記云：「王逸少筆經曰：『有人以綠沉漆竹管及鏤管見遺。』老杜所謂『苔臥綠沈槍』，蓋謂是也。」芹按：「臥槍」，猶言寢兵。謂以槍臥於地，而綠苔生其上也。「綠沉」，蓋綠色之深者。今俗語所云「綠陰陰」是也。或以「綠沉」爲精鐵者，非。「拋甲」，猶言拋戈金鎖甲，即鎖子甲者是。惟「雨」字不可解。竊意古詩如「風流雲散」一列，如「雨雨落，不上天」、「水覆難再收」，皆棄置決絕之詞。此亦疑是拋甲而永不復用之意，故曰「將軍不好武」也。

粔籹

杜少陵詩：「粔籹作人情。」蒼舒曰：「宋玉招魂：『粔籹蜜餌，有餦餭些。』注云：『粔籹，以蜜和米麵煎作之。』」説文：「粔籹，膏糧也。」齊民要術：「粔籹，名環餅，象環釧形。廣雅謂之粰梳，今通名饊子。」又楚詞注：「吳謂之膏環，亦曰寒具。」芹按：「粔籹」二字，切音爲「黍」，蓋角黍也。珊瑚鉤詩話：「端午之號，同于重九。角黍之事，肇於風俗。昔日屈原懷沙忠死，後人每年以五色絲絡粔籹而弔之，此其始也。」以「粔籹」作角黍解，最爲得之，向來以爲膏環者，非。

坐人衣

杜少陵詩：「巫山秋夜螢火飛，疏簾巧入坐人衣。」杜詩補注：「田藝蘅〔一〕云：北齊劉逖詩：『無由似玄豹，縱意坐山中。』張説詩：『樹坐猿猴笑。』杜詩：『楓樹坐猿深。』又：『黃鶯並坐交愁濕。』又：『巫山秋夜螢火飛，簾疏巧入坐人衣。』豹坐、猿坐，猶人所能言。若黃鶯並坐，語便新奇。而螢火坐衣，則更新更奇。」芹按：「坐」與「座」通。「坐人」，即坐上之人也。汝成作「坐」字解，毋乃纖甚。

〔一〕蘅，底本無，今據文義補。

蕭史幽樓地

杜詩補注張希良曰：「楊誠齋雜記：蕭史，宣王之史官，弄玉之壻。按：自宣王至秦穆公，當襄王之世；更幽、平、桓、莊、僖、惠六王，年且一百七十六。襄王嗣立，蕭史非有延年之術，何以壻弄玉耶？誠齋之說甚怪，附識於此。今按：蕭史乃史官，非人名也。所謂弄玉壻者，恐是蕭氏後人世爲史官者。若指宣王時之蕭史，豈有年長三甲之人，可爲穆公壻乎？誠齋之說，亦當存疑。」芹按：誠齋雜記云：「蕭仙，宣王之末，史籍散亂，蕭仙能文，著本末，以備史之不及，人以史稱之，實無名也。」此條乃元林坤所輯，未知出於何書。以爲楊誠齋，誤矣！考劉向列女傳：「蕭史者，秦穆公時人也。善吹簫，能致孔雀、白鶴于庭。穆公有女，字弄玉，好之，公遂以女妻焉。」則蕭史似另是一人，即雜記亦並不云此即弄玉壻也。

五雲高太甲

杜詩補注：「『太甲』二字，徧查諸注，皆未詳所出。年友張希良石虹曰：漢武帝內傳：『帝受太甲靈飛於西王母。』又考桑道茂能爲太乙遁甲之術。太甲、太乙，皆上天貴神，得此一證，宿疑爲之頓釋。」芹按：內傳乃「六甲靈飛」，非太甲也。若太乙遁甲，則不可云「太甲」。惟嚴滄浪詩話云：「『太甲』之義，殊不可曉。得非高太乙耶？」此爲近之。然王子安益州夫子廟碑云：「華蓋西臨，藏五雲於太甲。」當時如燕公、一公，已不能悉，況後人乎？姑闕疑焉可也。

胡舞白題斜

杜詩詳注：「漢書灌嬰傳：『斬胡白題將一人。』薛夢符曰：『題者，額也。其俗以白塗堊其額，因得名。舞則首偏，故曰白題斜。白題如黑齒雕題之類。』」朱注：「按：服虔漢書注：『白題，胡名也。』西域傳：『白題國王姓支。名史稽毅，其先，匈奴之別種也。』備考。杜臆：『代醉編云：李叔元在京，戎騎入城，有胡人，風吹氈笠墮地，後騎云：落下白題。乃知是氈笠之名。』」芹按：晉書有「白接䍦」。集韻：「接䍦，白帽也。」「接䍦」二字，切音爲題。「白題」，猶「白接䍦」也。疑琅琊代醉編以爲氈笠者近是。

豆子熟

杜少陵別贊上人詩：「楊柳晨在手，豆子雨已熟。」蔡夢弼曰：「『雨』或作『兩』，『豆子兩已熟』，言來秦州已經兩年。」蘇曰：「崔元見習鑿齒曰：『豆子熟矣！』」張旦曰：「豆子，眼中黑睛也。言無邪視也。」杜詩詳注引華嚴疏鈔云：「譬如春月下諸豆子，得煖氣，色尋便出土。」按：文殊師利問經：「如種大麥及麻豆等，芽始生時，已堪用不？」「不堪用也。」「何以故？」「以未熟故。」「一切衆生善根，未熟亦如是，不堪制戒。」杜詩本此。又傳燈錄云：「馬祖謂大梅和尚梅子熟也。」亦即此意。僞蘇注所引，不足信也。

何太龍種極

杜詩詳注：「青箱雜記：古語有二聲合爲一字者，如『不可』爲『叵』，『而已』爲『耳』。蓋起于西域二合之音，龍種切爲癃，潦倒切爲老，謂人之癃老，以龍鍾潦倒目之，音義取此。薛蒼舒注廣韻：龍鍾，竹名。世言龍鍾，謂年老如竹之枝葉，搖曳不自矜持。此説杜撰不經。後人記事珠等書，據爲故實，可笑也。」芹按：「龍鍾」二字，不可解。疑雜記以爲切音者近是，但未知其的切爲何字耳？若竹之名龍鍾，直取義於龍之種，用竹杖化龍事。固不必強爲牽合也。

乘龍

杜少陵詩：「門闌多喜色，女壻近乘龍。」薛夢符曰：「楚國先賢傳：『孫雋、李元禮俱娶太尉桓焉之女，時人謂桓叔元兩女俱乘龍。言得壻如龍也。』」杜詩補注：「張希良曰：神仙、拾遺弄玉乘鳳，蕭史乘龍，此女壻乘龍之原始也。」芹按：列仙全傳：「蕭史得道，好吹簫，秦穆公以女弄玉妻之，遂教弄玉吹簫，作鳳鳴，有鳳來，止其屋，公爲作鳳臺。後弄玉乘鳳，蕭史乘龍，共昇天去。」此非劉向列仙傳，恐不足信也。

根如石

杜少陵古柏行：「孔明廟前有老柏，柯如青銅根如石。」按：述異記：「虞氏縣有盧君古塚，塚旁柏二株，枝條蔭茂二百餘步。樹文隱起，皆如龜，根勁如銅石。」少陵蓋用此也。

雞棲

杜子美晚出左掖詩：「避人焚諫草，騎馬欲雞棲。」謂日之將夕，雞已欲棲也。或引後漢諺曰：「車如雞棲馬如狗，疾惡如風朱伯厚。」則與晚出意不合矣！然「欲雞棲」三字，到底費解。按：潘安仁寡婦賦：「雞登棲而斂翼。」竊疑「欲」字，或即「斂」字之訛耳！

賸客

杜少陵詩：「若放衰翁語，須令賸客迷。」劉須溪云：「『賸』，必『勝』也，字誤。」蔡夢弼曰：「陸機詩『遊賞愧賸客』，則『賸客』二字有本矣！」芹按：南史張纘傳〔一〕：「敬容〔二〕居權軸，賓客輻輳，有過詣纘，纘輒拒不前，曰：『吾不能對何敬容殘客？』」「殘客」，猶賸客也。

烏鬼

杜子美詩：「異俗吁可怪，斯人難並居。家家養烏鬼，頓頓食黃魚。」沈存中筆談：「峽中人謂鸕

〔一〕張纘，底本作「張緒」，今據中華書局本南史改。

〔二〕敬容，底本作「何敬容」，今據中華書局本南史改。

鷀爲烏鬼，以繩繫其頸，使之捕魚。得魚，則倒提出之。」苕溪胡仔曰：「余觀諸公詩話，烏鬼之説有四：曰鸕鷀，曰豬，曰烏野神，曰烏蠻鬼。其曰鸕鷀者，見沈存中筆談；其曰豬者，見漫叟詩話，云川人每呼豬則作烏鬼聲，故號豬爲烏鬼；其曰烏野神者，見蔡寬夫詩話引元微之江陵詩云：『病賽烏稱鬼，巫占瓦代龜』，則『養』字讀爲『供養』之『養』；其曰烏蠻鬼者，見冷齋夜話，云川、峽路民多供事烏蠻鬼，以臨江，故頓頓食黃魚耳！俗人不解，便作『養畜』字讀。余嘗細考其説，沈以爲鸕鷀者是也。」劉須溪注：「『養』字，去聲最怪，決無用『養』字代『供』字之理。且烏蠻鬼稱烏鬼亦可乎？鸕鷀自是。」芹按：此聯以一事言，則存中之説良是；以二事言之，則諸家之説皆通。又元微之詩注云：「南人染病，競賽烏鬼。楚巫列肆，悉賣瓦卜。」竊疑「養」字，或即「賽」字之訛，未可知耳！又埤雅廣要：「水崗俗號烏鬼，善沒水，以取魚者也。」

垂楊生肘

王右丞老將行：「昔時飛箭無全目，今日垂楊生左肘。」按：莊子：「支離叔觀于冥伯之丘，崑崙之墟，黃帝之所休，俄而柳生其左肘。」柳，瘍也，瘤也。以爲垂楊，誤矣！芹考抱朴子論仙篇：「牛哀成虎，楚嫗爲黿，支離爲柳，秦女爲石。」則直作「楊柳」解，右丞蓋本諸此。

天幸

王維老將行：「衛青不敗由天幸，李廣無功緣數奇。」案：漢書衛霍列傳：「去病所將常選，然亦敢深入。常與壯騎先其大軍，軍亦有天幸，未嘗困絶也。」又高達夫送渾將軍出塞：「李廣從來先將士，衛青未肯學孫、吳。」按：漢書：「去病爲人少言不泄，有氣敢往。上嘗欲教之孫吳兵法，對曰：『顧方略何如耳！不知學古兵法。』」此與右丞詩皆誤以去病事作衛青用也。芹按：莊子漁父篇：「今者丘得遇也，若天幸然。」「天幸」二字本此。又周策：「蘇厲謂周君曰：『白起攻用兵，又有天命也。』」是亦天幸之意。

炳燭

古樂府子夜歌：「與郎對華榻，弦歌秉蘭燭。」「秉」，一作「炳」。按：說苑：「晉平公問于師曠曰：『吾年七十，欲學，恐已暮矣！』師曠曰：『何不炳燭乎？』」「炳燭」二字本此。

女媧地出

抱朴子釋滯篇：「女媧地出，杜宇天墮。」案：大荒西經：「有神十人，名曰女媧之腸，或作腹化爲神。處栗廣之野，橫道言斷道也。而處。」郭注：「女媧，古神女而帝者。人面蛇身，一日中七十變，其腹化爲此神。栗廣，野名。」抱朴子蓋用此也。楚詞注：「女媧人頭蛇身，一日七十化。」

白雪黃金

許彦周詩話：「蜀道觀中，鑿井得一杯，刻文似賦似贊，曰：『有物有物，可大可久。採乎蠶食之前，用乎火化之後。成湯自上而臨，夸父虛中而受。氣應朝光，功參夜漏。白英聚而雪慚，黄酥凝而金醜。轉制不已，神趣鬼驟。金歟？玉歟？天年上壽。無著于文，訣之在口。』後有隱士，言是漢時陰眞人所著煉丹法，後雜著于子玉碑，僕恨不得其門戶，聊復存之。」芹按：葛洪神仙傳：「陰長生者，新野人也。事馬鳴生，得道，著書九篇。陰君自敍云：『漢延光元年，新野山北，予受仙君神丹要訣，道成去世，付之名山。如有得者，列爲眞人。行乎去來，何爲俗間？不死之要道，在神丹。行氣導引，俯仰屈伸，服食草木，可得延年。不能度世，以至乎仙。子欲聞道，此是要言。積學所致，無爲合神。上士爲之，勉力加功。下愚太笑，以爲不然。能知神丹，久視長安。』又著詩三篇，以示將來。後白日昇天而去。」陰眞人，即陰長生者也。

抱朴子微旨篇：「或曰：『願問眞人守身煉形之術。』抱朴子曰：『夫始青之下，月與日兩半，同昇合成一出。彼玉池入金室，大如彈丸，黄如橘。中有嘉味甘如蜜，子能得之謹弗失。既不追，身將滅，純白之氣至微密，昇于幽關三曲折。中丹煌煌獨無疋，立之命門形不卒，淵乎妙矣難致詰。此師之口訣，知之者，不畏萬鬼五兵也。』」芹按：此二條，疑皆是房中術，但隱其辭耳，勿誤認爲煉丹訣也。

筆架沾雨

野客叢書：「少陵詩曰：『筆架沾窗雨。』謂筆架爲窗所沾耳！開元遺事載蘇頲有花石筆架，天欲雨，則石架津出。以此占雨無失。用此事亦未可知。『沾』恐當作『占』。又『老妻畫紙爲棋局』，見李秀四維賦：『畫紙爲局，削木爲棊。』又『無行亂眼多』，見庾信鵝詩：『雪光偏亂眼。』」芹按：下句云：「書籤映隙曛。」仍作「沾」字爲是。

中酒

野客叢書：「今言中酒之中，多以爲平聲，祖三國志『中聖人』、『中賢人』之語。齊己柳詩曰：『穠低似中陶潛酒，軟極如傷宋玉風。』乃作仄聲，或者謂平仄一意。余謂『中酒』之『中』，『中』從仄聲，自有出處。按：前漢樊噲傳：『軍士中酒。』注：『竹仲反。』齊己祖此。」

考唐人下第詩：「氣味如中酒，情懷似別人。」東坡詩：「公特未知其趣耳，臣今時復一中之。」皆作平聲用。芹按：魏志徐邈傳：「邈私飲沉醉，趙達問以曹事。邈曰：『中聖人醉。』客謂酒清者爲聖人，濁者謂賢人。後文帝問邈曰：『頗復中聖人否？』邈對曰：『昔子反斃于穀陽，御叔罰於飲酒。臣嗜同二子，不能自懲，時復中之。』」「中」字殊不可解。或可作平聲讀。若「中酒」字，則斷宜作去聲。陸龜蒙有中酒賦，謂病酒也。猶醫家所謂中風、中暑也。唐人作平聲用，誤矣！

又考漢書樊噲傳：「項羽既饗軍士，句。中酒。張晏曰：『酒酣也。』師古曰：『飲酒之中也，不醉不醒，故謂之中。』

中，音竹仲反。』亞父謀欲殺沛公，令項莊拔劍舞。」芹按：此「中酒」，即酒半也，宜作平聲。師古以爲飲酒之中，是矣！而音作去聲，殊不可解。勉夫引漢書截「軍士中酒」四字爲句，豈「中酒」者謂軍士耶？鹵莽極矣！細玩「中聖人」三字，即是中酒之意。彼蓋以酒爲聖人也，仍宜作去聲讀。東坡作平聲，亦是不求甚解之故耳！鄒陽酒賦：「清者爲酒，濁者爲醴。清者聖明，濁者頑騃。」「聖」字本此。

積薪

野客叢書：「賈誼曰：『抱火厝之積薪之下。』董仲舒曰：『抱薪救火，俞無益也。』此說出于戰國策、鬼谷子。戰國策曰：『抱薪救火，薪不盡，火亦不止。』鬼谷子曰：『抱薪趨火，燥者先然。』鄧析子亦曰：『救火投之以薪。』賈、董之言祖此。汲黯曰：『陛下用人如積薪，後來者居上。』語出于文子。黯蓋引而言之耳！漢書二處用『積薪』字，皆無音，是以『積』字從本音也。此二字，宜本之周禮：『甸人積薪。』音子賜切。漢書合從此音。」芹按：文子上德篇：「譬若積薪燎，後者處上。」則「積」字正宜從本音讀，王說非也。又精誠篇：「不治其本，而救之于末，無以異于鑿渠而止水，抱薪而救火也。」

鶯解語

野客叢書：「章茂深嘗得其婦翁石林所書賀新郎詞，首曰『睡起啼鶯語』，章疑其誤，頗詰之。石林曰：『老夫嘗考之矣！流鶯不解語，啼鶯解語，見禽經。』」芹按：禽經：「倉庚、鵹黃，黃鳥也。」

注：「今謂之黄鶯、黄鸝也。野民曰黄栗留，語聲轉耳！一作『囀』，非。」石林本此。不知此所云「語聲轉」者，謂鸝留之轉而爲栗留，非謂鶯語之好音百囀也。且流鶯，即啼鶯也。而一以爲解語，一以爲不解語，誤矣！窺茂深之意，疑「啼」字爲「流」字之誤，故石林荅之云云。此英雄欺人語也！里語曰：「黄栗留看我麥，黄葚熟不？」平聲。説者謂此十字，即黄鳥之自語，豈其然乎？

童烏已巳

野客叢書：「童烏，舊説謂揚子雲之子小名。有一先輩讀法言，謂『吾家之童』爲一句；『烏』連『乎』字作『嗚呼』字讀，謂歎聲也。按：後漢鄭固碑曰：『大男有揚烏之才，年七歲而夭。』蘇順賦童烏：何壽之不將。』是時去子雲未遠，所舉想不謬。於是知童烏爲子雲之子小名。又觀韓退之作薛公達墓志，集本云：『以公儀之子爲我後。』石本作『以公儀之子已巳後我。』趙德夫謂『已巳』，蓋其小字。南史王詢亦小字童烏。」芹按：「已巳」二字，可補續小名錄。

淮南寢謀

野客叢書：「前漢書：淮南王曰：『一日發兵，即刺大將軍衛青，而説丞相宏下之，如發蒙耳！』汲黯傳又言淮南王謀反，憚黯守節死義，至説公孫宏等如發蒙耳！李尋傳曰：『淮南作謀之時，其所難者，獨有汲黯。以爲公孫宏等，不足道也。』則知淮南不敢肆其姦謀者，正畏汲黯之故，豈畏衛青哉！而何武封事，則曰：『虞有宮之奇，晉獻不寐；衛青在位，淮南寢謀。』此説失之考。」困學紀聞：「何武曰：『衛青在位，淮南寢謀。』李尋曰：淮南王作謀之時，其所難者，獨有汲黯。今人多以淮南寢謀，稱黯，而不及青。才能不若節義也」。原注：「汲黯在朝，淮南寢謀。其語見吳步隲疏：何云：『吾家汜鄉語。』本伍被對淮南王語。」芹按：漢書伍被傳：「大將軍號令明，當敵勇，常爲士卒先，雖古名將不過也。」則何武之言，非無本也。勉夫特未深考耳！

餘糧棲畝

野客叢書：「晉左思賦『餘糧棲畝而不收』，後晉干寶、宋劉裕皆有是語。近時場屋中用南史劉裕所言出處，出餘糧棲畝省題詩，而不及左思，自失所先後矣！按：此語非始于思。左思之前，蓋嘗有是言矣！觀蔡邕集中胡公碑云：『餘糧棲于畎畝。』知左思此語祖邕也。」芹按：困學紀聞：「子思子曰：『東戶季子之時，道上雁行，而不拾遺，餘糧宿諸畝首。』原注：『餘糧棲畝本于此。』」又淮南子曰：「昔容成之時，置餘糧于畝首。」

金釵十二

野客叢書：「唐人詩句多用金釵十二事。如樂天詩『鍾乳三千兩，金釵十二行』是也。『金釵十二行』，或言六鬟耳！然梁武帝河中之水歌（一）曰：『洛陽女兒名莫愁，頭上金釵十二行。』是以一人帶

（一）河，底本作「何」，今據文義改。

十二釵。此説爲不同。」芹按：南史周盤龍傳：「上送金釵以二十枚，與其愛妾杜氏，手敕曰：『餉周公阿杜。』」據此，則金釵二十，非十二也。然安知「二十」非「十二」之訛耶？

報羅

野客叢書：「進士放榜，須有人謝，世名曰報羅使，言報大羅天也。摭言又謂：羅玠，貞元中及第。開宴曲江，泛舟，玠以溺死。後有開試前卒者，謂之報羅。二説不同。」芹按：今報子用銅羅，其原實始于此，眞可發一哂也。

阿奴

野客叢書：「晉書、世説並言周嵩因酒，以燭投兄顗，顗曰：『阿奴火攻，固出下策。』按：阿奴，乃謨小字。當言阿嵩火攻，誤以阿嵩爲阿奴也。考世説新語識鑒：『周嵩曰：嵩性狼抗不容于世，惟阿奴碌碌，當在阿母目下耳！』注：『鄧粲晉語紀曰：阿奴，嵩之弟周謨也。』又雅量：周仲智飲酒，醉，瞋目還面，謂伯仁曰：『君才不如弟，而横得重名。』須臾，舉蠟燭火擲伯仁，伯仁笑曰：『阿奴句。火攻，固出下策耳！』」芹按：仲智傲狼，伯仁不與之校，故呼其三弟而語之，此阿奴正是周謨，非阿嵩之誤也，須善會之。

群書札記卷六

纏足

張邦基墨莊漫錄云：「婦人之纏足，起于近世，前世書傳，皆無所自。南史齊東昏侯爲潘貴妃鑿金爲蓮花，以貼地，令妃行其上，曰：『此步步生蓮花。』然亦不言其弓小也。韓偓香奩集有詠屧子詩云：『六寸膚圓光致緻。』唐尺短，以今校之，亦自小也，而不言其弓。」惟道山新聞云：「李後主宮嬪窅娘，纖麗善舞，後主作金蓮，高六尺，飾以寶物，鈿帶瓔珞蓮，中作品色瑞蓮，令窅娘以帛繞腳，令纖小屈上，作新月狀。素襪舞雲中，迴旋有淩雲之態。」唐鎬詩曰：「蓮中花更好，雲裏月長新。」因窅娘作也，由是人皆效之，以纖弓爲妙。以此知札腳自五代以來方爲之。姚鷟尺牘云：「馬嵬老媼拾得太眞襪以致富。其女名玉飛，得雀頭履一隻，眞珠飾口，以薄檀爲苴，長僅三寸。玉飛奉爲異寶，不輕示人。則纏足必在貴妃之先，足下所記女子纏足，起于李後主窅娘新月狀，似未深考矣！」楊升菴跋雜事秘辛云：「予嘗搜考弓足原始，不得。及見『約縑不迫襪，收束微如禁中』語，則纏足，後漢已自有之。聊志於此，用塞疏漏之誚。」芹案：瑯環記，桑民懌撰；漢雜事秘辛一卷，升菴僞撰：皆不足據。考古樂府雙行纏曲：「新羅繡行纏，足趺如春妍。他人不言好，獨我知可憐。」則纏足之由來久矣！第弓足，則自窅娘始耳。

醉如泥

墨莊漫錄：「應劭漢官儀曰：周澤爲太常齋，有疾，其妻憐其年老，闚內問之，澤大怒，以爲干齋，遂收送詔獄，自劾，論者譏其僞激。時諺云：『生世不諧爲太常妻，一歲三百六十日，三百五十九日齋，一日不齋醉如泥。』予觀稗官小說，乃得其說，云：南海有蟲無骨，名曰泥。在水則活，失水則醉，如一塊泥然。後又讀五國故事，云：僞閩王王延慶爲長夜之飲，以銀葉作杯，柔弱爲冬瓜片，名曰醉如泥。酒既盈不可覆杯，唯盡乃已。蓋取此義也。」芹按：杜少陵寄嚴鄭公詩：「先拚一飲醉如泥。」恐是爛醉之意。小說所云，或不足信也。

雁孤燕雙

清波雜志：「世謂雁爲孤，而不曰雙燕，曰雙而不曰孤。以雁屬乎陽，燕屬乎陰。陽數奇，陰數耦故也。然常言雁序、雁行，蓋亦有雁而不孤。燕雖有于飛之語，古今賦詠何常！必及于雙，曰孤曰雙，豈止以耦言之耶？」芹按：南史孝義傳：「衛敬瑜妻所住戶有燕巢，常雙飛來去，後忽孤飛。女感其偏棲，乃以縷繫腳爲誌。後歲此燕果復更來，猶帶前縷。女復爲詩曰：『昔年無偶去，今春猶獨歸。故人恩既重，不忍復孤飛。』」此則孤燕詩也。

牛以鼻聽

遊宦紀聞：「牛以鼻聽，蓋聞之前輩餘論，而莫知所本。一日，觀庖丁解牛首，剖至耳，果見窒塞無孔，始信其言之不妄。埤雅舉戎右曰：『贊牛耳桃茢，牛耳無竅，以鼻聽也。』焦貢易林云：『牛龍耳聵，蓋龍亦聾者也。牛走順風，馬走逆風。』故楚子曰：『君處北海，寡人處南海，惟是風馬牛不相及也。』」芹按：齊東野語：「蟬以翼鳴，不啻若自其口出；龍以角聽，無乃不足于耳與。」則龍以角聽也。又焦貢易林：「先儒以爲面牛鼓簧，爲聾故也。」則牛之以鼻聽信矣！

掌舂

李亢獨異志：「秦併六國，太白星竊織女，侍兒梁玉清、衛承莊逃入衙城小仙洞，四十六日不出。天帝怒，命五嶽搜捕。太白歸位，衛承莊逃焉。玉清有子名子休，玉清謫于北斗，下掌舂。其子乃配與河伯，驂乘行雨。子休每至小仙洞，恥其母淫奔之所，輒回馭，不經其處，故此地常少雨也。」案：掌舂，即周官所謂「女子入於舂槀」者是也。一作「春」，非。

君子爲鶴

獨異志：「周穆王南征，一軍盡化爲猿鶴：君子爲鶴，小人爲猿。」案：抱朴子釋滯篇：「三軍之衆，一朝盡化。君子爲鶴，小人成沙。」御覽引抱朴子云：「周穆王南征，一軍盡化：君子爲猿爲鶴，小人爲蟲爲沙。」惟隋書李士謙傳云：「君子爲鵠，小人爲猿。」獨異志蓋本此也。

結草爲扇

獨異志：「昔宇宙初開之時，只有女媧兄妹二人，在崑崙山，而天下未有人民，議以爲夫妻，又自羞恥。兄即與其妹上崑崙山，祝曰：『天若遣我兄妹二人爲夫妻，而煙悉合；若不使，煙散。』於煙即合，其妹即來就兄，乃結草爲扇，以障其面。今時人取婦執扇，象其事也。」按：風俗通：「女媧禱祠神祇，而爲女媒，因置婚姻。」故後人遂以自媒之事附會其說與？

煮鶴燒琴

雲溪友議：「韋鵬翼戲題盱眙邵明府壁詩曰：『豈肯閒尋竹徑行，卻嫌絲竹好娃聲。自從煮鶴燒琴後，背卻青山臥月明。』」按：李義山雜纂中有殺風景事，其一曰「燒琴煮鶴」。

舉子忙

遯齋閒覽〔一〕：「古語：槐花黃，舉子忙。唐人翁承贊詩云：『雨中粧點望中黃，勾引蟬聲送夕陽。憶得當年隨計吏，馬蹄終日爲君忙。』乃知俗語亦自有本也。」又楊升菴集唐李伯珍與醫帖云：「『白

〔一〕閒，底本作「聞」，今據文義改。

金一鋌，奉備橘黃之需。』始不曉所謂。及觀續世説，有『枇杷黃，醫者忙；橘子黃，醫者藏。』乃知時使然耳。」據此，則又有「枇杷黃，醫者忙」矣！

朱雀

夢溪筆談：「四方取象：蒼龍、白虎、朱雀、龜蛇。唯朱雀莫知何物，但謂鳥，朱者，羽族，赤而翔上，集必附木，皆火之象也。或謂之長離，蓋云：離方之長耳。或云：鳥即鳳也，故謂之鳳鳥。少昊以鳳鳥至，乃以鳥紀官。則所謂丹鳥氏，即鳳也。然古人取象，不必大物也。天文象朱鳥，乃取象於鶉，故南方朱鳥七宿，曰鶉首、鶉火、鶉尾是也。鶉有兩種：有丹鶉，有白鶉，此丹鶉也。天文：東方蒼龍七宿，有角、亢、有尾，南方朱鳥七宿，有喙、有嗉、有翼，而無尾，此其取於鶉歟？」芹按：鶡冠子度萬篇：「鳳皇者，鶉火之禽，陽之精也。麒麟者，玄枵之獸，陰之精也。」則朱鳥即鳳鳥者，是天文明云：「鶉尾。」而存中以爲取于鶉之無尾，謬矣！

趁虛人

青箱雜記：「嶺南謂村市爲虛。柳子厚童區乙傳云：『之虛所賣之。』又詩云：『青箬裹鹽歸峒客，綠荷包飯趁虛人。』即此也。蓋市之所在，有人則滿，無人則虛。而嶺南村市滿時少，虛時多，謂之爲虛，不亦宜乎？」芹按：齊策譚拾子曰：「市，朝則滿，夕則虛。」「虛」字本此。

股河

嬾眞子云：「均州臨漢江一寺，寺前水分兩股，行十餘里復合，名曰股河。主僧曰：『不獨江、漢如此，天漢亦復如是。』因取天漢圖相示，天漢起于東方，經箕、尾之間，謂之漢津，乃分爲二道。其南條，則經傳說星、天籥星、弁星、河鼓星，其北道，則經龜星、南斗魁左旗下至天津，而合爲一道。故知股河，天地皆然也。僕曰：『凡水之行前，遇堆阜，則左右分流，遂如股之狀。今天漢乃水象，亦有高卑坳平之狀乎？』其僧笑曰：『吾不知也。』後有知星者，亦不能答。」芹按：晉書天文志：「天漢起于東方，經尾、箕之間，謂之漢津。乃分爲二道：其南經傳說、魚天、籥天、弁、河鼓，其北經龜、貫、箕下，次絡南斗魁、左旗，至天津，下而合南道，乃西南行。又分夾匏瓜，絡人星、杵、造父、騰蛇、王良、傅說，閣道北端大陵、天船、卷舌而南行，絡南河、闕丘、天狗、天紀、天稷，在七星南而沒。」據此，則雲漢原分二道，一行山河兩戒之說，實本于此。所謂在地成形、在天成象也。永卿不知天文，乃欲以意度之，毋乃疏乎？

蕩船

竹坡詩話：「東萊蔡伯世作杜少陵正異，甚有功，亦時有可疑者。如『峽雲籠樹小，湖日落船明』，以『落』爲『蕩』，且云：『非久在江湖間者，不知此字之爲工也。』以余觀之，不若『落』字爲佳耳！」野客叢書曰：「竹坡殆未參此語耳！使其日晚泛湖，此景便見。其工正在『蕩』之一字，勝

『落』字遠甚。」芹按：此句似參用「蕩舟」意，則「蕩」字爲是。又：「『春色浮山外，天河宿殿陰。』以『宿』爲『沒』，『沒』字不若『宿』字之意味深遠。」芹按：孫逖宿雲門寺詩：「紗窗宿斗牛。」此與老杜同一意匠也。

綠沈槍

竹坡詩話：「杜少陵遊何將軍山林詩有『雨抛金鎖甲，苔臥綠沈槍』之句，言甲抛于雨，爲金所鎖；槍臥于苔，爲綠所沉，有將軍不好武之意。余讀薛氏補遺，乃以綠沉爲精鐵，謂隋文帝賜張奫以綠沉之甲是也。不知金鎖當是何物？」二老堂詩話：「予按：符堅使熊邈造金銀細鎧，金爲綫以縲之。蔡琰詩云：『金甲耀日光。』至今謂甲之精細者爲鎖子甲，言其相御之密也。綠沉爲精鐵，則不足辨矣！貫休詩曰：「黃金鎖子甲，風吹色如鐵。」」野客叢書：「竹坡言槍臥於苔爲綠所沉，固已甚鑿。言甲抛于雨，爲金所鎖，尤爲不通。古之所謂綠沉者，如梁武帝食綠沉瓜，是指瓜也；如人以綠沉漆管遺王逸少，是指管也；如劉邵賦：『六弓四弩，綠沉黃間。』古樂府：『綠沉明月弦。』唐太宗詩：『羽騎綠沉弓。』是指弓也。宋元嘉閒，廣州作綠沉屏風，石季龍用綠沉扇，是亦有綠沉之說。豈可專指一物爲綠沉哉？然則綠沉又不可專謂精鐵，蓋有物色之深者爲綠沉也。」芹按：槍，兵器，兩頭鋭，以木爲之。唐書哥舒翰傳：「翰持半段槍迎擊，所向輒披靡。」即此器也。則綠沉之非精鐵也明矣！若五代史王彥章常持一鐵槍，軍中號「王鐵槍」，此則精鐵爲之耳！唐百家詩：「校獵綠沈槍」，正用此句。又鄭槩詩：「亭亭孤筍綠沉槍」，陸龜蒙詩：「一架三百竿，綠沉森杳冥」，本此。

墨客揮犀

明人稗海刻墨客揮犀，多與冷齋夜話同。初疑當是彭乘語，以中有彭淵材數事，稱「吾叔」也。及觀方虛谷瀛奎律髓云：「洪覺範，江西筠州人，姓彭，兩坐罪還。族一爲張天覺丞相，黥海外，有甘露滅詩集。」則當是惠洪語。又中有數條，係夢溪筆談，想皆明人誤刻入揮犀中耳！

夷羊在牧　周語

韋注：「夷羊，神獸。」按：莊子達生篇：「西北方之下者，則泆陽處之。」莊子音義：「泆音逸。」司馬彪云：「泆陽，豹頭馬尾，一作狗頭，一云神名也。」芹按：「夷」乃「泆」之平聲，「泆」乃「夷」之入聲，則夷羊即泆陽也。易說卦：「兌爲羊。」鄭作「陽」，則「羊」與「陽」通也。

上甲微

魯語：「展禽曰：『上甲微能帥契者也，商人報焉。』」注：「上甲微，契後八世，湯之先也。」案：孔叢子引書曰：『維高宗報上甲微。』定公問曰：『此何謂也？』孔子對曰：『此謂親盡廟毀，有功而不及祖，有德而不及宗，故于每歲之大嘗，而報祭焉，所以昭其功德也。』」今尚書古文無此語，蓋逸書也。帝王世紀：「微，字上甲，其母以甲日生故也。」商家生子以日爲名，蓋自微始。

陽侯之波

韓策：「塞漏舟而輕陽侯之波。」鮑注：「說陽侯來多矣！今按：四八目：伏羲六佐，一曰陽侯，爲江海，蓋因此爲波神與？」補曰：「此出陶潛聖賢群輔錄。『侯』，一作『使』。博物志：『晉陽國侯溺死，因爲大海之神。」芹按：高誘淮南子注：「陽侯，陵陽國侯也。溺死，能爲大波。」博物志本此。論語摘輔象：「伏羲六佐，金提主化俗，鳥明主建福，視默主災惡，紀通爲中職，仲起爲海陸，陽侯爲江海。六佐出世。」群輔錄本此，當以鮑說爲是。

齒黃

埤雅：「世云：噉棗令人齒黃。養生論曰：『齒居晉而黃。晉齒食此故也。』」按：墨客揮犀云：「太原人喜食棗，無貴賤老少，常置棗于懷袖間，等閒探取食之。則人之齒皆黃，緣食棗故。乃驗嵇叔夜齒居晉而黃之說。」

補亡詩

世說新語文學：「夏侯湛作周詩成，示潘安仁，安仁曰：『此非徒溫雅，乃別見孝弟之性。』潘因此遂作家風詩。」注：「文士傳曰：『湛，字孝若，譙國人，有盛才。文章巧思，善補雅詞，名亞潘岳。』湛集載其敘曰：『周詩者，南陔、白華、華黍、由庚、崇邱、由儀六篇，有其義而亡其詞。湛續其亡，故云周詩也。』其詩曰：『既殷斯虔，仰說洪恩。夕定晨省，奉朝侍昏。宵中告退，雞鳴在門。孳孳恭誨，夙夜是敦。』則笙詩六篇，孝若已先束皙而補之矣！」又唐皮日休有補九夏歌，亦以爲九夏詩亡，故補之。

唾壺

世說新語豪爽：「王處仲每酒後，輒詠『老驥伏櫪，志在千里；烈士暮年，壯心不已』，以如意打唾壺，壺口盡缺。或云：唾壺不知其所自始。」芹按：孔叢子：「孔臧與子琳書：侍中子國名達，淵博，故雖與群臣並參侍，見侍崇禮，不供褻事，獨得掌御唾壺，朝廷之士莫不榮之。」則唾壺之由來久矣。

煙雲殿

李虞仲初日照鳳樓詩：「旭日煙雲殿，朝陽燭帝居。」毛西河改爲「旭景開宸極」，以「煙」字不通耳，不知此二句原是對起。「煙」字，當讀「因」，與「絪緼」之「絪」、「氤氳」之「氤」同，非以「煙雲」字連讀也。如改本，則「宸極」、「帝居」，爲複出矣！爾雅：「山之東曰朝陽，山之西曰夕陽。」「朝陽」，指所照之地而言。故「旭日」、「朝陽」不嫌並用也。按：周易：「天地絪緼，萬物化醇。」說文作「壹壺」，隸文作「氤氳」，古文亦作「煙煴」。張景七命云：「萬物煙煴，天地交泰。」可證也。

三素雲

唐人試題立春日曉望三素雲。按：雲洞眞經：「立春日，清朝北望，有紫綠白雲，爲三元君。三素飛雲，垂八輿之輪，上詣天帝，天子候見，再拜自陳：某乞願侍輪轂。三見元君之輦者，白日昇天。」唐試進士，以立春日望三素雲爲題，出此。

墓祭

珊瑚鈎詩話：「寒食之名，起于禁火；拜掃之儀，因乎禮經。昔者宗子去在他國，庶子無廟，孔子許望墓爲壇，以時祭祀，此其本也。端午之號，同於重九；角黍之事，肇於風俗。昔日屈原懷沙忠死，後人每年以五色絲絡粔粧而弔之，此其始也。後世以『五』字爲『午』，則誤矣！」芹按：周禮：「冢人凡祭墓，爲尸，猶曰此祭后土也。」考韓詩外傳：「曾子曰：『椎牛而祭墓，不如鷄豚逮親存也。』」則墓祭之由來久矣！必以爲古無墓祭，毋乃偏乎？

竹小春

荊楚歲時記：「十月，天時和暖似春，故曰小春。」芹按：筍譜：「竹八月謂之小春。熱欲去，寒欲來，氣至而來，故曰小春。」又文心雕龍：「竹有生日，即五月十三日。」四民月令：「是日謂之竹醉，又謂竹迷，栽竹多盛。」山谷詩：「夏栽醉竹餘千箇，春種辰瓜滿百區。」注：「是日竹醉，宜栽竹；辰日，可種瓜。」又山家清事：「八月八日，爲竹醉日，種竹易活。」

橘中叟

搜神記：「有巴邛人，不知姓，家有橘。霜後，諸橘盡收，餘二大橘，如三四斗盎，即令攀摘。剖開，每橘有二老叟，鬚眉皤然，肌體紅明，皆相對象戲。一叟曰：『王先生許來，竟待不得。橘中之樂，不減商山，但不得深根固蒂於橘中耳！』一叟曰：『僕飢虛矣，須龍肝脯食之。』即於袖中抽出一草根，方圓徑寸，形狀宛轉如龍，因削食之，隨削復滿。食訖，以水噀之，化爲一龍。四叟共乘之，足下泄泄雲起。須臾，風雨晦冥，不知所在。」芹按：續志：「黃庭堅於治平二年，是日爲鏡堂僧作梅亭記。閱幽怪錄，云：鄜延有大夫竹淩雲，三尺圍，伐之，見內二仙翁，相謂平生勁節，惜爲主人所伐，遂騰空去。黃曰：『此與橘中叟無異聞也。』」

晝洗夕刷

王彥輔曰：「古之善賦詩者，工于用人語，渾然若出于己意，予於李、杜見之。」顏延年赭白馬賦云：「旦刷幽、燕，晝秣荆、楚。」子美驄馬行曰：「晝洗須騰涇渭深，夕趨可刷幽、并夜。」太白天馬歌曰：「鷄鳴刷燕暮秣越。」蓋皆用顏賦也。芹按：左太沖魏都賦：「洗兵海島，刷馬江州。」顏賦本此。考劉淵林注：「刷，小嘗也。」司馬相如梨賦曰：「唰漱其漿。」李善注：「刷，猶飲也。」劉邵七華曰：「漱馬河源，遊目崑崙。」芹按：說文解字：「刷，刮也。」爾雅釋詁：「刷，清也。」古稱浴馬，今稱洗馬。子美詩「晚涼初洗馬」，蓋亦謂刷馬也。

沙塊

江鄰幾續志：「壓俗呼野人爲沙塊，未詳其義。」芹按：左傳僖公二十四年：「晉公子重耳過衛，衛文公不禮焉。乞食於五鹿，野人與之塊。公子怒，欲鞭之。」呼野人爲沙塊，此其義也。

易重一觔

史繩祖學齋佔畢：「昔有問伊川曰：『易重幾何？』答曰：『易重一觔。』蓋謂一觔凡三百八十四株，而易凡三百八十四爻也。」芹按：參同契云：「上弦兌數八，下弦艮亦八。兩弦合其精，乾坤體乃成。二八應一觔，易道正不傾。」則伯陽已先程子而言之矣！

大衍曆

唐一行作大衍曆，洪容齋曰：「大衍之用，四十有九。」一行以之起曆，而革卦之序在周易，正當四十九。諸儒贊易，皆不及此。

聽風聽水

西清詩話：「歐陽公歸田錄論王建霓裳詞：『弟子部中留一曲，聽風聽水作霓裳。』以不曉『聽風聽水』之義爲恨。予觀唐人西域記：『龜茲國王與臣庶知樂者，於泰山聞聽風聽水之聲，均節成音，後翻入中國，如伊州、甘州、涼州，皆龜茲境也。』」此說近之。按：此條予另有解。

陽溝

崔豹古今注云：「長安御溝，謂之楊溝，植楊柳于其上也。一曰羊溝，謂羊喜觸垣牆，作溝以隔之，故曰羊溝。」芹按：邱光庭兼明書曰：「凡溝有露見其明者，有以土填其上者。土填其上者，謂之陰溝。露見其明者，謂之陽溝。」言陽以對陰，無他說也。

釜星

蘇軾秋陽賦：「忽釜星之雜出，又燈花之雙懸。」考漢書天文志：「陽朔四年閏月庚午，飛星大如缶，出西南，入斗下。」案：「釜」與「缶」，古音通。蘇蓋作飛星用，故云「雜出」也。又小爾雅：「釜二有半，謂之藪。藪二有半，謂之缶。」則釜與缶，皆量器也。

狂花

庾子山小園賦：「落葉半牀，狂花滿屋。」案：東坡詩注：「桃李冬花，及金石上生花，皆曰狂花。」考干寶搜神記：「王敦在武昌，鈴下儀仗生蓮花，五六日而萎落。說曰：易說『枯楊生華，何可久也』，今狂花生枯木，又在鈴閣之間，言威儀之富，榮華之盛，皆如狂花之發，不可久也。」「狂花」二字本此。

闇於知人

庾子山竹杖賦：「中國明於禮義，闇於知人，心之憂矣！」倪注：「中國，謂國中也。言君國中雖明禮義，而不知人，所以爲憂也。」芹按：莊子外篇：「溫伯雪子適齊，舍于魯。魯人有請見之者，溫伯雪子曰：『吾聞中國之君子，明乎禮義，而陋于知人心，吾不欲見也。』」子山本此。

錦市

庾子山竹杖賦：「迎仙客于錦市，送遊龍于葛陂。」倪注：「言于蜀郡而得此杖也。益州記曰：『錦里在益州南，笮橋東，流江南岸，以錦爲市。』」芹按：葛洪神仙傳：「介象令人騎青竹杖，自吳入蜀，迎仙客於錦市。」蓋指此也。

曲木几

庾子山詩：「自然曲木几，無名科斗書。」芹按：語林云：「任元褒爲光祿勳，孫翊往詣之。見門吏憑几視，孫入，語任曰：『吏憑几對客，爲不禮。』任使推之，吏答曰：『得罰體痛，以橫木扶持，非憑几也。』孫曰：『直木橫施，值其兩足，便爲憑几。何必孤鵠蟠膝，曲木抱腰？』」子山蓋本此也。

舐掌

庾子山詩：「熊饑自舔掌，雁驚獨銜枚。」倪注：「熊掌，熊蹯也。左傳：『宰夫胹熊蹯。』」芹按：酉陽雜俎曰：「熊膽，春在首，夏在腹，秋在左足，冬在右足。冬蟄不食，則自舔其掌。」此唐人書也，故倪氏不引。然成式必有所本矣！

蟬鳴稻

庾子山詩：「六月蟬鳴稻。」倪註：「月令曰：仲夏之月，蟬始鳴。孟秋之月，寒蟬鳴。六月蟬正鳴時，稻將熟矣！」芹按：齊民要術：「廣志曰：『南方有蟬鳴稻，七月熟。』」又子山終南山義谷銘序云：「萬頃疏苗，蟬鳴再熟。」皆用此也。左太沖吳都賦：「國稅再熟之稻，鄉貢八蠶之綿。」「再熟」二字本此。

菁華隱沒

顏延年陶徵士誄：「至使菁華隱沒，芳流歇絕，不其惜乎？」按：尚書大傳：「帝舜歌曰：『甕乎鼓之，軒乎舞之。菁華已竭，褰裳去之。』」

三爵

庾信燈賦：「九龍將瞑，三爵行棲。」倪注：「禮記：『君子之飲酒也，三爵，而油油以退。』」芹按：古「爵」字與「雀」字通。淮南子：「日中有踆烏。」注：「踆，趾也。謂三足烏也。」春秋元命苞：「陽氣起於一，成於三，故日中有三足烏。」此「三爵」，當指日中三足烏而言。日入則烏棲，故曰「三爵行棲」也。又三輔黃圖：「上林苑中有三爵觀。」「三爵」二字本此。

喫茶

今俗聘婦者，禮先喫茶，初不知其所自始。考天中記曰：「凡種茶樹，必下子，移植則不復生。」故聘婦必以茶爲禮義，固有所取也。

度繩

風俗通曰：「疲馬不能度繩。俗云：馬羸不能度繩索。或云：不能度種菜畦塍也。謹按：齊有澠水，裁廣三四步。言馬之疲乃不能度此水耳！」又曰：「蝦蟇一跳八尺，再跳丈六。從春至夏，裸袒相逐，無他所作，掉尾肅肅。按：蝦蟇無尾，當言夏馬。夏馬患蠅蚋，掉尾擊之，故肅肅也。」又曰：「殺君馬者，路傍兒也。言長吏養馬肥而希出，路邊小兒觀之，卻驚致死。按：長吏馬肥，觀者快之，乘者喜其言，馳驅不已，至于死。」芹按：此三條，皆今本風俗通所無，錄之。

大蒲萄

酉陽雜俎：「梁宴魏使，魏肇師曰：『首八字添。我在鄴，遂得大蒲萄，奇有滋味。』陳昭曰：『作何形狀？』徐君房曰：『有類軟棗。』信曰：『君殊不體物，可得言似生荔枝。』魏肇師曰：『魏武有言：末夏涉秋，尚有餘暑。酒醉宿醒，掩露而食，甘而不飴，酸而不酢。道之，固以流味稱奇，況親食之者。』瑾曰：『此物實出于大宛，張騫所致，有黃、白、黑三種。成熟之時，子實偪側，星編珠聚。西域多釀以爲酒，每來歲貢。在漢西京，似亦不少。杜陵田五十畝中，有蒲萄百樹，今在京兆，非直止禁林也。』信曰：『乃園種戶植，接蔭連架。』昭曰：『其味何如橘柚？』信曰：『津液奇勝，芬芳減之。』瑾曰：『金衣素裹，見苞作貢，向齒自消，良應不及。』」芹按：此條本與十二卷語資相連，今刻入草木篇，誤也。

水葱花

本草：「萱草，亦名宜男。周處風土記云：『婦姙佩此花，則生男子。』」格物叢話：「萱草花，一名宜男，一名忘憂。跗六出，葉四垂。春末夏初著花，有紅、黃、紫三種。又一種名鳳頭，或曰：一名鹿葱，誤矣！」芹按：嵇含南方草木狀：「水葱花，花葉皆如鹿葱花，色有紅、黃、紫三種，出始興。婦人懷孕，佩其花生男者，即此花，非鹿葱也。交、廣人佩之，極驗。然其土多男，不厭女子，故不常佩。」據此，則宜男，乃水葱花，非鹿葱也。

蘇晉　吳翰

四書偶談：「平仲交魯處士蘇晉、齊大夫吳翰，至老不衰。此善交一證。」按：平仲下交齊處士蘇晉，上交齊大夫吳翰，至老不衰，見四書體註。此偶談所本也。第二人不見經傳，偏考諸書，亦無其人，不知體注又何所本也。

風將

近見一對云：「雪水爲泉一作「雲液爲漿」。烹日鑄，海苔作紙寫風將。」「風將」二字，未詳所出。按：史記龜策列傳：「泉陽豫且得龜，獻使，使者載行，出于泉陽之門，雲雨並起，風將而行。」「風將」二字出此。考韋續字源：「堯因靈龜負圖，而作龜書。」然則「寫風將」者，龜書也。或云：「風將」乃「几將」二字之訛。然「几」字對「日」字不過(一)，非也。

(一) 几，底本作「凡」，今據文義改。

神州娘娘

吾鄉有夏蓋山，山上有神州娘娘廟。相傳夏時，神女助禹治水有功，後人立廟以祀焉。按：葛洪枕中書：「九華眞妃治夏蓋山，或在龍山。」據此，則俗所稱神州娘娘，乃九華眞妃也。

哥哥

趙耘菘陔餘叢考：「古人稱哥，原有數種。漢武故事：西王母授武帝五嶽眞形圖，帝拜受畢，王母命侍者四非答哥哥。此以之稱帝王者也。」芹考漢武内傳：「王母巾笈中，有一卷書，盛以紫錦之囊。王母出以示之，曰：『此五嶽眞形圖也。』帝下地叩頭，固請不已。王母因授以五嶽眞形圖，帝拜受俱畢，上元夫人自彈雲林之璈歌、步玄之曲，王母命侍女曰：『四非答哥。』句。哥畢，王母與上元夫人同乘而去。」按：說文解字：「哥，聲也。從二『可』，古文以爲謌字。」前漢藝文志：「哥永言。」唐書劉禹錫傳：「屈原作九哥。」「哥」即古「歌」字，蓋上元夫人歌，而王母命侍女四非答之也。叢考所云，毋乃疏乎？

留客雨

陸機要覽：「昔羽山有神人焉，逍遙於中岳，與左元放共遊薊子訓所。坐欲起，子訓應欲留之。二日之中，三雨。今呼五日三雨，亦爲留客雨。」芹按：說郛：「以五月三日爲留客雨。」類書：「以三月三日雨爲留客雨。」皆引要覽，恐是傳寫之訛。

配鹽幽菽

廣韻：「配鹽幽菽，豉也。」熊氏經說：「豉之配鹽幽尗。今以菽作豉者，幽之使黑腐而已，未嘗用鹽也。別一種鹹豉，則所主不在尗豉，曰幽豉可也，何配鹽之有？」芹按：今俗語別有淡豆豉之名，則所謂「配鹽幽菽」者，正指鹽豉而言，何必駁之？左傳孔疏云：「禮記內則、楚詞招魂備論飲食，而言不及豉。史游[一]急就篇乃有『蕪荑鹽豉』，蓋秦、漢以來始爲之耳！」

風水

葬書云：「乘風則行，界水則止。」此「風水」二字所出始也。按：易之大過：「巽下兌上。巽、風，風也。兌、澤，水也。」「風水」之義，蓋取諸此。

寒火

邵子觀物外篇：「有溫泉而無寒火。陰能從陽，而陽不能從陰也。」案：白虎通：「五行之性火熱水寒，有溫水，無寒火。何明？臣可以爲君，君不可更爲臣。」邵子之語本此。

[一] 史游，底本作「史記」，今據十三經注疏左傳正義改。

玉馬

陳其年賀周櫟園序：「玉馬似殷仁而出地。」程注：「瑞應圖：『玉馬者，王者清明，尊賢則至。』」芹按：論語比考讖：「殷惑妲己玉馬走。」宋均注：「女妲己有美色也。玉馬喻賢臣奔去也。」此蓋以指微子，故稱「殷仁」耳！

僧辨僧孺〔一〕

陳其年三芝集序：「劉氏則孝綽、孝儀之外，益以孝威；王門則僧虔、僧辨之餘，加之僧孺。」程注：「齊王僧虔，曇首之子，瑯琊臨沂人。梁王僧辨，神念之子，太原祁人。梁王僧孺，魏王肅八世孫，東海剡人，非一族，亦非一時，不宜如此借用。」芹按：南史王僧虔傳：「父曇首，與兄弟集會，子孫任其戲。適僧達跳下地作彪子，時僧虔累十二博棊，既不墜落，亦不重作。僧綽採蠟燭珠爲鳳皇，僧達奪取打壞，亦復不惜。或云：僧虔採燭珠爲鳳皇，伯父宏稱其長者云。」見南齊書。如云「王門則僧虔、僧綽之餘，加之僧達。」正是的對。以僧綽與孝綽同名，故遷就其詞耳！此儷句之累也。

門風第一

陳其年顧夫人哀詞：「王右丞之詩歌，門風第一。」按：范攄雲溪友議：「元丞相載妻王氏，字韞

〔一〕孺，底本作「儒」，今據文義改。

秀，王縉相公之女，維右丞之侄。初，王相公鎮北京，以韞秀嫁元載，歲久而見輕怠。後元秀才，到京屢陳時務，深得上旨，擢拜中書，王氏喜。元郎入相，寄諸妹詩曰：『相國已隨麟閣貴，家風第一右丞詩。笄年解笑鳴機婦，恥見蘇秦富貴時。』」其年蓋用此也。

妃豨

陳其年胡二齋擬古樂府序：「夫使鰲牙抅頟，調必妃豨。」案：古樂府有所思：「乃在大海南，何用問遺君？雙珠玳瑁簪，用玉紹繚之。聞君有他心，拉雜摧燒之。摧燒之，當風揚其灰。從今已往，勿復相思。相思與君絕，鷄狗吠，兄嫂當知之。妃呼豨！秋風肅肅晨風颸，東方須臾高知之。」「妃豨」二字本此。

吼天氏

尤侗花神彈封姨文：「今有吼天氏封姨者，性成少女夭斜，凶比將軍跋扈。」案：清異錄：「呂圜貧。秋大風，鄰家朱錄事富而輕俊，疊小紙擲圜曰：『呂圜身寒，德備一日。吼天氏作孼，獨示威于圜。』」注：「吼天氏，風也。隋煬帝泛舟，忽陰風淒緊，曰：『此風可謂跋扈將軍。』」

昜水生

胡應麟甲乙剩言：「乙未春試前一夕，余忽夢見冕服一人，坐殿上，召余入試。既入，則先有一人在坐者，呼之曰：『昜水生。』未幾，殿上飛下試目一紙，視之，有『晉元帝恭默思道』七字。及入會場，第一題是『司馬牛問仁』章，始悟所謂『晉元帝』者，晉姓司馬；元帝是牛金所生。以二姓合爲司馬牛也。『恭默思道』，是訒言耳！第『昜水生』不解所謂。及揭榜，則湯賓尹第一，蓋以『昜水』二字爲『湯』也。然書法以『水』從『昜』，音陽，非『易』也。觀此，則天上主司且不識字，何尤于濁世司衡者乎？」野客叢書：「今人稱姓楊，人爲木易。案：楊氏姓，文左從『木』，右從『昜』，非從易。周易之『易』，乃從『日』、『月』，此『易』，亦『楊』字耳！眞誥有爲姓楊人作離合書，曰：『偃息盛木，玩執周書。』其意謂周書爲易，『木』加『易』，即楊字也。乃知以『木易』爲楊姓，其誤久矣！」芹按：以「木」「昜」爲「楊」，「昜」「水」爲「湯」，其誤正同。然考吳志薛綜傳：「無口爲天，有口爲吳。」「吳」字從「夨」，音「側」。非從「天」也。則古人之假借，由來久矣

紫濛

楊升菴集：「宋人送中國使臣使契丹詩，以『青瑣』對『紫濛』，人多不知出處。按：晉書：『慕容氏邑於紫濛之野。』蓋以慕容比遼。此用紫濛事，亦隱而妙矣！方虛谷注云：『紫濛，虜中館名。』妄猜語耳！吳寶芝云：『考慕容廆傳：邑于紫蒙之野。乃蒙字，非濛字也。』」「紫蒙」二字于使遼誠切。當

然，「紫濛」之爲館，又安知非別有所出？而遽詆虛谷爲隔壁妄猜耶？二說未知孰是，姑並存以俟考。

鍾馗

楊升菴集：「考工記云：『大圭，終葵首。』注：『終葵，椎也。齊人名椎曰終葵，言大圭首似椎也。』金石錄以爲晉、宋人名，後人訛鍾馗，又畫神像帖門，執椎擊鬼；又畫鍾馗除夜嫁妹圖及元夕出遊圖。文士又作鍾馗傳，言爲開元進士，明皇夢見，命工畫之。」按：孫逖、張說有謝賜鍾馗畫，先于開元久矣！亦如「石敢當」，急就章中虛擬人名也。俗使立石于門，書「泰山石敢當」。文人亦作石敢當傳，謂眞有其人矣！案：鍾馗即鬱壘，石敢當即桓石虔，詳見別條，茲不復贅。

又「蘇易簡云：『虢州歲貢鍾馗二十枚。』愼案：硯以鍾馗名也，蓋硯形如大圭也。」案：爾雅釋草：「葵，一名蔠葵菌，一名中馗。」則物之以鍾馗名者多矣！

遯齋閒覽：「今人歲首畫鍾馗，俗傳起於唐明皇時晝夢，一小鬼盜太眞繡香囊及上玉笛，繞殿奔戲上前。上叱問之，鬼奏曰：『臣乃虛耗也。』俄見一大鬼，頂破帽，衣藍袍，繫角帶，鞹朝靴，徑捉小鬼。先刳其首，然後擘而啖之。上問大鬼曰：『爾何人也？』奏云：『臣終南山進士鍾馗也。因武德中應舉不捷，羞歸故里，觸殿階而死。是時奉旨賜綠袍葬之。感恩發誓，與我王除天下虛耗妖孽之事。』言訖，夢覺。乃詔畫工吳道子曰：『試與朕如夢圖之。』道子奉旨，恍若有覩，立筆成圖。進呈，上久視之，撫几曰：『是卿與朕同夢耳！』賜以百金。」按：溫庭筠貌甚陋，號「溫鍾馗」，累舉不第，是亦一進士鍾馗也。

無恙

輟耕錄：「神異經曰：『北方大荒中有獸，咋入則疾，名曰㺊。㺊，恙也。嘗入人室屋，黄帝殺之。人無憂疾，謂之無恙。』爾雅曰：『恙，憂也。』應劭風俗通曰：『上古之時，草居露宿。恙，噬人蟲也，善食人心，大患苦之。凡相問曰：『無恙』。恙或以爲獸，或以爲蟲，或謂無憂。廣干祿書兼取憂及蟲，事物紀原兼取憂及獸。廣韻『㺊字下云：『㺊，獸，如獅子，食虎、豹及人。』『恙』字下云：『憂也。病也。噬蟲，善食人心。』是『㺊』、『恙』二義，神異經合而一之，則誤矣！」

三教

輟耕錄：「孛木魯翀子翬公在翰林時，進講罷，上問曰：『三教何者爲貴？』對曰：『釋如黄金，道如白璧，儒如五穀。』上曰：『若然，則儒賤邪？』對曰：『黄金、白璧，無亦何妨。五穀于世，豈可一日缺哉？』上大說。」按：隋書李士謙傳：「客問三教優劣，士謙曰：『佛，日也；道，月也；儒，五星也。』」則佞佛之論矣！

鴛衾

輟耕錄：「孟蜀主一錦被，其闊猶今之三幅帛，而一梭織成被頭，作二穴，若雲版樣。蓋以叩於項下如盤領狀，兩側餘錦，則擁覆于肩，此之謂鴛衾也。」按：古詩「文采繡鴛鴦，裁爲合歡被。」此但言繡紋耳！後世奇技淫巧，乃至于是。

雁子

輟耕錄：「漢書：『太液池中，鳧雛雁子布滿充積。』用雁子甚佳。王維詩：『蘆筍穿荷葉，菱花罥雁兒。』又新。」按：洛陽伽藍記：「北夷酋長遣子入侍者，常秋來春去，避中國之熱，時人謂之雁臣。」據此，則又有「雁臣」矣！

拗花

輟耕錄：「南方或謂折花曰拗花。唐元微之詩：『試問酒旗歌板地，今朝誰是拗花人。』又古樂府：『拗折楊柳枝。』」

鴛鴦七十二

輟耕錄：「玉臺詩：『入門時左顧，但見繡鴛鴦。鴛鴦七十二，羅列自成行。』孟東野和薔薇歌：『仙機軋軋飛鳳凰，花開七十有二行。』詩皆用七十二，不知何所祖？」案：謝氏詩源：「霍光園中，鑿大池，植五色睡蓮，養鴛鴦三十六對，望之爛若披錦。故相逢行云：『鴛鴦七十二，羅列自成行。』」

宣髮

輟耕錄：「人之年壯而髮斑白者，俗曰算髮，以爲心多思慮所致。蓋髮乃血之餘，心主血，血爲心役，不能上廕乎髮也。然本草云：『蕪菁子壓油，塗頭，能變蒜髮。』則亦可作蒜。易說卦：『巽爲寡髮。』陸德明曰：『寡，本作宣，黑白雜爲宣髮。』據此，則當用『宣』字爲是。」

雁書

輟耕錄：「零落風高恣所如，歸期回首是春初。上林天子援弓雁，窮海壘臣有帛書。中統十五年九月一日放雁，獲者勿殺。國信大使郝經書于眞州忠勇軍營新館。右五十九字〔一〕，郝公書也。先是，有以雁獻，命畜之。雁見公，輒鼓翼引吭，似有所訴者。公感悟，擇日率從者具香案，北向拜。舁雁至前，手書尺帛，親繫雁足而縱之。後虞人獲之苑中，以聞，上惻然曰：『四十騎留江南，曾無一人雁比乎？』至今秘監帛書尚存。」按：漢書蘇武傳：「漢使至匈奴，常惠教使者謂單于，言天子射上林中，得雁，足有繫帛書，言武等在某澤中。」此本空言，非實事也。此則眞雁足寄書矣！

盧橘

輟耕錄：「世人多用盧橘以稱批把。按：司馬相如遊獵賦云：『盧橘夏熟，黄柑橙榛，枇杷撚而然

〔一〕字，底本作「年」，今據輟耕錄原本改。

切。柿。』夫盧橘與枇杷並列，則盧橘非枇杷明矣！郭璞注：蜀中有給客橙，冬夏花實相繼，通歲食之，謂即盧橘也。意者橙橘惟熟於冬，而盧橘夏亦熟，故舉以爲重歟？唐三體詩裴庾注云：『廣州記：盧橘皮厚，大如柑，酢多，至夏熟，土人呼爲壺橘。又曰盧橘。』」按：吳錄：「朱光祿爲建安，庭有橘，冬覆其樹，春夏色變青黑，味絕美。」上林賦曰：「盧橘夏熟。」近是此也。

解語盃

輟耕錄：「至正庚子秋七月九日，飲松江泗濱夏氏清樾堂上。酒半折，正開荷花。置小金巵於其中，命歌姬捧以行酒。客就姬取花，左手執枝，右手分開花瓣，以口就飲。其風致又過碧筩遠甚。余因名爲解語盃。坐客咸曰：『然。』」按：此不特勝碧筩盃，以視宋人之白玉蓮花盃，元人之鞋盃，其雅俗相去遠矣！酉陽雜俎：「魏正始中，鄭公愨三伏之際，每率賓僚避暑。大蓮葉置硯格上，盛酒二升，以簪刺葉，令與柄通。屈莖上輪囷如象鼻。傳吸之，名爲碧筩盃。」

群書札記卷七

圖書精藴

河洛精藴：彖辭有曰往、曰來者，自是易中所有之義。往來不出相反之卦，似亦易見之理。何以先儒于卦變，紛紛有異論耶？泰小往大來，分明是否，反爲泰，二陰往而居外，三陽來而居内也。否大往小來，分明是泰，反爲否。三陽往而居外，三陰來而居内也。否、泰反類，因其易者言之。他卦有言往來者。復七日來復，此對剥之不利有攸往。剥、復皆一陽，以初上爲來往也。『解：利西南，無所往。其來復，吉。有攸往，夙吉。』此因卦有九二、九四二陽。九二即蹇之九五，故曰來；九四即蹇之九三，故曰往。孔子作傳，有當以反易取義者，亦曰往曰來，變文則曰上曰升，猶之言往也。曰下曰反，猶之言來也。凡言來者，皆自外卦而居内；言往者，皆自内卦而居外。無妄剛自外來，而爲主於内，此語尤分明，其他皆可類推矣！此類，虞翻謂之卦變，因反易而有變動，誠可謂之卦變。程子不取卦變之説，朱子本義則有兩説。書首作圖，一陰一陽之卦各六，皆自復、姤而來。五陰五陽卦同圖異。二陰二陽之卦各十有五，皆自臨、遯而來；四陰四陽卦同圖異，三陰三陽之卦各二十，皆自泰、否而來。雖有此圖，本義中卻不與圖應，必有推之難通者矣！本義卦例，以兩爻相比，陰陽變易，謂自某卦而來。夫兩爻相比而變易者，惟有三四兩爻謂卦一反覆，則三易爲四，四易爲三。若初與二，二與三，四與五，五與上無互變之理，況一卦又有自兩卦、二卦來者，則其説益支離紛錯。故本義雖有此二説，恐皆非確論也。然則卦變竟無知其説者乎？曰：有之！有薛溫其者，在朱子之前，説蹇卦云：諸卦皆指内爲來，外爲往，則此往得中爲五也。蹇、解相循，覆視蹇卦則爲解。九二得中，則曰其來復，吉。乃得中也。往者得中，中在外也。來復得中，中在内也。按：此説正得卦變之義。舉蹇、解以爲例：凡反易之卦，皆相循也，皆可覆視也。即二卦而他卦，皆可通矣！此説房審權載之義海中。今定此説爲主，併通考文王演易，所以用反對爲次序之故，往來上下，自是易中堂堂正正之一義，非若纖巧鑿智者比。先儒意向有偏，是以舍近而求諸遠爾。

需與訟反對，訟之九二，即需之九五；需之九五，即訟之九二，本義謂自遯來者，非。

否與泰反對。經言小統，指三陰言；大統，指三陽言。本義謂自歸妹來者，非。泰與否反對，本義謂自漸來者，非。

蠱與隨反對。蠱之上九，來爲初九，本義謂自困、噬嗑、未濟來者，非。隨與蠱反對，隨之初九，自下而上爲上九；隨之上六，自上而下爲初六也。本義謂自賁、井、既濟來者，非。

賁與噬嗑反對。賁之六二，上行爲六五也，本義謂自益卦來者，非。噬嗑與賁反對。噬之六五，來爲六二。以文初三之剛，又分噬嗑之初四上爲上與三以文四五之柔也。本義謂自損、既濟來者，非。按：賁爲文餙，剛柔交錯，必以離明爲主，此即重離之主四爻，剛變爲柔，以一柔文二剛者得離體之正；以二剛文二柔者得離體之似。以其柔與剛等離體未眞，必若重離之卦，皆以一柔文二剛，乃爲重明，以麗乎正也。文明之卦重離爲盛，次則爲賁，以其上下皆有離也。若使一陽二陰之下，無一陽以閒之，則不見有文餙之象，故獨于此卦名賁。剛柔交錯，文章爛然，賁之名不可易也。然則三爻之剛，上下所共，下則爲文，剛之一，上則爲文，柔之一。在噬嗑，則上而居四，在賁，則下而居三，似不可以爲上。此處殊難措詞。剛字之上著一分字，曰分剛，上而文柔，則是分噬嗑之初與四，初上而四，亦若從之以上，其實是下，非上也。此聖人屬文鍊句、鍊字之工妙，讀者鮮能知之。然則賁象重離三之剛上下所，其亦學者所當知也。

剝與復反對。今按：此卦先儒不言卦變，其實是卦變也。剝反爲復。復之初九，即剝之上九，今來復也。若剝，則不利有攸往矣！彖傳曰：「復亨，剛反。反即來也。」

亦棟案：向讀漢書五行志引京房易傳曰：「復崩，來無咎。師古曰：「復卦之辭。今易『崩』字作『朋』也。」自上下者爲崩。」初以爲怪，絕不留意。今讀江君卦變之説，乃知復之初九，自剝之上九而來，則以艮山而變爲震雷，「崩」字確有意義。乃知「朋」字必後人所改，所謂少所見多所怪也。

大畜與無妄反對。大畜之上九，自外卦而來，爲初九，以爲內卦之主也。此語甚分明，可爲卦變之幾例。諸卦之言「往來」「上下」者，義皆如此。本義謂自訟來者，非。无妄與大畜反對。无妄之初九，自下而上，爲上九也。本義謂自需來者，非。

恒與咸反對。恒之初六，上爲咸之上六。咸之九四，下爲恒之九三也。本義謂自旅來者，非。咸與恒反對。咸之九三，上爲恒之九四，咸之上六，下爲恒之初六也。本義謂自豐來者，非。

明夷與晉反對。明夷之六二，上行爲晉之六五也。本義謂自觀來者，非。

家人與睽反對。家人之六二，上行爲睽之六五也。本義謂自離、中孚來者，非。本義云自離來者，柔進居三；自中孚來者，柔進居五；自家人來者，兼之。按：此惟論五爻之柔，故下云「得中而應乎剛」。

若三爻之柔，不論也。本義雖有自家人來之一說，然其所以來者，則異矣！

解與蹇反對。解之九二，爲蹇之九五，而得中也。本義謂自小過來者，非。或問：卦變往來之說，亦可用之解爻辭乎？此卦言往來者獨多。「初六：往蹇，來譽」；「九三：往蹇，來反」；「六四：往蹇，來連」。「九五：大蹇，朋來」；「上六：往蹇，來碩」：亦將謂解、蹇相循。以解卦之爻，論往來乎？曰：不可。文王序卦，有反復之義。故彖辭須以反卦論往來，周公繫爻辭，則爻位已定，往來不出本卦。初爻無來不往，即爲來；上爻無往不來，即爲往。言豈一端，各有所當。先儒各以臆見說卦變者，獨遺貼身一卦有反覆之義，則往非其所往，來非其所來矣！經義難明，乃若是哉！蹇與解反對。蹇之「九三，往」，爲解之「九四，得」。五上二陰爻是爲得衆，蹇之九五來，爲解之九二。是來復乃得中。蹇時以在外爲中，解時以在内爲中：各有所宜也。「有攸往，夙吉。」又申戒往者之辭，惟夙則吉。近儒說此云：二陽皆主解者。四自三往，二則來復。復者，无所往也；往者，有攸往也。无所往者，以不往爲吉；有攸往者，以速往爲吉。不往之吉，二乃得中也；往之吉，三往得衆而有功也。有功，即指得衆。按：此說深得經意。蓋夙吉之詞，爲九四之往者設，不爲九二之來者設也。本義謂自升來者，非。

益與損反對。按：本義不言卦變，其實是卦變也。益之初九，上行爲損之上九，是損下以益上也。損與益反對。損之上九，自上下下，而爲益之初九。是損上以益下也。本義於損卦云：損下卦上畫之陽，益上卦上畫之陰。夫下卦是兑，何有上畫之陽？上卦是艮，何有上畫之陰？益卦言初畫亦然，于義牽強難通。惟以二卦循環上下，只以初上二爻說損、益，乃可通。

亦棟按：朱子之意，蓋指泰、否之陰陽言之，以泰之三爻與上爻易，則爲損；以否之四爻與初爻易，則爲益。所謂三陰三陽之卦，皆自否、泰來也。然何如此之以貼身取者爲是乎？

萃與升反對。萃之坤，升而居上也，三爻皆柔，不能獨指。六四猶之泰之小往，不能獨指四爻爲小也。本義謂自解來者，非。

革與鼎反對。革之六二，上行爲鼎之六五也。本義謂自巽來者，非。

歸妹與漸反對。歸妹之九二，進而爲漸之九五：得位又得中也。恐人疑進得位，兼六四言之，故又言「其位，剛得中」也，所以別於六四也。本義謂自渙、旅來者，非。

節與渙反對。節之九五，來爲渙之九二。節之六三，爲渙之六四，得位乎外而上同于九五也。訟言剛來而得中，此言不窮，亦得中之變文。棟案：「不窮」二字，即「中」字之切音。本義謂自漸來者，非。

易言卦變，本義十九卦，今推之得二十二卦。卦變本自然之理，否、泰之往來，損、益之盈虛，剝、復之消長，蹇、解之安危，天道人事，原有此反復之理。故文王以此序卦，而雜卦一篇，比樂師憂，臨、觀與求，仍取義類之相反者言之，則卦變實生于此，是爲靜中之動，定中之變，在易中實一要義，不可視爲緒餘賸義，而輕忽之也。

亦棟案：向解說卦傳「數往者順，知來者逆」二句，即以卦之反對者解之。主西河毛氏說，不主邵康節說。其後閱通志堂經解，即薛氏之說載于房審權義海中者，亦曾看過，而竟略不經心，所謂睫在眼前，人不見也。今得江先生明白言之，暗室一燈，曠若發蒙。然則微江氏，聖人之蘊殆不可得而見乎？前輩謂「經師易求，人師難得」，恐如此經師，千百年不一見，而曰「易求」也，談何容易！願與海內窮經諸君子共勉之而已矣！

陳希夷先生易龍圖。陳艮謹遵易龍圖序摹出，是未合龍圖。

此門人陳艮原名效三。所悟，於易理頗有關係，故附錄之。

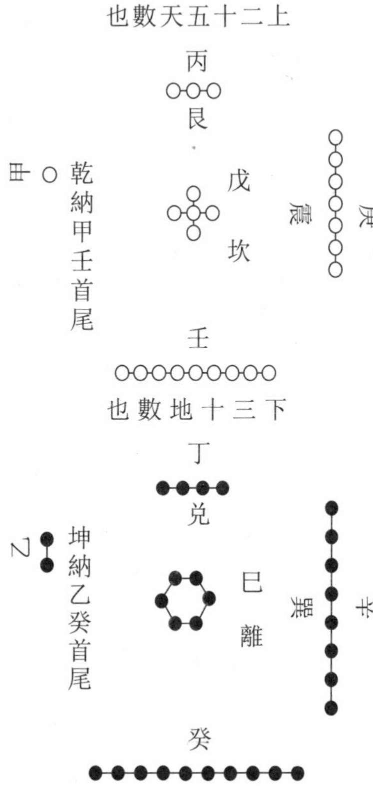

希夷先生有易龍圖序一篇，自序自註，見于江慎修先生河洛精蘊中。慎修先生俱云「不可曉」，艮意卻微有會焉。按：希夷先生易龍圖序云：天之垂象，的如貫珠，少有差，則不成次序矣！故自一至于盈萬，皆累累然如絲之縷也。觀此，則知圖中之數，皆順次而不紊也。始龍圖之未合也，惟五十五數，上二十五天數也。觀此，則知天地分爲二圖也。中貫三、五、九，言天數，中上三、中五、下九，東一、西七也。外包十五，下九合東一爲十，西七令上三爲十，以中五配之，各得十五也。盡天三、天五、天九，并五十之用。承上、中貫三、五、九而言也。中五、外合十，所謂五十之用也。後形一六無位，本註：上位去一下位去六○按：此是合上、下而言之也。又顯二十四之爲用也，茲所謂天垂象矣。下三十，地數也，亦分五位，皆明五之用也。本註：上位形五，下位形六。○上位，五五二十五；下位，五六得三十：是皆明五之用也。十分而爲六。本註：五位六五，三十之數也○按：此是言下之十，分而爲六，以四與東二，而亦爲六也。十既分，則西之八，必分二以配上四，而各得六無疑矣！形地之象焉。本註：坤用六也。六分而幾四象。本註：成七、八、九、六之象也。地六不配。本註：謂中央六也。一分在南邊，六幾少陽七；二分在東邊，六幾少陰八；三分在西邊，六幾老陽九。惟在北邊，六便成老陰數，更無外數添也，所謂不配也○按：四方既各得六，而以中央六數，以一分在南，成七；以二分在東，成八；以三分在西，成九。中央六數已盡，無復可分。故北邊六，更無外數添也，所謂不配也。○又按：東方少陽，南方少陰。本註：一分在南，「南」字，疑當是「東」字。二分在東，「東」字，疑當是「南」字。蓋傳寫之訛也。在上，則一不用形二十四；在下，則六不用，亦形二十四。本註：上位中心，去其一，見二十四；下位中心，去其六，亦見二十四。以一歲三百六旬周於二十四氣也，故陰陽進退，皆用二十四。○按：上位中央本五，而何以云去一？蓋五數雖是土，而細分之，則東方一點木，南方一點火，西方一點金，北方一點水，中央一點，又是土中上矣！故亦可去一，以成二十四之用也。希夷先生自序並自註，細繹之原自分明，今爲補其圖如此。是亦愚者一得，足以補慎修先生所未及云。

由是而配十干，甚確焉！夫十干，本十數也。甲一，東方，陽木；乙二，東方，陰木；丙三，南方，陽火；丁四，南方，陰火；戊五，中央，陽土；己六，中央，陰土；庚七，西方，陽金；辛八，西方，陰金；壬九，北方，陽水；癸十，北方，陰水。順四方四時之序，而夏秋之交，土旺中央，若有天造地設，不假安排者焉。

納甲之說，前人配以太陰，江慎修先生疑之，另立其說。其詞繁冗，見於河洛精蘊。今由此圖觀之，而納甲之理，若更有確然不可易者。夫以十干納八卦，則乾坤自當納其首尾兩干。乾既納甲一壬九，合十數矣！於是以陽數之庚七，納震長男，戊五納坎中男，丙三納艮少男，坤既納乙二癸十，合十二數矣！於是以陰數之辛八，納巽長女，己六納離中女，丁四納兑少女，分配停勻，毫無牽強紐合之弊。至於離之納壬，坎之納癸，是後世羅經之配納也。蓋羅經中無戊、己，而乾、坤既納，其兩干自可分以配坎離，於是離雖陰卦，以其爲日而象乾，故納壬焉。坎雖陽卦，以其爲月而象坤，故納癸焉。是小變其説，以配羅經也。於是而知天干之合，即河圖生成之義也。甲與己合，一六也；乙與庚合，二七也；丙與辛合，三八也；戊與癸合，五十也。

按：前漢律曆志云：「天之中數五，五爲聲；地之中數六，六爲律。」唐一行亦云：「合二中以定律曆，後世詩題五、六，天地之中數。」觀此圖，可以得其確解矣！

伏羲畫卦先後圖

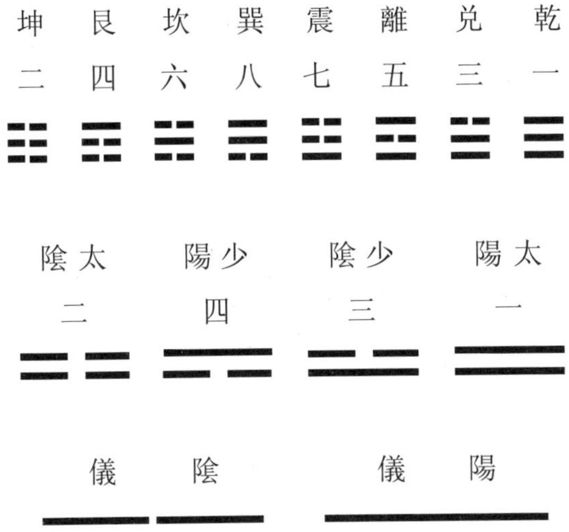

竊以伏羲畫卦，必先立乾坤以成對待之局，而後六子出焉。未有乾不配坤，而先出六子者也。蓋首畫一陽一陰，兩儀之象也。次于陽上加陽，爲太陽；陰上加陰，爲太陰。又于陽上加陰，爲少陰；陰上加陽，爲少陽：而四象成焉。次於于太陽上加陽，成乾；便于太陰上加陰，成坤；繼于太陽上加陰，成兑；便于太陰上加陽，成艮；繼于少陰上加陽，成離；便于少陽上加陰，成坎；繼于少陰上加陰，成震；末于少陽上加陽，成巽：蓋有一陽，便配一陰，是對待之義也。故自既成之序横觀之，則乾一、兑二、離三、震四、巽五、坎六、艮七、坤八，而其畫卦之序，則應是乾一、坤二、兑三、艮四、離五、坎六、震七、巽八也。存之以質高明。

於是由横圖而布爲圓圖，則以陽儀一邊四卦，列於東南，左曲之；以陰儀一邊四卦，列於西北，右曲之。陰陽兩兩相對，而適符乎乾坤之法象，羲皇何容心於其間哉！并於此可悟陽左旋、陰右轉之義矣！

群書札記卷八

𣀓

許氏說文：「𣀓，棄也，從攴，壽聲。周書以爲討。詩云：『無我𣀓兮。』」按：「詩鄭風，今作『魗』，市流切。譸，詶也。從言，壽聲，讀若醻。」周書曰：「無或譸張爲幻，張流切。詶、譸從言，州聲，市流切。」芹按：周書以爲討，周書並無其字，不知此即譸張爲幻之譸也。其不書「譸」而書「討」者，初疑爲缺筆。考小弁：「惄焉如擣。」韓詩作「疛」，則「討」與「譸」原可通寫耳！

䱍

許氏說文：「䱍，魧也。周禮：『謂之䱍，從魚，恒聲，古恒切。魧䱍，魧也，從魚，亢聲，武登切。』」芹按：史記司馬相如傳：「魱鰽螹離。」注：「郭璞曰：『魱，鰽鮪也。』李奇云：『周洛曰鮪，蜀曰魱鰽。出鞏山穴中，三月溯河上，能度龍門之限，則爲龍矣！』」又左思吴都賦：「筌魱鰽。」注：「魱鰽，鮪也。」據此，則䱍即魱，魧即鰽，䱍魧即王鮪也。然許氏於上「鮪」字云：「鮥也。周禮：春，獻王鮪。從魚，有聲。」于下「鮥」字云：「叔鮪也，從魚，各聲。」而于「䱍」字云：「周禮謂之䱍。」則䱍之非王鮪也明矣！注家以魱鰽爲鮪魚，當亦以「䱍魧」二字在「鮪」之下，「鮥」之上，故相承而誤耳！第周禮無「鮑」字，有「鮑」字：「籩人掌膴鮑魚鱐。」此「鮑」字，疑是「鮑」字之譌。考賈子新書：「周文王使太公望傅太子發，嗜鮑魚，而太公弗與，曰：『禮：鮑魚不登於俎，豈有非禮而可以養太子哉？』」據此，則鮑魚不以供籩豆，而況以之供祭祀、供賓客哉？此「鮑」字當是「鮑」字之譌無疑也。說文于「鮑」字下云：「鱧，魚也。從魚，包聲，薄巧切。」亦不引周禮「膴鮑魚鱐」句。

雊

許氏說文：「雊，祝鳩也。從鳥，佳聲，思允切。」佳雊或從佳，一曰鶉字。案：爾雅釋鳥：「佳其，鳺鴀。」注：「今鵓鳩。」疏：「雊，一名鳺鴀。詩曰：『翩翩者雊。』毛傳：『雊，夫不也。』」春秋傳云：「祝鳩氏，司徒。」祝鳩即雊。鄭箋：「謹愨孝順之鳥也。本作『佳』。」則「雊」即「佳」矣！第不曰「職追」切，而曰「思允」切，則隼也，而非雊也。考說文于「佳」、「鳥」二部，皆無「隼」字，而獨存「思允切」三字於「雊」字之下，此必有缺文焉，然亦不可考矣！

同爾兄弟

詩聲類云：「唐韻正曰：皇矣七章，帝謂文王：『詢爾仇方，同爾兄弟。』後漢書伏湛傳引作『同爾弟兄』。案：從『兄』之字，聲當以『況』爲正。詩『倉兄』、『職兄』並通爲『況』。白虎通義曰：『兄者，況也，父法也。』釋名曰：『兄，荒也，荒，大也。故青、徐人謂兄爲荒也。』」芹按：此當從後漢書作「弟兄」爲是。

籧篨不鮮

新臺：「籧篨不鮮。」孔氏詩聲類云：「從『鮮』之字，當以『䨣』爲正。按：有兔斯首箋云：今俗語『斯白』之字作『鮮』，齊、魯之間聲近『斯』。禹貢『析支』，後漢書作『賜支』，大戴禮記又作『鮮支』。『斯』、『鮮』、『賜』、『析』爲同部四聲，故遞相通轉如此。」芹按：說文：「『䨣』，從『雨』，『鮮』聲，讀若『斯』，『息移』切。」故孔氏據此以爲證。然「鮮」字，亦自有本音，奈何以協韻而遽改本音也？

乃生女子，載寢之地

孔氏聲類云：「『地』，古音『墮』。九章：『閉心自慎，終不失過兮！秉德無私，參天地兮。』天問：『啟棘賓商，九辯、九歌。何勤子屠母，而死分竟地？』羽獵賦：『逢之則碎，近之則破。鳥不及飛，獸不得過。車騖師駭，刮野掃地』是也。然自史記琅邪臺刻石文『陵水經地』，即與帝、解、辟、易、畫同用，是秦、漢之間已有『遞』音。江氏古韻標準遂謂此章『地』、『裼』一韻，『瓦』、『儀』、『議』、『罹』自爲一韻。今徧考通經，凡七句換韻，必上四句，下三句。北門、杕杜、小旻、召旻及本篇『下莞上簟』章，皆然，絕無第四句換韻者。故知地從『也』，聲以協『瓦』韻爲正。廣森每謂欲審古音，必先求乎古人用韻之例也。」芹按：中庸：「君子居易以俟命。」注：「易，平地也。」「易」字，即「平地」二字之合音。若「地」字不作去聲讀，何以知「易」之一字爲「平地」乎？又莊子接輿歌：「禍重乎地莫之知避。」則古「地」字，明明有「地」音。又漢書丙吉傳：「西曹地忍之。」李奇曰：「猶第也。」則「地」且與「第」通矣！而必讀「地」爲「墮」，讀「褐」爲「拕」，此正吳棫之強作解事，奈何反仍之耶？一說「瓦」當作「床」，簟柄也。收絲具也。則正與「地」、「褐」叶，但改字爲嫌耳！

祇自疷兮

段氏音韻表：「『疷』字在第十六部。詩：『無將大車』合韻。『𪋻』字，一作『疷』，無此字。宋劉彝臆改『疷』以韻『𪋻』，亦無此字。攷唐石經，正作『疷』，與小雅白華『疷』字，皆甚明畫。顧亭林從劉說，謂石經乃從諱減畫之例，非也。戴氏遺書：『疷』，釋文作『疷』，都禮反。則此字非唐人避諱所改明矣！然不必非『痻』字之訛也。」按：此當從戴氏之說。

載寢之地，載衣之裼

段氏音韻表：「地，也聲。在第十七部。屈賦天問與歌韻，橘頌與過韻，上林賦與河駞韻，讀如沱。」又云：「考地字，周、秦人亦入于十六部。如莊子接輿〔一〕歌：『禍重如地，莫之知避。』秦琅雅臺刻石文『陵水經地』韻，帝懈、辟、易、畫字，司馬相如子虛賦『揜草蔽地』韻。絕乎心繫。元命包曰：『地

〔一〕輿，底本作「與」，今據文義改。

者易也，皆讀如狄。』」芹按：「地」字，自當讀「第」，即讀「沱」，亦不過協韻耳！段氏強歸之「歌」、「麻」部，而又載此條者，所以彌縫其闕也。然必謂生薑樹上生，亦何必矣！又云：「『裼』音在第十六部。詩斯干以韻『地』、『瓦』、『儀』、『議』，『罹』字讀如『拕』，此爲次第最近之合韻。江氏改易『地』字古音，謂『地』、『裼』一韻，『瓦』、『儀』、『議』、『罹』一韻，其說疏矣！」芹按：此與孔氏之說正同。

魚網之設，鴻則離之

段氏音韻表：「離本音在第十七部。屈賦少司命合韻『知』字。老子：『載營魄抱一，能無離乎？』合兒疵爲雌知韻。又：『常德不離』，合雌谿兒韻，離字入支韻蓋久矣！」芹按：段氏引此，明知古字不盡一音，即如相鼠之詩，「皮」、「儀」、「爲」三字俱作今人本音，讀與下齒、止、俟、體、禮、死叶，頗覺神迴氣合，不必定以「皮」讀「婆」，「儀」讀「莪」，「爲」讀「吪」也。又如有兔之詩「雉離于羅」，「離」當讀「驪」，若讀「羅」，則反膠牙矣！然則「鴻離」、「戚施」不妨如字讀，即「地」、「裼」、「儀」、「議」、「罹」，何不可作一韻讀耶？如疑「瓦」字無韻，又安知不如或說「瓦」字，非「杘」字之訛，正不必改音以求合也。古人韻緩，不煩改音，奈何諸君並爲一詞，牢不可破耶？

南方之原

段氏音韻表：「『原』，本音在第十四部。詩：『東門之枌。』合韻差麻婆字，古獻尊之爲犧尊，若十之爲若柯，媻娑之爲婆娑，嘽嘽駱馬之爲痑痑駱馬，皆此類。」亦棟按：向讀此句，不得其韻。後于京都琉璃廠閱一書云：「古十三元字，多與五歌通轉。若番之爲番音波，繁之爲繁音婆。是也。」今忘其書名，並忘其人之姓名矣！頗以爲創獲。然必欲改爲「何」音以叶之，則仍不得其解矣！

必學爲裘，必學爲箕

段氏音韻表：「按：列子云：『古詩言良弓之子，必先爲箕；良冶之子，必先爲裘。』知韻語也。」亦棟案：列女傳：「臧文仲書『斂小器，投諸台，食獵犬，組羊裘。琴之合，甚思之。』」戰國策：「高冠大箕，長劍拄頤，攻狄不能，下壘枯丘。」[一]皆此類也。

裘

孔氏詩聲類云：「按：說文以『求』爲即古文『裘』省。顧氏據詩終南、七月、大東及左傳『臧之狐裘，敗我于狐駘』，列女傳臧文仲書『歛小器，投諸台，食獵犬，組羊裘，琴之合，甚思之』等文，證『裘』古音『渠之』反，則實與『裘』不同音。許叔重合爲一字者，恐未然也。蓋寒者求衣，故其字從

[一] 高冠大箕，長劍拄頤，上海古籍出版社本戰國策作「大冠若箕，脩劍拄頤」。

『衣』、從『裘』，似會意，非諧聲歟？」亦棟按：「求」、「衣」二字合音爲「其」，顧氏之説不爲無見。然以「衣」、「求」切之，則爲「裘」，「裘」亦自有本音。徐幹中論：「救寒莫如重裘，止謗莫如自修。」則「裘」亦古音也。

民人所瞻

詩聲類云：「案：桑柔『民人所瞻』，與『相』、『臧』、『腸』、『狂』同用，吳氏韻補音『諸良』切，引『漂』、『陽』、『長』，潘乾校官碑『永世支百，民人所彰。子子孫孫，俾爾熾昌』爲證。愚謂此當時三家詩有作彰者，故漢碑用之。毛詩『瞻』字誤耳！」亦棟案：殷武「遑」字與「監」字、「嚴」字叶，又漢人避諱，改「莊」爲「嚴」，如「魯莊」之爲「魯嚴」，「楚莊」之爲「楚嚴」，「蜀嚴」之爲「蜀莊」，「莊助」之爲「嚴助」，「莊光」之爲「嚴光」是也。意「嚴」之與「莊」，不特字義相通，當日必有併聲音而合之者。「瞻」之叶「相」、「臧」、「腸」、「狂」，亦猶是矣！奈何以爲毛詩之誤字也。

邦封

詩聲類云：「惠定宇論語古義曰：『且在邦域之中矣！』漢書王莽傳云：『封域之中。』古字『邦』、『封』同。尚書序『邦諸侯』、『邦康叔』，義皆作『封』。下文『邦内』，鄭本作『封内』。廣森案：説文解字：『邦』從邑，『半』聲。釋名曰：『邦，封也。封有功于是也。』『邦』因同『封』

明矣！老子：『修之于國，其德乃豐。』韓非解老篇引作『修之邦』，故與『豐』合韻。今本承漢避高帝諱而改耳！毛氏古今通韻乃謂『國』有『工』音，疏謬至此。則其他支離之説，亦何足置辯？」亦棟案：「工」與「觥」，皆「國」之平聲，則「國」正與「豐」叶。即曰漢人所改，亦其韻之合而改之，非以其韻之不合而改之也。奈何以毛氏爲疏謬耶？

贈之

鄭風：「知子之來之，雜佩以贈之。」段氏六書音韻表：「『來』音在第一部。女曰雞鳴合韻。『贈』字讀如『淩』。戴氏遺書：女曰雞鳴『贈』字。江氏古韻標準謂『貽』字訛爲『贈』，不必以改字爲嫌，而讀『來』如『淩』也。」芹按：此當從江氏之説。

濡軌

衛風：「濟盈不濡軌，雉鳴求其牡。」段氏六書音韻表：「『軓』音在第七部。匏有苦葉合韻。『牡』字，讀如『阜』。周官經『立當前侯』，説文作『前軓』。戴氏遺書：匏有苦葉二章，應是『軌』字。軌，車轍也。謂道路中車行之轍跡，濟雖盈于道路，兩不相涉，故云『不濡軌』。與『雉鳴求其牡』意相反對，不必泥於車前軓也。援前『侯』以證前『軓』而讀『軌』如『阜』，太迂曲。」芹按：此當從戴氏之説。

逸詩

孔氏詩聲類云：「先聖刪詩，匪特研乎辭義而已，雖文字音韻，必取其粹者焉。左傳國子賦『轡之柔矣』，今逸周書有其辭，云：『馬之剛矣，轡之柔矣。馬亦不剛，轡亦不柔。志氣麃麃，取與不疑。』『之』、『宵』、『幽』三部，竟雜然並用。而刪定所存三百五篇，則未見有是。惟『幽』與『宵』通者七見，『幽』與『之』通者八見，蓋『咍』聲侈脣言之，即近『宵』。『宵』聲，歛脣言之，即近『幽』，讀『幽』、『又』，歛即爲之，故詩人每借協，而後代『蕭』、『宵』混合之，尤錯糅，抑亦由此濫觴已。」芹按：「志氣麃麃」句，不必用韻，「取與不疑」句下有「以是御之」句，亦古詩，非王子語也。又：「麃麃」一作「塵塵」。若「塵」字，可爲韻。則無將大車之「疷」與「塵」協，乃眞古韻矣！孔氏據此爲夫子刪詩之旨，毋乃曲說。

螭

段氏音韻表：「『螭』本音在第十七部。屈賦涉江合韻『知』字。」芹按：此與史記齊世家所載「非龍非彲，同『螭』。非虎宋書符瑞志作「非熊」。非羆」，只照今人所讀之音協，不必改讀以求協于古音也，餘可類推。

讒從卜居

亦棟案：左傳「讒鼎之銘」，服虔注：「讒鼎，疾讒之鼎。明堂位所云『崇鼎』是也。一云：讒，地名。禹鑄九鼎于甘讒之地，故曰讒鼎。」芹按：魯有崇鼎，見明堂位。崇鼎，一名岑鼎。呂氏春秋「齊伐魯，求岑鼎，魯人以贋往」是也。據此，則「讒」與「岑」通，「岑」與「崇」通，故「讒」從得同叶也。

嗟予子

「陟彼岵兮，瞻望父兮。父曰：嗟！予子。」孔氏聲類云：「案：『子』字與下『已』、『止』合韻。次章『予季』與『寐』、『棄』合韻。末章『予弟』與『偕』、『死』合韻。俗讀至『行役』絕之，誤也。正義云：我本欲行之時，而父教戒我，曰：『嗟汝我子也。汝從軍行役，在道之時，當早起夜寢，無得已止。』尋繹此解，斷句自顯。」亦棟案：孔氏此解，極爲的確。讀者第於「行役」兩字作一讀豆，則得之矣！

不敢怠遑

孔氏詩聲類云：「『監』、『嚴』、『濫』韻，『遑』非韻，『國』、『福』韻。孔云：『不敢怠遑』句之非韻，與猗嗟『終日射侯』正同。但彼章通韻，此章換韻耳。吳才老強改『嚴』字以協『遑』音，彼未知六句平分兩韻，則韻法已化偶從奇故也。」芹按：漢人避諱，改「莊」爲「嚴」，如「蜀嚴」

之爲「蜀莊」，「莊助」之爲「嚴助」，「莊光」之爲「嚴光」是也。然「魯莊」爲「魯嚴」，「楚莊」爲「楚嚴」，早已見于春秋。又楚詞天問：「勳闔夢生，少離散亡。何壯武厲，能流厥嚴？彭鏗斟雉，帝何饗？壽命永固，夫何久長？」亦以「嚴」作「莊」讀。才老以「嚴」叶「遑」音，正是古音，何乃反訾之耶？竊疑「監」與「濫」爲一韻，「嚴」與「遑」爲一韻，或是隔句韻耳！

宗之

篤公劉：「食之飲之，君子宗之。」「宗」與「飲」叶。孔氏詩聲類云：「『宗』，古通韻讀爲『簪』。易：『朋盍簪。』荀爽本作『宗』。」芹按：此條與上「讒從」一條，正是一例。

度其鮮原

孔氏詩聲類云：「『原』字與『阿』、『沱』爲韻，當讀爲『魚何』反。陳風亦以『差』、『原』、『麻』、『娑』同協。」此詩聲類所謂「元、寒、歌、麻」，陰陽聲之互轉。若以「度其鮮原」爲無韻之句，則不合詩律矣！芹按：孔氏以此句協韻，眞是匠心獨得。特以「原」爲「魚何」反，則不必耳！

巷

案：古之所謂巷，即今之所謂弄也。唐韻正曰：「今京師人謂巷爲衚衕，乃二合之音。」

魚綱之設，鴻則離之。燕婉之求，得此戚施

孔氏詩聲類云：「『離』，古音『羅』。易小過：『上六，弗遇。過之，飛鳥離之。』太玄應：『初一：六幹羅如，五枝離如。施古音駝。』」芹按：此皆恊韻耳。必以爲古音如是，此一偏之見也。

弓矢既調，射夫既同

段氏音韻表：「『調』字本音在三部，車攻以韻『同』字，屈原離騷以韻『同』字，東方朔七諫以韻『同』字，皆讀如『重』。此古合韻也。潘岳籍田賦以『茅』韻『農』，束皙勸農賦以『曹』韻『農』，韓詩『横由其晦』，毛詩作『横從』。毛詩『狃聲之峱』，漢書作『嶩』。史記衛青傳：『大當戸銅離。』徐廣曰：『一作稠離。汝南鮦陽之鮦，見腫韻。』亦見有韻，皆第三部、第九部關通之義。江氏謂車攻『調』、『同』非韻，離騷、七諫爲古人相效之誤。其説似是而非。孔氏聲類云：詩本音曰：宋吳棫韻補，讀『調』爲『同』，引離騷『勉升降以上下兮，求矩矱之所同。湯、禹儼而求合兮，摯、皋陶而能調』爲證，朱子從之。此章首尾爲一韻，中二句爲一韻，蓋詩之變體。」按：韓非楊權篇云：「君操其名，臣效其形。形名參同，上下和調。」亦確徵也。蓋「周」字，從「用」，不從「用」聲。「調」因「周」而返從「用」聲，又諧聲之變法。江慎修古韻標準謂此詩「同」、「調」非韻，靈均、方朔爲相效之誤。段氏辨其説，似是而非。且引衛青傳「大當戸銅離，一作『稠離』」以爲證，是則「周」傍而通「同」者，非獨一「調」字矣！

女子有行，遠兄弟父母

孔氏詩聲類云：「『母』字，詩凡十七見，皆讀爲『每』。惟此章讀爲『姥』，蓋方音也。又易繫辭：『明于憂患與故，無有師保，如臨父母』，管子：『不言之聲，疾于雷鼓；心氣之形，明于日月，察于父母』，呂氏春秋『爰有大圜在上，六矩在下，汝能法之，爲民父母』，莊子子桑歌『父邪母邪』，七發『內有保母，外有傅父，欲交無所』，易林『訟之家人，扶堯戴禹，從喬、彭祖，見西王母』，亦皆讀爲『姥』，似此字本有兩音。今『海』、『姥』二韻並遺，而獨音『牡』，則誤甚。」芹按：孔氏所著詩聲類，大抵皆生薑樹上生之說也。而此獨存「母」字一音，所以彌縫其闕也。按：「母」字有兩音：一讀「姥」，其正音；一讀「牡」，其偏音。今皆以偏音爲正音矣！然方音自在也。若「母」之讀「每」，乃眞方音耳！

抑戒

孔氏詩聲類云：「陳季立曰：『抑，古音懿。國語引詩抑戒作懿戒。』廣森於陽聲二下篇謂『替』字當改入『震』韻。然九章『撫情效志兮，冤屈而自抑。刻方以爲圓兮，常度未替。』以『抑』、『替』同用者，此由『抑』旁作反『印』，故本讀爲『懿』，轉讀即爲『印』。正猶『懿』字從『壹』，『壹』本『吉』聲，而亦可通爲『天地壹』、『壹之氤』。恐讀者猶未安于『替』，當改韻之說，故復推論之。」芹按：抑戒之爲懿戒，猶「伯益」之爲「伯翳」也。「替」字作「廢」字解。「替」與「抑」叶，

「抑」讀「懿」，「替」自當讀「替」。唐韻入之十二「霽」，非誤也，奈何欲入之「震」韻耶？

替

孔氏詩聲類云：「唐韻誤入十二霽。召旻：『胡不自替，職兄斯引。』古讀未詳。離騷：『長太息以掩涕兮，哀民生之多艱。余雖好修姱以鞿羈兮，謇朝誶而夕替。』韻與詩合。」亦棟按：韻補：「『替』，叶『才涇』切。『艱』，音『勤』。」此固未合。然必以之入「震」韻，到底不確。

何戈與祋

廣韻：「丁外切祋。文，殳也。或說城郭市里，高縣羊皮，有不當入而欲入者，暫下，以驚牛馬，曰祋，故從『示』、『殳』。詩曰：『何戈與祋。』」芹按：今人以聲驚人曰「祋」，即此字也。

每有良朋，烝也無戎

孔氏詩聲類云：「『戎』與『朋』協，古通韻，讀爲仍。」又云：「首二句無韻。常武首章，即此例而疊用之。『赫赫明明』二句，無韻；『南仲太祖』二句連韻；『整我六師』二句，又無韻；『既敬既戒』二句，又連韻：變格中極整齊者也。吳氏雅不達斯秘，忽將『戎』字叶音『汝』，指常武章。忽將『務』字叶音『蒙』，指常棣章。何肊鑿闟盩之甚。」芹按：「戎」，汝也。以「戎」叶「汝」，與祖、父韻不爲無據。而謂「戎」字無韻，可乎？惟此章以務叶「蒙」，則吳氏之失。此仍當以「戎」叶「汝」，與「務」合韻也。而謂上二句無韻，可乎！臆鑿紛戾，孔氏無乃躬自蹈之也乎？

陂

段氏音韻表：「『皮』聲在第十七部。莊子：『生于陵陂。』與『施』爲韻。今入『支寘』。唐玄宗不知洪範『遵王之義』，『義』讀『俄』，而改『頗』爲『陂』以合之，又不知『陂』之本讀『坡』也。」芹按：韻補曰：「古『義』字皆音『俄』。」周官注亦音「俄」。故古文尚書本作「無偏無頗」。「遵王之義」以叶「俄」音，唐明皇以「義」字今音爲「乂」，改「頗」爲「陂」，以從今音，古音遂湮矣！

隼

孔氏詩聲類云：「隼，唐韻誤入十七準。沔水『鴥彼飛隼』，與『沔彼流水』隔協。」又云：「古讀若蜼。唐韻正曰：周禮『司尊彝』注：『蜼，讀爲蛇虺之虺，或讀爲公。』用射隼之隼。」據此，似隼可讀作佳，非說文之有缺矣！然隼自是鷙鳥，非顧鳥也。禽經曰：「隼以引之。」非「思允」切歟？

褒拜

孔氏詩聲類云：「按：『褒』、『保』、『報』爲同紐三聲，故周禮『褒拜』，杜子春讀爲『報拜』。『褒』從𥸨。𥸨，即古文『保』，與『浮』、『烰』等字同諧『孚』聲。今俗惟褒，猶有讀『博浮』切者，與韻乖，而實是也。」芹按：「褒」字原有兩音，其失載于十入「九」者，唐人之誤也。

無我有尤

孔氏詩聲類云：「從『尤』之字，聲當以『蚘』爲正。今『蚘』字，得在『灰』韻。毛稚黄云：論語：『多聞闕疑，慎言其餘，則寡尤；多見闕殆，慎行其餘，則寡悔。』『疑』與『尤』爲韻，『殆』與『悔』爲韻。」芹按：綠衣「以」、「訧」協「絲」、「治」，亦猶是也。必以爲當讀「蚘」，則又偏矣！

反予來赫

孔氏詩聲類云：「案桑柔，釋文：『鄭：許嫁反。』莊子云『以梁國嚇我』是也。唐韻正曰：『莊子仰而視之，曰嚇。』注：一本作『呼』，『許嫁』反，『嫁』音，故正作『呼』音。」芹按：此以「嚇」爲「許嫁」反，非以「呼」爲「許嫁」反也。奈何以「嫁」字作故音，牽合之耶？

遠父母兄弟

段氏音韻表：「玉裁讀坊本詩經竹竿二章，每疑右第二字古鮮合用。及考唐石經，宋本集傳，明國子監注疏本，皆作『遠兄弟父母』，而後其疑豁然。」又曰：「唐以前『支』韻必獨用，即如周興嗣千字文『上和下睦，夫倡婦隨』已下，用十韻，不雜『脂』之一字。庾信楊柳賦用二十七韻，不雜『脂』之一字。唐人之謹守六朝家法者，惟杜甫近體詩，凡五『支』韻，必獨用。韓愈答崔立之八十三韻，亦獨用五『支』。」芹按：此二條，足見段氏之細心考核，不可及也。

鳥

孔氏詩聲類云：「鳥，古讀未詳。漢書敘傳：『沐浴尸鄉，北面奉首。旅人慕殉，義過黃鳥。』桓驎七說：『超絕壑，踰懸阜。馳猛禽，射勁鳥。』可廣『鳥』入『黝』韻之證。」芹按：此即「蕭」、「肴」、「豪」通「尤」之三聲也。必以「鳥」入「黝」韻，則又偏矣！

落蘇

本草：「茄，一名『落蘇』。五代貽子錄作『酪酥』，蓋以其味如酥酪也。」芹按：「落蘇」二字，乃「茄」字之切音。貽子錄作「酪酥」，當以其音同而易之耳。謂其味如酥酪，恐未必然。

發鉤

左成十七年：「囚楚公子茷。」國語作「獲王子發鉤」。芹案：「發鉤」二字，乃「茷」字之切音，以下字切上字。陸氏音義云：「扶廢反。」考成十年：「糴茷。」音義云：「徐：扶廢反，一音蒲發反。」按：以「發」字讀去聲，則爲「吠」；以「發」字讀入聲，則爲「伐」。則「茷」字原有「伐」音，其古音用「鉤」，今音用「扶」、用「蒲」，則七「虞」之與十一「尤」通也。

吁嗟麟兮

芹案：「嗟」字與「兮」字叶。節南山詩以「猗」字與「嗟」字叶，正其例也。秦誓：「斷斷猗。」大學作「兮」。「兮」與「猗」同。又「吁嗟乎」，騶虞首章可叶，次章不可叶，以首章「虞」字，漢書作「騶牙」，則「牙」與「葭」、「豝」叶，次章「虞」字，讀作「五紅」切，與「蓬」、「豵」叶，則牽強之極矣！不知「乎」字原與「虞」字叶，正與「吁嗟麟兮」一例。又「吁嗟乎」不承權輿，首章可叶，次章不可叶。以「輿」字無從改音也。不知「乎」字與「輿」字叶，正與「吁嗟乎騶虞」一例。近孔氏所著書以「蝃蝀在東」，「蝀」、「東」自叶；「朝隮於西」，「隮」、「西」自叶；「猗歟那與」，「猗」、「那」自叶。不若以此三章之自叶，掃卻一切葛藤也。閱至終卷，則孔氏已先得我心矣！但不及權輿句耳，存之以證所見之同。

克長克君

孔氏詩聲類云：「按詩之體製，固有隔兩句而韻者。然依文勢讀之，『克長克君』，必不當無韻。考集韻入『未』部，有『窘』字，『目畏』切，此『君』音當同之。易『順以從君也』，『其文蔚也』爲韻，讀法正同。若漢律稱『君姑』爲『威姑』是已。」芹按：說文解字：「莙，從草，『君』聲，讀若『威』，『渠隕』切。」正與此同。即庭燎之「煇」、「熏」與「旂」、「芹」，可讀「煇」、「輝」與「旂」、「其」，亦猶是矣！

四月秀葽，五月鳴蜩

孔氏詩聲類云：「從『周』之字，聲當以『稠』爲正。此『蜩』與『葽』同用者。『葽』當讀爲『幽』，夏小正作『四月秀幽』，即可證也。」芹按：此即「蕭」、「肴」、「豪」之通「九」也。孔引夏小正以「蜩」字叶「幽」字，亦在所不必。

狐裘蒙戎

孔氏詩聲類云：「案：『狐裘蒙戎』，首句不入韻。左傳引之，作『厖茸』，亦非韻。『茸』字從『耳』，古蓋音『仍』，若『仍孫』之轉爲『耳孫』是也。」芹按：此皆孔氏之僻說，所謂「生薑樹上生」者也。

群書札記卷九

井里之厥

荀子大略篇：「和之璧，井里之厥也。玉人琢之，爲天子寶。」楊注：「井里，里名。厥也，未詳。或曰厥石也。」晏子春秋作「井里之困也」。新校本。案：「厥」同「橜」。說文：「橜，門梱也。梱，門橜也。」荀子以「厥」爲「橜」，晏子以「困」爲「梱」，皆爲門限。意林不解，乃改爲「璞」矣！案：說文：「厥，發石也。從厂，音罕。欮音厥。聲。」舊注正引說文，但少一「發」字耳！又晏子春秋：「和之璧，井里之困也。」近日孫太史作晏子春秋音義，注云：「案：宋人刻石稱門限爲石閫根，『厥』與『困』，蓋言石塊耳！」但揔不若引說文之的也。

有人曰觙

荀子解蔽篇：「空石之中，有人焉，其名曰觙。其爲人也，善射以好思，耳目之欲接，則敗其思；蚊虻之聲聞，則挫其精。」楊注：「『觙』字及事，並未詳所出，或假說喻耳！」考列子湯問篇：「江、浦之間，生麼蟲，其名曰焦螟。群飛而棲於蚊睫，弗相觸也。棲宿去來，蚊弗覺也。離朱、子羽方晝拭眥揚眉而望之，弗見其形，䚦俞、師曠釋文：䚦，除倚反，皆古之聰耳人也。方夜擿耳俛首而聽之，弗聞其聲。唯黃帝與容成子居崆峒之上，同齋三月，心死形廢，徐以神視，塊然見之，若嵩山之阿；徐以氣聽，砰然聞之，若雷霆之聲。」案：鯱俞，人名，未詳所出。「魰」字與「鯱」字相近。荀子所云，殆假此以設喻耳！

後門同衣

荀子大略篇：「柳下惠與後門者同衣，而不見疑，非一日之聞也。」楊注：「柳下惠，魯賢人公子展之後，名獲，字禽，居於柳下，謚惠。季，其伯仲也。後門者，君之守後門至賤者。子夏言：『昔柳下惠衣之弊惡，與後門者同，時人尚無疑怪者。言安貧賤，渾跡而人不知也。』新校本。案：柳下惠一條，蓋即毛詩巷伯篇故訓傳。所云嫗不逮門之女，而國人不稱其亂也。非一日之聞，言素行爲人所信。」考毛詩傳：「魯人有男子，獨處於室，鄰之釐婦又獨處於室。夜，暴風雨至而室壞，婦人趨而託之，男子閉戶而不納。婦人自牖與之言曰：『子何爲不納我乎？』男子曰：『吾聞之也，男子不六十，不閒居。今子幼，吾亦幼，不可以納子。』婦人曰：『子何不若柳下惠然？嫗不逮門之女，國人不稱其亂。』男子曰：『柳下惠固可，吾固不可。吾將以吾之不可，學柳下惠之可。』孔子曰：『欲學柳下惠者，未有似於是也。』」今家語有其事其文，與此小異。案：呂覽長利篇：「戎夷違齊如魯，天大寒，而後門。高注：後門，曰夕門。已閉也。」毛傳「不逮」二字義，正同此。近人著類典賦，以「不逮」爲門名，謬矣！案：俗稱柳下惠坐懷不亂，嫗者，母也。如母抱女，故曰不亂。即此事。禮：男女有別。既坐懷矣，何稱不亂乎？詩傳所云，不可爲訓。楊注承子夏「衣若懸鶉」說來，以後門爲守門者，亦似有理，並存可也。羅隱兩同書：「柳下惠與女子同寢，終不爲亂。」此又刻畫已甚之詞也。

焉廣三寸

荀子非相篇：「昔者衛靈公有臣曰公孫呂，身長七尺，面長三尺句，焉廣三寸，鼻目耳具，而名動天下。」楊注：「面長三尺，廣三寸，言其狹而長甚也。」新校本。案：「焉」字，古多以爲發聲，如周禮「焉使則介之」、淮南子「天子焉始乘舟」是也。荀書或用「焉」，或用「案」，或用「安」，字異語同，皆以爲發聲。案：舊以「焉」字屬上句，今以「焉」於乾反。字屬下句。考禮三年問：「焉使倍之，故再期也。」鄭注：「焉，猶然也。」則此「焉」字，正宜作「然」字解，不得作發聲解也。考周禮秋官：「行夫掌行人之勞辱事，焉使則介之。」注：「鄭司農云：『夷使使於四夷，則行夫主爲之介。』玄謂：『夷，發聲。』」則以「焉」通「夷」。至淮南子時則訓：「天子焉始乘舟。」注：「焉，猶於也。」案：周禮「焉」字，自應屬上句讀；淮南子「焉」字，乃從呂氏春秋，作「於」字解者也。概以爲發語聲，誤矣！案：「安」，字同語異，俱見荀子禮論篇。

庭可搏鼠

荀子解蔽篇：「曾子曰：『是其庭可以搏鼠，惡能與我歌矣！』」楊注：「『是』，蓋當爲『視』。曾子言有人視庭中，可以搏擊鼠，則安能與我成歌詠乎？言外物誘之，思不精，故不能成歌詠也。」考韓詩外傳：「昔者孔子鼓瑟，曾子、子貢側門而聽。曲終，曾子曰：『夫子瑟聲，殆有貪狼之志，邪僻之行，何其不仁趨利之甚？』子貢以爲然，不對而入。夫子望見子貢，有諫過之色，應難之狀，釋瑟而待之。子貢以曾子之言告，子曰：『夫參，天下賢人也，其習知音矣！鄉者丘鼓瑟，有鼠出遊，狸見於屋，循梁微行，造焉而避，厭目曲脊，求而不得。丘以瑟淫其音，參以丘爲貪狼邪僻，不亦宜乎？』」此段正與此條相合，故採之。案：此段又見孔叢子，「鼓瑟」作「鼓琴」，「曾子」作「閔子」，「子貢」作「曾子」。

薪傳

莊子養生主：「指窮於爲薪，火傳也，不知其盡也。」按：邵子漁樵問答：「樵者曰：『敢問火，何必待薪而後傳？』漁者曰：『薪，火之體也；火，薪之用也。火無體，待薪然後爲體；薪無用，待火然後爲用。是故凡有體之物，皆可焚之矣！』」焦竑筆乘：「佛典言火傳于薪，猶神傳于形。火之傳異薪，猶神之傳異形。」此與邵子之說同也。

猶軸轉斛

管子戒篇：「桓公將東遊，問於管仲曰：『我遊，猶軸轉斛，南至瑯邪。』司馬曰：『亦先王之游已。』『何謂也？』管仲對曰：『先王之遊也，春出，原農事之不本者，（春通春種爲本，秋穫爲利。今田家諺下工用本是也。）謂之遊。秋出，補人之不足者，謂之夕。（「夕」字，與秋分夕月同義。）夫師行而糧食其民者，謂之亡。從樂而不及者，謂之荒。先王有遊夕之業於人，無荒亡之行於身。』桓公退，再拜命曰：『寶法也。』」

房注：「言我之遊，必有所濟，猶軸之轉載斛石。」案：「猶」與「由」通。「軸」謂車軸，「斛」即龍驤，萬斛之斛，謂舟也。孟子云：「遵海而南，放於瑯邪。」下云「從流下而忘反」，「從流上而忘反」。知「遵海而南」者，蓋舟行也。此云猶軸轉，解言自陸而水，始由車行，而南至瑯邪，則轉而舟行也。房註非是。司馬相如子虛賦：「齊東陼鉅海，南有瑯邪。」張揖曰：「瑯邪，臺名也，在渤海間。」則遵海之爲舟行無疑矣！孟子「放于瑯邪」，疑即少陵「放船」之「放」、東坡「放乎中流」之放，似並不必作「至」字解。存參。

遵遁

管子小問篇：「桓公問管仲曰：『寡人欲霸，以二三子之功，既得霸矣！今吾欲王，其可乎？』管仲對曰：『古之王者，其君豐，其臣教。今君之臣豐。』房注：言德豐於君也。公遵遁，繆同「穆」。然遠。句。二三子遂徐行而進。房注：言公之所遵行者，皆流遁繆妄之事。欲王天下，恐未可。」案：「遵」與「逡」通；「遁」與「巡」通。「遵遁」即「逡巡卻退」之意也。房註句讀不通，隨文生義，失之遠矣！淮南子精神訓：「日中有踆烏。」註：「踆，猶蹲。」則「遵」與「逡」通。漢書平當傳：「逡遁有耻。」則「遁」與「巡」通可證。

魚水之歡

管子小問篇：「桓公使管仲求甯戚，甯戚應之曰：『浩浩乎！』管仲不知，至中食而慮之，婢子曰：『公何慮？』管子曰：『公使我求甯戚，甯戚應我曰：浩浩乎。吾不識。』婢子曰：『詩有之：浩浩者水，育育者魚。未有室家，而安召我居？甯子其欲室乎？』」則以魚水指室家言。劉向列女傳：「桓公出，甯戚擊牛角而商歌，桓公異之，使管仲迎之。甯戚稱曰：『浩浩乎白水。』管仲不知所謂，不朝五日，而有憂色。其妾婧進曰：『敢問國家之事耶？君之謀也。』管仲曰：『公使我迎甯戚，甯戚曰：浩浩乎白水！吾不知其所謂，是故憂之。』其妾笑曰：『人也語君矣，君不知識矣！古有白水之詩。詩不云乎：浩浩白水，儵儵之魚。君來召我，我將安居？國家未定，從我焉如？此甯戚之欲得仕國家也。』」則以魚水指君臣言。案：蜀志諸葛亮傳：「先主曰：『孤之有孔明，猶魚之有水也。』」此以君臣言也。今以魚水之歡指男女言者，蓋用管子之說也。

喙三尺

莊子徐無鬼：「市南宜僚弄丸，而兩家之難解；孫叔敖甘寢秉羽，而郢人投兵。丘願有喙三尺。」注：「凡鳥喙長者，多不能言。」朝野僉載：「陸餘慶爲雒州長史，善談論，而謬於判決，人嘲曰：『說事則喙長三尺，判事則手重五觔。』」按：此指能言解，則與莊子不言之言異矣！又司馬彪注云：「喙，息也。宜僚弄丸而弭難，叔敖除備以折衝，丘亦願有難息其三尺。」三尺、七首劍，殊不可解。

豈兄

莊子天地篇：「豈兄堯、舜之教民溟涬然弟之哉？欲同乎德而心居矣！」按：古「兄」與「況」

尚欲繳微矢以射之，豈況近臥於華池，集於庭廡乎？」抱朴子每用「豈況」二字本此。

通。「豈兄」猶「豈況」也。白虎通：「兄，況也。況父，法也。」又吳越春秋：「夫飛鳥在青雲之上，

舉莛與楹

莊子齊物論：「舉莛與楹，厲與西施，恢詭譎怪，道通爲一。」司馬彪注：「莛，屋樑也。楹，柱也。」郭象注云：「夫莛横而楹縱，厲醜而西施好，所謂齊者，豈必齊形狀、同規矩哉！舉縱横好醜、恢詭譎怪，各然其所然，各可其所可，即形雖萬殊，而性本得同，故曰『道通爲一』也。」亦以「莛」作「屋樑」解。案：此以大小、美惡言，不當以縱横解。考漢書東方朔傳：「語曰：以莛撞鐘。」文穎注：「『莛』音『庭』，謂藳莛也。」説苑善説篇：「譬若建天下之鳴鐘，而撞之以莛，豈能發其聲音哉！」皆言其小也。莊子齊物蓋以大小、美惡對言，非以梁横柱縱言也。以莛爲梁，注似未確。

其堅不能自舉也

莊子逍遥遊：「惠子謂莊子曰：『魏王貽我大瓠之種，我樹之成，而實五石，以盛水漿，其堅不能自舉也。』」注：「堅，重也。非一人之力所能持，不便於用。」案：家語困誓篇：「孔子曰：『雖有國士之力，而不能自舉其身，非力之少，勢不可矣！是人且不能自舉，況於物乎？然人之舉是物也，必物先具可舉之質，而後人得以舉之，則其堅固足以自舉者也。若五石之瓠，以盛水漿，即欲舉之，而潰敗不可收拾，是非人之不能舉，乃其堅之不能自舉也。』」今俗語所謂「拿不上手的東西」，蓋即此意。此句是莊子絕妙文字，註家

多不得其解。

得象忘言

莊子外物篇：「筌者，所以在魚，得魚而忘筌。蹄者，所以在兔，得兔而忘蹄。言者，所以在意，得意而忘言。吾安得夫忘言之人而與之言哉！」王弼周易略例：「夫象者，出意者也。言者，明象者也。盡意莫若象，盡象莫若言。意以象盡，象以言著。故言者，所以明象，得象而忘言；象者，所以存意，得意而忘象。猶蹄者所以在兔，得兔而忘蹄；筌者所以在魚，得魚而忘筌也。然則言者，象之蹄也；象者，意之筌也。然則忘象者，乃得意者也；忘言者，乃得象者也。得意在忘象，得象在忘言。」此段全學莊子。

孟浪

莊子齊物論：「夫子以爲孟浪之言，而我以爲妙道之行也。」注：「孟浪，不著實也。」龔牖閒評：「『孟浪』二字，世皆作如字讀。」今案：西溪叢話載「孟浪」二字，「『孟』字，音『母朗』切。」又按：匡謬正俗載：「『孟浪』二字，『浪』字，音『奴當』切。」然則「孟浪」二字當作上聲讀矣！案：「孟浪」二字，切音爲莽，皆宜如字，作去聲讀。徐邈讀爲「莽朗」，向秀讀爲「漫瀾」，皆不知而妄作者也。質甫何足以知之？

高偃

墨子所染篇：「齊桓染於管仲、鮑叔，晉文染於舅犯、高偃。」畢注：「未詳。」呂氏春秋「高」作「郤」，疑當爲「郤」，晉有郤氏。案：此乃郭偃也。晉語：「文公問於郭偃曰：『始也吾以國爲易，今也難。』對曰：『君以爲易，其難也將至矣；君以爲難，其易也將至矣！』」呂氏春秋作「郤」乃其形之訛，墨子作「高」，乃誤存其字之半也。

聆缶

墨子三辯篇：「農夫春耕夏耘，秋斂冬藏，息於聆缶之樂。」畢注：「『聆』當作『瓴』，『缶』當是『缶』字之壞。太平御覽引作『吟謡』是也。」案：爾雅釋器：「盎謂之缶。」郭注：「盆也。」邢疏：「孫炎云：『缶，瓦器。』詩陳風云：『坎其擊缶。』則缶是樂器。又史記：『藺相如使秦王擊缶。』是樂器爲缶也。」「缶」字當如字解。

湊湊而至

墨子尚同篇：「今若天飄風苦雨，湊湊而至者。」畢注：「『湊』，同『臻』。史記三王世家：『西湊月氏。』正義云：『湊，音臻。』太平御覽作『臻』。」案：許氏說文云：「湊，水上人所會也。一曰聚也。」考汲冢周書：「周公將致政，乃作大邑成周于中土，以爲天下之大湊。」戰國策：「士爭湊燕。」史記：「緼至而輻湊。」皆是也。御覽作「臻」字，誤。

芊䱉

墨子節用篇：「凡爲衣裳之道，冬加溫，夏加清，芊䱉不加者去之。」畢注：「『芊䱉』二字，凡四見，疑一『鮮』字之誤。鮮，少也，言少有不加於溫清者去之，不加，猶云無益。」案：「芊」，古「羊」字。「羊魚」合而爲鮮，故畢注作是解。然只宜作鮮明、鮮好解，謂中看而不中用者，皆去之也。不宜作「鮮少」解。案：「美」字從「羊」，羊謂物之美者。䱉，鱢魚。說文云：「鱢，鮏臭也。謂物之不美者。」則「芊䱉」二字，是「美惡」二字替身，一則失之華靡，一則失之苦窳，故皆以爲無益而去之也。老子云：「不作無益之器。」此其義也。

翁

墨子節葬篇：「翁縗絰。」畢注：「『翁』義未詳。」案：「翁」，謂主人也。考漢書東方朔傳：「上曰：『願謁主人翁。』」則主人可以稱翁也。禮喪服記：「有喪者，稱主人。」則「翁」之爲主人也明矣！

抎失社稷

墨子天志篇：「國家滅亡，抎失社稷。」畢注：「說文云：『抎，有所失也。』春秋傳曰：『抎子辱矣！』」案：戰國策：「寡人愚陋，守齊國，惟恐失抎之是也。」又楚策：「折清風而抎矣！」注：「抎，下也，如折然。」則作「隕」解，其義亦通。

圃田

墨子明鬼篇：「宣王合諸侯，而田於圃田。句。車數百乘，從數千人滿野。」案：此當以「田」字絕句。詩小雅：「東有甫草，駕言行狩。」鄭箋云：「甫草者，甫田之草也。鄭有圃田。」孔疏：「宣王之時，未有鄭國，圃田在東都畿內，故宣王得往田焉。」據此，則上「田」字與「佃」通，下「田」字乃地名，不得以國語、史記、文選等注引用無此字，遂以「圃」字絕句也。新刻本失之。

敬莙

墨子明鬼篇：「古者聖王必以鬼神爲其務，鬼神厚矣！又恐後世子孫不能敬，莙以取羊。」畢注：「言敬威以取祥也。」孫云：「說文云：莙，讀若威。」又云：「羊，祥也。秦、漢金石多以羊爲祥。」案：「莙」字，乃「君」字之訛。禮祭義：「其氣發揚，於上爲昭明，君蒿注：「君，謂香臭也。蒿，謂氣烝出貌。」悽愴，此百物之精也，神之著也，君子是以致其敬。」「敬君」二字，本此。考禮玉藻注：「葷，或作『君』。」集韻：「或作『莙』。」則「君」字原有草頭，以此與「莙」訛耳！

三亭

墨子雜守篇：「其甚害者爲築三亭隅。三亭隅，織女之畢注：「當云：織，如之。織，古『幟』字。」令能相救。」案：詩小雅：「織音志。文鳥章。」鄭箋云：「織，徽織也。」白虎通：「女者，如也。從如，人也。」故畢注作是解，而不知非也。案：詩大東：「跂彼織女。」毛傳：「跂，隅貌。」孔疏：「說文云：『跂，頃也。』」孫毓云：「織女三星，跂然如隅。然則三星鼎足，而成三角，望之跂然，故云隅貌。」據此，則「織女」句當如字解。謂三亭鼎足，而成三角，望之若織女之跂也。

宍

墨子迎敵祠篇[一]：「狗彘豚雞食其宍。」案：吳越春秋：「陳音曰：『臣聞弩生於弓，弓生於彈，彈起古之孝子。孝子不忍見父母爲禽獸所食，故作彈以守之。歌曰：斷竹，續竹，飛土，逐宍。』」二字爲句。劉彥和云：「斷竹、黃歌，質之至也。」又淮南子原道訓：「欲宍之心亡於中，則飢虎可尾。」注：「『欲宍』，自戀其軀也。」「宍」，古「肉」字，則「宍」非俗字也。

[一] 祠，底本無，今據清刻本墨子閒詁補。

眞泠

莊子山木篇：「子桑雽曰：『舜之將死，眞泠禹曰：汝戒之哉！』」音義：「司馬彪云：『泠，曉也。謂以眞道曉語禹也。』『泠』，或爲『命』，又作令命猶教之。」按：「眞泠」二字，乃「其命」二字之訛，注說非也。

臧穀

莊子駢拇篇：「臧與穀二人相與牧羊，而俱亡其羊。問臧奚事，則挾筴讀書；問穀奚事，則博塞以遊。」投瓊曰博，不投瓊曰塞。音義：「方言云：齊之北鄙，燕之北郊，凡民男而壻婢謂之臧，女而婦奴謂之獲。」張揖云：「壻婢之子，謂之臧；婦奴之子，謂之獲。」按：「臧穀」，疑即「臧獲」。崔云：「好書曰臧，孺子曰穀。」隨文解義，恐非。

車馬有行色

莊子盜跖篇：「孔子往見盜跖，歸到魯東門外，適遇柳下季。柳下季曰：『今者闕然數日不見，車馬有行色，得微往見跖耶？』」按：「行色」，謂車馬有風塵之色也。今人將首途者，多云「車馬有行色」，誤矣！

宵浴

抱朴子譏惑篇：「出門有見賓之肅，閑居有敬獨之戒。顏生整儀於宵浴，仲由臨命而結纓。」劉晝新論慎獨篇：「居室如見賓，入虛如有人。故蘧瑗不以昏行變節，顏回不以夜浴改容。」案：伯玉事，見列女傳；顏子事，未詳所出。姑存之以俟考。

鐵撾三折

抱朴子祛惑篇：「有古強者，曾略涉書記，頗識故事，敢爲虛言云：孔子常勸我獨讀易，云：『此良書也，丘竊好之。韋編三絕，鐵撾一作「擿」。三折。』今乃大悟。」案：論語讖：「孔子讀易，韋編三絕，鐵撾三折，漆書三滅。則強之妄言，非無所本也。」韋編三絕，見史記孔子世家。

學如牛毛

抱朴子極言篇：「或問曰：『古之仙人，皆由學以得之，將特稟異氣耶？』答曰：『彼莫不負笈隨師，積其功勤，乃得升堂以入於室。或朝爲而夕欲其成，或坐修而立望其效，故爲者如牛毛，獲者麟角也。』」案：蔣子萬機論：「學如牛毛，成如麟角。」抱朴之言本此 。

三尸

抱朴子微旨篇：「身中有三尸，每到庚申之日，輒上天白司命，道人所爲過失。又月晦之日，竈神亦上天，白人罪。狀大者奪紀，紀者，三百日也。小者奪筭，筭者，三日也。或作一日。」酉陽雜俎玉格篇：「庚申日，伏尸言人過本命日，天曹計人行。三尸一日三朝：上尸青姑，伐人眼；中尸白姑，伐人五臟；下尸血姑，伐人胃。命亦曰玄靈。」又曰：「一居頭中，令人多思欲，好車馬，其色黑；一居人腹，令人好食飲，恚怒，其色青；一居人足，令人好色，喜煞。七守庚申，三尸滅；三守庚申，三尸伏。」案：玉函秘典：「上尸彭琚，小名阿呵；中尸彭瓆，小名作子；下尸彭蹻，小名季細。每庚申夜，伺人昏睡，陳其過惡於上帝，減人祿命。故道家遇是夕，輒不睡臥。時左手撫心，呼三尸名，令不敢爲害。」柳子厚有罵尸蟲文，溫飛卿詩「月移松影守庚申」，蘇東坡詩「契虛直欲仇三彭」，蓋用此也。契虛，見太平廣記。

杜宇天墮

抱朴子釋滯篇：「女媧地出，杜宇今本作「壯穿」，非。天墮。」案：蜀王本紀曰：「望帝使臣鼈靈治水，去後，望帝與其妻通，慚愧，且以德薄不及鼈靈，乃委國授之，去。望帝去時，子規鳴，故蜀人悲子規鳴而思望帝。望帝，杜宇也，從天墮。」抱朴之語蓋本諸此。山海經：「有國名曰淑士，顓頊之子。有神十人，名曰女媧之腸，化爲神，處栗廣之野。」「女媧地出」，蓋用此也。

秋水

漢書王襃傳：「太子喜襃所爲甘泉及洞簫頌，令後宮貴人左右皆誦讀之。」按：張端義貴耳錄：眞廟宴近臣，語及莊子，忽命「秋水」至，則翠鬟綠衣一小女童，誦秋水一篇，聞者竦立。此尤奇也。又蜀志：「劉炎侍婢數十，悉教誦魯靈光殿賦。」

黑牡丹

雲溪友議：「崔涯、張祜齊名，每題詩唱肆，譽之則車馬盈門，毀之則杯盤失錯。嘲李端端云：『黃昏不語不知行，鼻似煙牕耳似鐺。愛把象牙梳掠鬢，崑崙頂上月初生。』端往求之，乃更贈曰：『覓得驊騮被繡鞍，善和坊裏取端端。揚州近日無雙價，一朵能行白牡丹。』於是賓客競臻其戶。或曰：李家娘子纔出墨池，便登雪嶺，何其一日黑白不均？」按：開元天寶遺事：「京師春遊，以觀牡丹爲勝賞。劉訓邀客賞花，乃繫水牛數百在前，指曰：『此劉氏黑牡丹也。』」以白比妓女則韻，以黑比水牛，則不韻矣！

白鳥

金樓子：「白鳥，蚊也。齊桓公臥於柏寢，謂仲父曰：『吾國富民殷，無餘憂矣！一物失所，寡人猶爲之悒悒。今白鳥營營，飢而未飽，寡人憂之。』因開翠紗之幬，進蚊子焉。其蚊有知禮者，不食公之肉而退；其蚊有知足者，噍公而退；其蚊有不知足者，遂長嘘短吸而食之。及其飽也，腹腸爲之破潰。公曰：『嗟乎！民生亦猶是。』乃宣下齊國，修止足之鑒，節民玉食，節民錦衣，齊國大化。」案：夏小正：「丹鳥羞白鳥。」傳曰：「丹鳥者，謂丹良也；白鳥者，謂蚊蚋也。」杜少陵詩：「江湖多白鳥，天地足青蠅。」蓋亦指蚊蚋而言也。

凡虫

金樓子：「世人有忿者，題其門爲『鳳』字，彼不覺，大以爲欣，而意在『凡鳥』也。有寄檳榔與家人者，題爲『合』字，蓋人一口也。人有罵奴而命『風』者，『凡虫』也。」案：世說新語簡傲：「嵇康與呂安善，每一相思，千里命駕。安後來，值康不在，喜字公穆，康兄也。出戶延之，不入，題門上作『鳳』字而去。喜不覺，猶以爲忻。故作『鳳』字，『凡鳥』也。」許慎說文：「鳳，神鳥也。從鳥，凡聲。」又捷悟：「人餉魏武一桮酪，魏武噉少許，蓋頭上，題『合』字以示衆，衆莫能解。次至楊修，修便噉，曰：『公教人噉一口也。』」此作「檳榔」〔一〕，小異。惟「凡虫」一條，不知其何所本耳。

長沮桀溺

金樓子立言篇：「長沮浴，桀溺問焉：『今日浴佳耶？』曰：『佳。』長沮曰：『浴須浴其內，然後其表。五臟六腑，尚有未潔，四肢八體，何爲者耶？夫浴者，將使表裏潔也。內苟含瑕，何遽浴

〔一〕檳榔，底本作「檳梆」，形近致誤，今據文義改。

耶？』」按：此條可補高士傳之缺。

周旦

金樓子立言篇：「殷洪遠云：『周旦腹中，有三斗爛腸。』」按：「旦」字，疑是「伯仁」二字之訛。殷此言，蓋譏伯仁之嗜酒也。「旦」，一作「恒」，亦訛字。

鳥工龍工

金樓子后妃篇：「有虞二妃者，帝堯之二女也。長曰娥皇，次曰女英。瞽瞍使舜塗廩，舜歸告二女：『父母使我塗廩，我其往。』二女曰：『衣鳥工往。』舜既治廩，瞽瞍焚廩，舜飛去。舜入朝，瞽瞍使舜浚井，舜告二女，二女曰：『往哉！衣龍工往。』舜往浚井，石隕於上，舜潛出其旁。」又梁武帝通史云：「瞽瞍使舜滌廩，舜告堯二女，女曰：『時其焚汝，鵲汝衣裳，鳥工往。』舜既登廩，得免去。舜穿井，又告二女，女曰：『去汝裳衣，龍工往。』入井，瞽瞍與象下土實井，舜從他井出去。」疑皇甫謐帝皇世紀中有之，今不可考矣。

奏對

金樓子自序篇：「余性不耐奏對，原注：案：此下疑有脫文。侍姬應有二三百人，並賜將士。」案：此非脱文，謂不好奏音樂、對美人也。其義甚明。

日給藤子

尚書故實：「王内史書帖中，有與蜀郡守朱不記名。書，求櫻桃、來禽、日給、藤子。」來禽，言味甘，來衆禽也。俗作林擒。又云：「胡桃種已成矣！」按：齊民要術：「簡子藤，生緣樹木，實如梨，赤如雞冠，核如魚鱗。取生食之，淡泊甘苦。」藤子，即簡子藤也。惟日給不可考。廣志曰：「日及，木槿也。」豈「日給」即「日及」耶？

薺菜詩

郭湜高力士傳：「力士長，流巫州。於園中見薺菜，土人不解喫，便賦詩曰：『兩京稱斤買，五溪無人採。夷、夏雖有殊，氣味應不改。』使拾之爲羹，甚美。」或以此詩爲詠笱者，非也。

群書札記卷十

曾子七十乃學

顔氏家訓勉學篇：「曾子七十乃學，名聞天下。注：「未詳」。荀卿五十始來遊學，猶爲碩儒；公孫弘四十餘方讀春秋，以此遂登丞相；朱雲亦四十始學易、論語，皇甫謐二十，始授孝經、論語，皆終成大儒：此並早述而晚寤也。」案：大戴禮曾子立事篇：「三十、四十之間而無藝，即無藝矣！五十而不以善聞，則不聞矣！七十而無德，雖有微過，亦可以勉矣！其少不諷誦，其壯不論議，其老不教誨，亦可謂無業之人矣！」之推正用此語。是文章活用之法，不必刻舟以求也。宋景文筆記：「曾子七十，文學始就，乃能著書。孔子曰：『參也魯。』蓋少時止以孝顯，未如晚節之該洽也。」則癡人說夢矣！

寡妻誨諭

顔氏家訓序致篇：「止凡人之鬥鬩，則堯、舜之道，不如寡妻之誨諭。」案：吴越春秋：「專諸者，堂邑人也。伍胥之亡楚如吴，時遇之於途。專諸方與人鬥，將就敵，其怒有萬人之氣，甚不可當。其妻一呼，即還。子胥怪而問其狀：『何夫子之怒盛也？聞一女子之聲，而折還，寧有說乎？』專諸曰：『子視吾之儀，寧類愚者也，何言之鄙也？夫屈一人之下，必伸萬人之上。』」之推正用此語。趙氏失注，今補之。

同轅觀罪

顏氏家訓勉學篇：「但知抱令守律，早刑晚捨〔一〕，便云我能平獄；不知同轅觀罪，趙註：未詳。分劍追財〔二〕，見風俗通。假言而姦露，見魏書李崇傳。不問而情得見晉書陸雲傳。之察也。」案：左傳成公十七年：「郤犨與長漁矯爭田，執而梏之，與其父母妻子同一轅。」杜注：「繫之車轅。」之推之句本此。然此事，非明察類不解，之推何以用之？抑或別有所本耶？

晦歌朔哭

顏氏家訓風操篇：「陰陽說云：『辰爲水墓，又爲土墓，故不得哭。』」王充論衡云：「辰日不哭，哭必重喪。」道書又曰：「晦歌朔哭，皆當有罪，天奪其算。」注：道書，道家之法書。案：抱朴子微旨篇：「或問：欲修長生之道，何所禁忌？抱朴子曰：按易內戒及赤松子經及河圖記、命符，皆云天地有司過之神，隨人所犯輕重，以奪其算。大者奪紀，紀者，三百日也。小者奪算，算者，三日也。或作「一日」。若乃越井跨竈，晦歌朔哭，凡有一事，輒是一罪。隨事輕重，司命奪其算紀。」此道書之說也。

〔一〕晚，底本作「時」，今據中華書局本顏氏家訓集解改。

〔二〕財，底本作「則」，今據中華書局本顏氏家訓集解改。

蹲鴟

顏氏家訓勉學篇：「江南有一權貴，讀誤本蜀都賦注，解『蹲鴟，芋也』，乃爲『羊』字。人饋羊肉，答書云：『損惠蹲鴟。』舉朝驚駭，不解字義。久後尋跡，方知如此。」又伊世珍瑯嬛記：「張九齡知蕭炅不學，相調謔。一日送芋，書稱『蹲鴟』。蕭答云：『損芋拜嘉，惟蹲鴟未至耳！然僕家多怪，亦不願見此惡鳥也。』九齡以書示客，滿坐大笑。」案：史記貨殖傳：「卓氏曰：『吾聞汶山之下沃野，下有蹲鴟，至死不飢。』」注：「徐廣曰：古『蹲』字，作『踆騆』。」案：漢書音義曰：「水鄉多鴟，其山下有沃野灌溉，一曰大芋。」則蹲鴟原有別解，第二子之不學，則眞可哂耳！李善文選注：「蹲鴟，大芋也，其形類蹲鴟。」

矛戟毀干櫓

顏氏家訓名實篇：「吾見世人清名登而金貝入，信譽顯而然諾虧，後之矛戟，毀前之干櫓也。」

案：韓非子難勢篇：「客曰：人有鬻矛與楯者，譽其楯之堅，物莫能陷也。俄又譽其矛曰：吾矛之利物，無不陷也。有人應之曰：以子之矛，陷子之楯，何如？其人弗能應也。」以爲不可陷之楯，與無不陷之矛，爲名不可兩立也。之推之語本此。趙氏失注。說文解字：「櫓，大盾也。」

顏淵不舍

顏氏家訓文章篇：「昔者邑號朝歌，顏淵不舍；里名勝母，曾子斂襟。」趙注：「漢書鄒陽傳：『里名勝母，曾子不入；邑號朝歌，墨子迴車。』」案：此文不同，蓋各有所本。案：論語撰考讖曰：「邑名朝歌，顏子不舍，七十弟子掩目，宰予獨顧，由蹷墮車。」宋均曰：「子路患宰予顧視凶地，故以足蹷之。」之推蓋本此也。淮南子：「墨子非樂，不入朝歌。」曹子建與吳重書：「墨子不好伎，何以過朝歌而迴車乎？」又論語撰考讖：「里名勝母，曾子斂襟。」

長流

顏氏家訓：「或問曰：『何故名治獄參軍爲長流乎？』答曰：『帝王世紀云：帝少昊崩，其神降於長流之山，於時主秋。按：周禮秋官：「司寇主刑罰。」長流之職，漢、魏捕賊掾爾。晉、宋以來，上屬司寇，故取秋帝所居爲嘉名焉。』」按：「長流」二字，切音爲「秋」，即秋官之謂也。顏氏所引，毋乃迂曲歟？考山海經：「長留之山，其神白帝，少昊居之。」世紀本此。

雞口牛後

顏氏家訓：「太史公記曰：『寧爲雞口，無爲牛後。』此是刪戰國策爾。按：延篤戰國策音義曰：『尸，雞中之主。從，牛之子。』然則『口』當爲『尸』，『後』當爲『從』，俗寫誤也。」按：「口」

與「後」叶，與漢書「寧爲秋霜，無爲檻羊」正同。若「尸」、「從」，則不叶矣！補正引正義云：「雞口雖小，乃啄食；牛後雖大，乃出糞。此蓋以惡語侵韓，故昭侯怒而從之也。」最爲得解。

孟勞

顏氏家訓勉學篇：「穀梁傳稱：公子友與莒挐相搏，左右呼曰：『孟勞。』孟勞者，魯之寶刀名。亦見廣雅。廣雅釋器：「孟勞，刀也。」近在齊時，有姜仲岳謂：孟勞者，公子左右姓孟名勞，多力之人，爲國所寶。」案：「孟勞」二字，反語爲「刀」，此左右之隱語，即當時之切音也。若姜仲岳所云，是以「刀」字訛作「力」字，眞堪資笑談之一噱也。

蜀才

顏氏家訓：「易有蜀才。注：『江南學士，遂不知是何人。』王儉四部目錄不言姓名，題云：『王弼後人。』謝炅、夏侯該並讀數千卷書，皆疑是譙周；而李蜀書，一名漢之書，云：『姓范，名長生，自蜀稱才。』南方以晉家渡江後，北間傳記，皆名爲僞書，不貴省讀，故不見也。』」按：揚子法言問明篇：「蜀莊沉冥，注：莊遵，字君平，蜀人也。晦跡不仕，故曰沉冥。蜀莊之才之珍也。」則蜀才，乃嚴君平也，豈范長生自比君平，故稱蜀才與？考唐書藝文志：「常璩華陽國志十三卷，漢之書十卷，李蜀書九卷。」則漢之書似別是一種，非李蜀書也。

兩東

顏之推觀我生賦：「指余棹於兩東。」原注：「兩東，未詳。或湘東之訛。」按：楚辭悲回風：「曾不知夏之爲丘兮，孰兩東門之可無。」「兩東」二字本此。

雪見羞

蘇東坡贈茶詩：「皓色生甌面，堪稱雪見羞。」李注：「五代劉鄩有妾，名花見羞。『雪見羞』三字本此。」按：曹唐曻劍詩：「古物神光雪見羞，未能擎出恐泉流。」東坡本此。

荷戟入秦

顏之推觀我生賦：「既銜石以填海，終荷戟以入秦。」按：揚雄別傳：「揚信，字子烏，雄第二子，幼而聰慧。雄嘗擬瓶羊觸藩，彌日不就。子烏曰：『大人何不云：荷戟入榛，九齡而與我玄文？』」蓋指此也。今作「入秦」，疑誤。

一字師

陳京葆化錄：「李建州頻與方處士干爲吟友。頻有題四皓廟詩，自言奇絕，云：『天下已歸漢，山中猶避秦。龍樓曾作客，鶴氅不爲臣。』示於干，干笑而言：『善則善已，然內有二字未穩。「作」字太粗而難换，「爲」字甚不當。干聞「率土之濱，莫非王臣」，請改作「稱」字。』頻遂拜爲一字之師。」又王保定摭言：李相讀春秋，誤以叔孫婼勑略。呼爲勑晷。有小吏曰：某緣師受，誤呼文字。今聞相公呼「婼」敕略。爲「婼」，敕晷。方悟之耳！公曰：不然。因檢釋文，果勑略反，公大慚，號小吏「一字師」。按：前一條，與齊己、鄭谷事同；後一條，與楊誠齋事同。

下九

古詩：「初七及下九，嬉戲莫相忘。」按：採蘭雜志：「九爲陽數，古人以二十九日爲上九，初九日爲中九，十九日爲下九。每月下九，置酒爲婦女之歡，名曰陽會。蓋女子陰也，待陽以成，故女子於是夜爲藏鈎諸戲，以待月明，至有忘寐而達曙者。」

鵕扶

芸窗私志：「后羿獵於巴山，獲一兔，大如驢，異之，置柙中，中途失去，柙掩如故。羿夜夢一人，冠服如王者，謂羿曰：『我鵕扶君，爲此土之神，而何辱我？我將假手於逢蒙。』是日逢蒙弑羿，而奪之位。兔曰鵕扶，自此始也。至今土人不敢獵取。」按：此條怪誕不經。然以兔爲鵕扶，則古切音之遺法也。

菩薩蠻

南部新書：「大中初，女蠻國入貢，危髻金冠，瓔珞被體，號菩薩蠻隊，遂製此曲。」朱彧可談：「樂府有菩薩蠻〔一〕，不知何物。在廣中，見呼蕃婦爲菩薩蠻，方識之。」按：北夢瑣言云：「宣宗愛唱菩薩蠻詞，令狐相國假溫飛卿新撰密進之，戒以勿洩。而遽言於人，由是疏之。溫詞十四首，載花間集，今曲是也。又李太白有菩薩蠻詞。」

青蓋黃旗

陸倕石闕銘：「青蓋南泊，黃旗東指。」善注：「司馬德操與劉恭嗣書曰：『黃旗紫氣，恒見東南。終成天下者，揚州之君乎？』」雲谷雜記：「吳書陳化使魏，魏文帝因酒酣，嘲問曰：『吳、魏峙立，誰將平一海內者乎？』舊說：『紫蓋黃旗，運旺東南。』帝心奇其辭。六朝以來，都於東南，故『黃旗』『紫蓋』之語，文士多引用之。雖皆知其爲符瑞事，而罕有究其義者。予一日讀宋書符瑞志云：『漢世術士言黃旗紫蓋，見於斗、牛之間，江東有天子氣。』胸中於是釋然。因知讀書不厭於多也。」按：鮑照河清頌：「黃旗西映，紫蓋東輝。」

〔一〕菩，底本作「苦」，今據文義改。

有虞二妃

劉向列女傳：「有虞二妃，帝堯二女也。長娥皇，次女英。舜陟方死於蒼梧，二妃死於江、湘之閒，俗謂之湘君。」博物志：「堯之二女，舜之二妃，曰湘夫人。帝崩，二妃啼，以涕揮竹，竹盡班。」水經注：「大舜之陟方也，二妃從征，溺於湘江，神遊洞庭之淵，出入瀟湘之浦。」案：竹書紀年：「帝舜三十年葬，后育于渭。」沈約附注：「后育娥皇也。」則娥皇已先舜死矣！安得有從征江、湘之事？又「娥皇」二字，合而爲「盲」、「莽」，平聲。「育」字，當是「盲」字之訛。案：水經注引地理志曰：「陳倉山有上公、明星、黄帝孫、舜妻盲冢。」則「后育」爲「后盲」之訛無疑矣！

三爲王后

列女傳：「陳女夏姬者，大夫夏徵舒之母也。其狀美好無匹，内挾技術，蓋老而復壯者。三爲王后，七爲夫人。莊王見夏姬美好，將納之，申公巫臣諫曰：『不可。』王從之。使壞後垣而出之。」顧廣圻列女傳考證：「復壯者三，當是『二』、『一』兩字誤併爾。二字屬上句讀，後世有三少之語，通未老之壯而言也。一字屬下句。藝文類聚三十五引，重『三』字，蓋亦誤改。一爲王后，謂使壞後垣而出之也。劉知幾所見本，誤與今同。故史通引云『三爲王后』，而横加駁難。至云向誤以夏姬之生，當夫戰國之世。是即七篇中，每以先後見世次而未省矣！七爲夫人。七，謂御叔、陳靈、孔儀、襄老、黑要、巫臣也。史通引再爲夫人，所見本尤誤之甚者也。或以爲再謂御叔、巫臣。」今按：襄老不容不數，其說非是。按：

劉向博極群書，而所著說苑、新序、列女等傳，時或紕繆。即如此篇「三爲王后，七爲夫人」及「壞垣而出」之語，向必有所本，不必求其人其事以實之也。至其句法，當以「者」字作句，「三」字連下句讀。今以「三」字作「二」、「一」兩字解，則眞笑話矣！劉知幾史通駁劉向列女傳已屬癡人說夢，而此又駁知幾，是夢之中，又占其夢也。西溪叢語引列女傳云：「夏姬内挾技術，蓋老而復壯者，三爲王后，七爲夫人。或云：凡九爲寡婦，當之者輒死。左氏所載當之者，已八人矣！宇文士及妝臺記序云：『春秋之初，有晉、楚之諺曰：夏姬得道，雞皮三少。』」案：「三少」者，謂少固、少壯、少老，亦少也。此如列仙傳之女丸，得養性交接之術，行之三十年，顏色更如二十時，故曰得道也。

莫難珠

莫難一作「木難」。珠，色黃，出東夷。又鄴中記：「扇之奇巧者，名莫難。」曹子建詩「明珠交玉體，珊瑚閒木難。」善注：「廣雅曰：『珊瑚，珠也。』南越志曰：『木難，金翅鳥沫所成，碧色珠也，大秦國珍之。』」

西京雜記

世以西京雜記爲吳均作，非也。考酉陽雜俎語資篇：「庾信作詩，用西京雜記事，旋自追改，曰：『此吳均語，恐不足用也。』」案：此乃子山作詩，其事用西京雜記，其語偶與吳均同，故旋自追改，曰此吳均語，恐不足用，非以西京雜記爲吳均語也。觀下文鸚鵡賦禰衡、潘尼二集，並載奕賦，曹植、左思之言正同數語可見。今考子山集，如園庭詩：「香螺酌美酒，枯蚌藉蘭肴。」案：西京雜記：「香螺巵出海南，一名丹螺。」如望月詩：「照人非七子，含風異九華。」案：西京雜記有九華扇。如詠懷詩：「輕雲飄馬足，明月動弓稍。」詠畫屏風詩：「浮雲隨走馬，明月逐彎弓。」案：西京雜記：「文帝保良馬九匹，一名浮雲。」其用西京雜記者，不勝枚舉，而曰不足用，可乎？且此書並非葛洪僞作也。如書中所云成帝好蹴踘，群臣以蹴踘爲勞體，非至尊所宜，家君作彈棋以獻。家君者，歆稱其父向也。如洪而作僞，其肯爲此言耶？

投壺

西京雜記：「武帝時，郭舍人善投壺，以竹爲矢，不用棘也。古之投壺，取中而不求還，故實小豆[一]於中，惡其矢躍而出也。郭舍人則激矢令還，一矢百餘反，謂之爲驍。言如博之掔梟於掌中，爲梟傑也。每爲武帝投壺，輒賜金帛。」案：東方朔神異經：「東王公恆與一玉女投壺，每投千二百矯。仙傳、拾遺作「梟」。設有入不出者，天爲之嚌噓。矯出而脫誤不接者，天爲之笑。」則亦以入而復反者爲中儁矣！朔之語言，蓋此類也。杜少陵詩：「能畫毛延壽，投壺郭舍人。每蒙天一笑，復似物皆春。」最爲得解。

[一] 豆，底本作「頭」，今據中華書局本西京雜記改。

匡鼎來

西京雜記：「匡衡能說詩，時人爲之語曰：『無說詩，匡鼎來。匡說詩，解人頤。』鼎，衡小名也。」前漢匡衡傳注：「服虔曰：『鼎，猶言當也。言若匡且來也。』應劭曰：『鼎，方也。』張晏曰：『匡衡少時，字鼎，長乃易字稚圭。世所傳衡與貢禹書，上言衡敬報，下言匡鼎白。知是字也。』師古曰：『服、應二說是也。張氏之說，蓋穿鑿矣！字以表德，豈人之所自稱乎？今有西京雜記者，其書淺俗，出於里巷，多有妄說。乃云匡衡小名鼎，蓋絕知者之聽。』」案：西京雜記雖集於葛洪，實出於劉歆之手。其以「鼎」爲衡小名，或有所本，未可知也。

一産二子

西京雜記：「霍將軍妻，一産二子，疑所爲兄弟。或曰：『前生爲兄，後生者爲弟。今雖俱日，亦宜以先生爲兄。』或曰：『居上者宜爲兄，居下宜爲弟。居下者，前生；今宜以前生爲弟』。霍光聞之曰：『昔殷王祖甲，一産二子，曰嚚、曰良，以卯日生嚚，以巳日生良，則以嚚爲兄，以良爲弟。若以在上者爲兄，嚚亦當爲弟。按：竹書紀年：「祖甲二十七年，命王子嚚、王子良。囂，即嚚也。」昔許釐莊公一産二女，曰妖、曰茂；楚大夫唐勒一産二子，一男一女，男曰貞夫，女曰瓊華：皆以先生爲長。近代鄭昌時、文長蒨並生二男，滕公一生二女，李黎生一男一女，並以前生者爲長。』霍氏亦以前生爲兄焉。」瑯嬛記：「李易安賀人孿生啓，中有云：『無午、未二時之分，有伯、仲兩楷之侶。既繫臂而繫足，實難弟而難兄。玉刻雙璋，錦挑對褋。』注曰：『任文二子孿生，德卿生於午，道卿生於未。張伯楷、仲楷兄弟，形狀無二；白汲兄弟，母不能辨，以五綵繩一繫于臂，一繫于足。』原注：文粹拾遺。」案：易安之博雅，固不必言。霍將軍不學無術，而亦博物洽聞如此，何也？

七出菱花鏡

西京雜記：「趙飛燕爲皇后，其女弟在昭陽殿，遺飛燕書曰：『今日嘉辰，貴姊懋膺洪冊，謹上襚三十五條，以陳踊躍之心。金華紫輪帽、金華紫羅面衣織成上襦，織成下裳，五色文綬，鴛鴦襦、鴛鴦被、鴛鴦褥、金錯繡襠、七寶綦履、五色文玉環、同心七寶釵黃金步搖、合歡圓璫、琥珀枕、龜文枕、珊瑚玦、瑪瑙彄、雲母扇、九雀扇、翠羽扇、九華扇、五明扇、雲母屏風、琉璃屏風、五層金博山香爐、迴風扇、椰葉席、同心梅、含枝李、青木香、沉水香、香螺巵、出海南，一名丹螺。九眞雄麝香、七枝鐙。』」飛燕外傳：「趙后始加大號，婕妤奏書於后，謹奏上二十六物以賀：『金屑組、文茵一鋪，沉水香、蓮心椀一面，五色同心大結一盤，鴛鴦萬金錦一匹，琉璃屏風一張，枕前不夜珠一枚，含香綠毛狸藉一鋪，通香虎皮檀象一座，龍香握魚二首，獨搖寶蓮一鋪，七出菱花鏡一奩，精金彄環四指。若亡絳綃單衣一襲，香文羅手藉三幅，七回光雄肪髮澤一盎，紫金被褥香爐三枚，文犀辟毒箸二雙，碧玉膏奩一合，使侍兒郭語瓊拜上。』后報以雲錦五色帳、沉水香玉壺。婕妤泣怨帝曰：『非姊賜，我死不知此器。』帝謝之。」案：七出菱花鏡，出飛燕外傳，或以爲出西京雜記者，誤也。埤雅：「鏡謂之菱花，以其面平，光影所成如此。」庾信鏡賦云「照壁而菱花自生」是也。

平善

芝田録：「牛奇章帥維揚，杜牧在幕中，夜多縱遊。公令街子數輩潛隨，以防不虞。後牧之以拾遺召，臨別，公以縱逸爲戒。命取一篋，皆是街子輩報帖云：杜書記平善。牧之大感服。」按：孔平仲珩璜新論：「俗所謂平善，亦有所出也。趙飛燕傳『成帝昏夜平善』是也。」

張騫槎

尚書故實：「司馬天師，名承禎，字紫微，形狀類陶隱居。玄宗謂人曰：『承禎，弘景後身也。』天降車，上有字曰：『賜司馬承禎。』尸解去日，白鶴一作「雲」。滿庭，異香鬱烈。承禎號白雲先生，故人謂車爲白雲車。至文宗朝，並張騫海槎，同取入。」又洞天集：「嚴遵仙槎，唐置之於麟德殿，長五十餘尺，聲如銅鐵，堅而不蠹。李德裕截細枝尺餘，刻爲道像，往往飛去復來。廣明以來失之，槎亦飛去。」按：乘槎事，博物志以爲海上人。荆楚歲時記以爲張騫，非實事也。此所云張騫海槎、嚴遵仙槎，不知從何處得之，當是好事者爲之耳！

磨兜鞬

酉陽雜俎廣知篇：「鄧城西百餘里〔一〕，有穀城，穀伯綏之國，城門有石人焉。刊其腹，云：『摩兜

〔一〕里，底本缺，今據中華書局本酉陽雜俎補。

鞮，摩兜鞮，慎莫言。』疑此亦同太廟金人緘口銘。」陶九成輟耕錄：「襄州穀城縣城門外，道旁石人缺剝，腹上有字，云『磨兜鞮，慎勿言』。是亦金人之流也。距縣西五十里，有石人二，相偶而立，腹上題刻，一云『己及』，一云『未叵』，不可得而詳也。原注：浮休閱目集。」案：前一條，與雜俎同；而後一條更奇。此條亦見悅生隨抄，疑是一間未達之意。

等身金

酉陽雜俎寺塔記：「長安二年，內出等身金銅像一鋪。又楚國寺寺內，有楚哀王等身金銅像。」則等身金不獨郝玼事也。又廣動植篇：「秦中多巨黑蟻，好鬥。細蟻中有黑者，遲鈍，力舉等身鐵。」則不惟有等身金，更有等身鐵矣！

瓦松

酉陽雜俎：「崔融瓦松賦序曰：『崇文館瓦松者，產於屋霤之下。謂之木也，訪山客而未詳；謂之草也，驗農皇而罕記。』賦云：『煌煌特秀，狀金芝之產霤；歷歷虛懸，若星榆之種天。葩條鬱毓，根柢連卷。間紫苔而裛露，淩碧瓦而含煙。』又曰：『慚魏宮之烏韭，恧漢殿之紅蓮。』崔公學博，無不該悉，豈不知瓦松已有著說乎？博雅：『在屋曰昔耶，在牆曰垣衣。』廣志謂之蘭香木草，瓦衣謂之屋遊，前代詞人詩中多用『昔耶』。梁簡文帝詠薔薇曰：『緣階覆碧綺，依簷映昔耶。』」案：張揖廣雅：即博雅。「昔耶，烏韭也。」賦中明用「烏韭」字，則非不知「昔耶」者矣！特不以「昔耶」為「瓦松」耳。漢殿紅蓮，未詳所出，疑即張平子西京賦所云「蒂倒茄於藻井，披紅葩之狎獵」者也。沈存中筆談：「成式以昔耶爲瓦松，殊不知昔耶乃是垣衣。瓦松自名昨葉。」則成式之駁崔公者誤矣！

月中影

酉陽雜俎天咫篇：「舊言月中有桂，有蟾蜍，故異書言月桂高五百丈，下有一人，常斫之，樹創隨合。人姓吳，名剛，西河人。學仙有過，謫令伐樹。釋氏書言須彌山南面有閻扶樹。案：此即俗所云娑婆樹也。月過，樹影入月中。或言月中蟾桂，地影也。空虛，水影也。此語差近。」按：春渚紀聞辨月中影云：「王荆公言月中彷彿有物，乃山河影也。即成式之說。至東坡先生，亦有『正如大圓鏡，寫此山河影。妄言桂兔蟇，俗說皆可屏』之句。」然尚有未盡解處。今以半鏡懸照物像，則全而見之。月未滿，則中之物像亦只半見，何也？如薳所辨，則月之影，眞有不可解者矣！

四味木

酉陽雜俎廣動植篇：「祁連山上有仙樹實，行旅得之，止飢渴，一名四味木。其實如棗，以竹刀剖，則甘；鐵刀剖，則苦；木刀剖，則酸；蘆刀剖，則辛。」考東方朔神異經：「南方大荒之中，有樹焉，名曰柤稼櫃，三千歲作華，九千歲作實，味如飴，實長九尺，圍如其長，而無瓤核。以竹刀剖之，如凝蜜，一作「如梄」。得食復見，實即滅矣。又南方大荒有樹焉，名曰如何。三百歲作華，九百歲作實，味如飴，實有核，形如棗子，或作「棘之」。長五尺，圍如長。金刀剖之，則酸；蘆刀剖之，則辛。食之者地仙。」雜俎似合兩事爲一事，又小有異同，不知其何所本也？

貝母雷丸

酉陽雜俎諾臯記：「江左有商人，左膊上有瘡，如人面，亦無他苦。商人戲滴酒口中，其面亦赤。以物食之，凡物必食，食多，覺膊内肉漲起，疑胃中也。或不食之，則一臂痺焉。有善醫者，教其歷試諸藥，金石草木悉與之。至貝母，其瘡乃聚眉閉口。商人喜曰：『此藥必治也。』因以小葦筒毀其口灌之，數日成痂，遂愈。」又續集：「張上客藝過十全，有果毅，因重病虛悸。每語，腹中輒響。詣上客請治，曰：『此病古方所無。』良久，思曰：『吾得之矣！』乃取本草，令讀之。凡歷藥名，六七不應，因據藥療之，立愈。」據劉餗傳記〔一〕：『有患應病者，問醫官蘇澄，澄言無此方。吾所撰本草，網羅天下藥，可謂周，令試讀之。其人發聲輒應，至某藥，再三無聲。過至他藥，復應如此。澄因爲方，以此藥爲主，其病遂差。」按：陳正敏遯齋閒覽云：「楊勔中年得異疾，每發語，腹中有小聲應之。久漸聲大。有道士見之，曰：『此應聲蟲也。』但讀本草，取不應者治之。讀至雷丸，不應，遂頓服數粒而愈。據此，則治應聲蟲者，雷丸也。」案：本草綱目：「李時珍曰：雷斧、雷楔，皆霹靂擊物，精氣所化。此物生土中，無苗葉，而殺蟲逐邪，猶雷之丸也。竹之餘氣所結，故曰竹苓。苓亦屎也。」古者「屎」、「苓」字通用。又曰：「雷丸大小如栗，狀如豬苓而圓，皮黑肉白，甚堅實。」

〔一〕據，底本作「按」，今據酉陽雜俎續集卷四改。

五大夫

東齋記事：「秦始皇下泰山，風雨暴至，休於樹下，因封其樹爲五大夫。初不言其爲何樹也。後漢應劭作漢官儀，始言爲松。蓋松柏在泰山之小天門，至劭時猶存，故知其爲松也。五大夫，蓋秦爵之第九級。如曹參，賜爵七大夫，遷爲五大夫是也。後人不解，遂謂松之封大夫者五。故唐人松詩有『不羨五株封』之句，蓋循襲不考之過也。」按：庾子山詩「水奠三川石，山封五樹松」，已作五株用矣！唐人蓋本此也。

吳會

魏文帝雜詩：「南行至吳會。」何義門曰：「吳會，陸務觀以爲是吳郡、會稽。按：秦至會稽郡，治吳，故曰吳會。吳朱桓傳：『除餘姚長，遷盪寇校尉，使部伍吳、會二郡，此吳會之明證也。」按：吳郡志：「世多稱吳門爲吳會，自唐已然。此殊未穩。吳本秦會稽郡，後漢分吳、會稽爲二郡，後世指二浙之地，通稱吳會，謂吳與會稽也。褚伯玉隱居剡山，齊太祖手詔吳、會二郡，以禮迎遣，此證尤切。」又植杖閒談云：「平江府州署之南，名吳會坊。」按：吳會，當是吳郡與會稽，猶言吳越也，蓋不獨謂姑蘇。今坊名吳會，未知何據而然。

蚊子樹

李肇國史補：「江東有蚊母鳥，亦謂之吐蚊鳥。夏則夜鳴，吐蚊於叢葦間，湖州尤甚。南中又有蚊子樹，實類枇杷，熟則自裂，蚊盡出，而空殼矣。」案：齊東野語：「爾雅：『鷏蟁母，一名蚊母，相傳此鳥能吐蚊。』陳藏器云：『其聲如人嘔吐，輒出蚊一二升。又端新州有鳥，類青鶂，而觜大，常於池塘捕魚。每一鳴，則蚊群出其口，亦謂之吐蚊鳥〔一〕。又謂之鷏，然以其羽爲扇，卻可辟蚊。嶺南又有蚊子木，實如枇杷，熟則自裂，蚊盡出而實空。塞北有蚊母草，其說亦然。據此，則不特有蚊子樹，更有蚊母草矣！

謝豹

老學菴筆記：「吳人謂杜宇爲謝豹。杜宇初啼時，漁人得蝦，曰謝豹蝦。市中賣筍，曰謝豹筍。唐顧況送張衛尉詩曰：『綠樹村中謝豹啼。』若非吳人，殆不知謝豹爲何物也。」瑯嬛記：「昔有人飲於錦城，謝氏其女窺而悅之，其人聞子規啼，心動，即謝去。女恨甚，後聞子規啼，則怔忡若豹鳴也。使侍女以竹枝驅之，曰：『豹，汝尚敢至此啼乎？』故名子規爲謝豹。」原注：成都舊事。案：此係桑民懌所撰，不足據也。

〔一〕鳥，底本缺，今據中華書局本齊東野語補。

雪蛆

老學菴筆記：「嘉祐雜志云：峨眉雪蛆治內熱，予至蜀，乃知此物實出茂州雪山。雪山四時常有積雪，彌遍嶺谷，蛆生其中。取雪時，並蛆取之。能蠕動，久之雪消，蛆亦消盡。」按：癸辛雜識：「西域雪山有萬古不消之雪，冬夏皆然。中有蟲如蠶，其味甘如蜜，其冷如冰，名曰冰蛆，能治積熱。郭祐之云：「冰蛆，今杭州路達魯花赤樂連木嘗爲使臣，至其處親見之。又賽尚書嘗宦於雲南，亦有毛曾帶得數條來，亦嘗見之，其大如指。」冰蛆，即雪蛆也。」又云：「李聲伯云：『凡海舟必別用大木板護其外，不然則船身必爲海蛆所食。』又鮮于伯姬云：『北方有古寺，寺中有大鐵鍋，可作數百人食。一夕，忽有聲如牛吼，曉而視之，已破矣！於鐵竅中有蟲，色皆紅，凡數百枚，猶有蠕動者。』鐵中生蟲，亦前所未聞也。」據此，則不特有冰蛆、雪蛆，更有海蛆、鐵蛆矣！

桴炭

老學菴筆記：「謝景魚家有陳無己手簡一編，有十餘帖，皆與酒務官託買浮炭，其貧可知。浮炭者，謂投之水中而浮，今人謂之桴炭，恐亦以投之水中則浮故也。白樂天詩云：『日暮半爐桴炭火。』則其語亦已久矣。又云：『北方多石炭，即今之煤也。南方多木炭。』而蜀又有竹炭，燒巨竹爲之，易然無煙，亦奇物。邛州出鐵，烹鍊利於竹炭，皆用牛車載以入城，予親見之。」據此，則石炭而外，又有竹炭矣。

龍鍾

劇談錄：「裴度微時，乘蹇驢上天津橋，有二老人語曰：『憂蔡州未平，須待此人爲相。』僕述其事，度曰：『見我龍鍾，故相戲耳！』」廣韻：「龍鍾，竹名。年老者如竹枝葉搖曳，不自禁持。」宋況梅才調集注：「按：『龍鍾』二字，有作老憊解者，有作蹭蹬解者，有作下淚解者。」杜詩云：「何太龍鍾極。」高適詩云：「龍鍾遂忝二千石。」則老憊之狀也。元載入關別妻詩云：「年來誰不似龍鍾，雖在侯門不見容。」蘇頲詩云：「龍鍾踏澗泥品彙。」注：「龍鍾，行不動貌。」述異記有龍鍾石，皆蹭蹬之狀也。王褒書云：「援筆攬紙，龍鍾橫集。」李端詩：「龍鍾相見誰能免。」及岑參詩：「雙袖龍鍾淚不乾。」則下淚之狀也。按：竹之稱龍鍾，猶筍之稱龍孫，以解人之龍鍾，謬矣！

群書札記卷十一

冬至候雲

易通卦驗謹候曰：「冬至之日，見雲送迎，從下鄉，來歲美，人民和，不疾疫；無雲送迎，德薄，歲惡。故其雲青者飢，赤者旱，黑者水，白者爲兵，黃者有土功。諸從曰無送迎，此其徵也。冬至，廣莫風至，蘭射干生，麋角解，曷旦不鳴，陽雲出箕，莖末如樹木之狀。小寒合凍，虎始交，豺祭獸，蛇垂首，曷旦入空〔一〕，倉陽雲出本，本，氐也。一作「平」，誤。南倉北黑。大寒雪降，草木多生心，鵲始巢，黑陽雲出心，南黑北黃。立春，雨水降，條風至，雉雊雞乳，冰解，楊柳椲，青陽雲出房，如積水。雨水，凍冰釋，猛風至，獺祭魚，鶬鶊一作「倉庚」。鳴，蝙蝠出。黃陽雲出亢，南黃北黑。驚蟄，雷，一作「雷」，誤。候雁一作「應」，誤。北，赤陽雲出翼。南赤北白。春分，明庶風至，雷雨行，桃始花，日月同道，正陽雲出張，如積鵠。清明，雷鳴雨下，清明風至，玄鳥來。白陽雲出，南白北黃。穀雨，田鼠爲化鴽，太陽出張，上如車蓋，下一作「不」。誤。如薄。立夏，清明風至，而暑鵠聲蜚，電見，早出龍升天。此段有誤。當陽雲出觜，紫色如珠。小滿，雀子蜚，螻蛄鳴，上陽雲出七星，赤而饒。芒種，蚯蚓出，長陽雲集，赤如，曼曼如。夏至，景風至，暑且濕，蟬鳴，螳螂生，鹿角解，木莖榮，少陰雲出，如水波崇崇。小

〔一〕旦，底本作「且」，今據文義改。

暑，雲五色出，伯勞鳴，蝦蟇無聲，黑陰雲出，南黄北黑。大暑，雨濕，半夏生，陰雲出，南赤北倉。立秋，涼風至，白露下，虎嘯，腐草爲嗌，蜻蛚鳴，濁陰雲出，南黄北黑。白露，雲氣五色〔一〕，蜻蛚上堂，鷹祭鳥，燕子去室，鳥雌雄别，黄陰雲出，南黑北黄。秋分〔二〕風涼慘，雷始收，鷙鳥擊，玄鳥歸，昌盍風至，一作「閶闔」。白陽雲出，南黄北白。寒露，霜下小，秋草死，衆鳥去，正陽雲出，如冠纓。霜降，候雁南向，豺祭獸，霜大下，草禾一作「木」。死，太陽雲出，上如羊，下如磻石。立冬，不周風至，始冰。薺麥生，賓爵入水爲蛤，陰雲出接。小雪，陰寒，熊羆入穴，雉入水爲蜃，陰雲出而黑。大雪，魚負冰，雨雪，長一作「陰」。雲出，黑如介。」按：易通卦驗所載二十四候，始於冬至，終於大雪。其所紀物候〔三〕，亦與月令諸書微有不同，其字又多訛舛，聊舉所知者改正一二，姑以俟考。

八風

易通卦驗：「東北曰條風，東方曰明庶風，東南曰清明風，南方曰景風，西南曰涼風，西方曰閶闔風，西北曰不周風，北方曰廣莫風。」案：陳叔齊籟紀：「條風一曰炎風，起自變天方土之蒼門，從東北來；明庶風，一曰谷風，起自界天開明之門，從東方來；清明風起自陽天波母之門，從東南來；景風，一曰凱風，又曰薰風，亦曰巨風，起自赤天之暑門，從南方來；涼風起自朱天編駒之白門，從西南來；閶闔

〔一〕色，底本缺，今據易通卦驗鄭氏注補。
〔二〕分，底本缺，今據易通卦驗鄭氏注補。
〔三〕候，底本作「侯」，今據文義改。

風，一曰盲風，又曰颾風，亦曰泰風，起自成天之閶闔門，從西方來；不周風，一曰麗風，起自幽天幽都之門，從西北來；廣莫風一曰寒風，又曰涼風，起自元天之寒門，從北方來。」案：西山經有不周之山，郭注云：「此山形有缺，不周匝處，因名云。」西北不周風自此山出，故名不周風也。

伯夷 叔齊

汲冢書：「武王十三年，率虎賁三千人渡河，伯夷、叔齊扣馬而諫，武王不聽。去，隱於首陽山。或告伯夷曰：『胤子在邶，父師在夷奄，孤竹以君之以夾煽王燼，商可復也，子其勉之！』伯夷、叔齊曰：『此非吾事也。』曰：『然則扣馬而諫何爲』？曰：『爲萬世之君臣也。』曰：『然則今何爲？』曰：『有死耳！』曰：『有死而何以采薇爲？天下，周之天下，則山亦周山也，薇亦周薇也。采薇而食，無乃欲死而求生乎？』遂餓而死。」案：此汲冢書逸篇，與逸周書異。古史考：「伯夷、叔齊者，殷之末世，孤竹君之二子也。隱於首陽山，采薇而食之。野有婦人謂之曰：『子義不食周粟，此亦周之草木也。』於是餓死。」皇侃論語義疏：「夷、齊是孤竹君之二子也，兄弟讓國，遂入隱於首陽之山。武王伐紂，夷、齊扣武王馬，諫曰：『爲臣伐君，豈得忠乎？横尸不葬，豈得孝乎？』武王左右欲殺之。太公曰：『此孤竹君之子，兄弟讓國，大王二字疑誤。不能制也，隱於首陽山，合方立義，不可殺是賢人。』即止也。夷、齊反首陽山，責身不食周粟，唯食草木而已。後遼西令支縣祐家白張石虎往蒲阪採材，謂夷、齊曰：『汝不食周粟，何食周草木？』夷、齊聞言，即遂不食，七日餓死。」列士傳：「孤竹君薨，伯夷長子，當立，乃讓與弟叔齊，不受，乃讓與異母弟伯僚，夷、齊皆如周。值文王薨，武王伐紂，夷、齊不從，遂去隱於首陽山，不食周粟，採薇而食。時王摩子入山，難之曰：『君不食周粟，而隱周山，食周薇，奈何？』二人遂不食薇。經七日，天遣白鹿乳之。得數日，夷、齊私念：『此鹿肉，食之必美。』鹿知其意，不復來，二子遂餓而死。」案：汲冢書所載，頗爲近理，餘皆無稽之談，不足信也。

在子

逸周書王會解：「良夷在子。在子弊身人首，脂其腹，炙之霍，則鳴，曰在子。」王本作「弊」，亦疑云。又「霍」，作「藿」，云「豆葉」。案：容齋續筆：「良夷在子，獸名。弊身人首，脂其腹，炙之藿，則鳴。」王本從此。然「弊」字，疑是「鼈」字之訛。按：酉陽雜俎作「鼈」。

盜泉

鹽鐵論：「孔子不飲盜泉之流，曾子不入勝母之閭。」注：「叢談曰：『邑名勝母，曾子不入；水名盜泉，孔子不飲：醜其聲也。』」按：尸子曰：「孔子至於勝母，暮矣而不宿；過於盜泉，渴矣而不飲：惡其名也。」又淮南子云：「曾子立孝，不過勝母之閭。」又云：「曾子立廉，不飲盜泉，所謂養志也。」

齒如編貝

韓詩外傳：「齊王厚送女，欲妻屠牛吐，屠牛吐辭以疾。共友曰：『子終死腥臭之肆而已乎？何爲辭之？』吐應之曰：『其女醜。』其友後見之，果醜。傳曰：目如擗杏，齒如編貝。」案：莊子盜跖篇：「將軍身長八尺二寸，面目有光，唇如激丹，齒如齊貝，音中黄鐘。」漢書東方朔傳：「臣朔年二十二，長九尺三寸，目若懸珠，齒如編貝。」宋玉登徒子好色賦：「臣東家之子，眉如翠羽，肌如白雪，腰如束素，齒如編貝。」李善注：「貝，海螺，其色白，皆言其齒之美也。」以比醜女，則儗之不倫矣。後讀陸佃埤雅，其引韓詩外傳，則曰「齒如編蠻」。始知「編貝」二字，乃「編蠻」之訛。校書者不知，而悮改之耳！

飲羽

韓詩外傳：「昔者楚熊渠子夜行，見寢石，以爲伏虎，彎弓而射之，沒金飲羽。下視，知其爲石。」漢書李廣傳：「廣出獵，見草中石，以爲虎而射之，中石沒矢。視之，石也。他日射之，終不能入矣！」此與熊渠子事正同。又闞子：「宋景公使工人爲弓，九年乃成。公曰：『何其遲也？』工人對曰：『臣不復見君矣！臣之精盡於此弓矣！』獻弓而歸，三日而死。景公登虎圈之臺，援弓東面而射之，矢踰於西霜山，集於彭城之東。其餘力益勁，猶飲羽於石梁。」此又一飲羽事也。

異姓

大戴禮衛將軍文子篇：「一日三復，白圭之玷，是南宫縚之行也。夫子信其仁，以爲異姓。」盧注：「謂以兄之子妻之也。家語以爲異士，言殊異之士，似妄也。」按：「異姓」二字，切音爲「倩」。

考揚子方言：「東齊之閒，壻謂之倩。」則異姓者，壻也。周制：同姓不通婚姻，則異姓通婚姻矣！以認異姓，謂爲壻也，此其義也。說文解字：「壻從士，胥聲。」徐鉉注：「胥有才智之稱。」按：「士異」二字，切音爲「壻」，則異士者，壻也。胥有才智，則王注以爲殊異之士，其義未始不通，不必以此而笑彼也。又方言注：「俗呼女壻爲卒便。」按：「卒便」二字，切音爲「倩」。倩者，壻也。則「七政」切之「倩」，又與「倉甸」切之「倩」通矣。說文解字：「倩，男子之美稱，若草木之蔥蒨也。」謂婿爲倩，此其義也。

萬流屋

嵇康高士傳：「孔子問項槖曰：『居何在？』曰：『萬流屋是也。』」注曰：「言與萬物同流匹也。」顏延之詩：「庶士傾風，萬流仰鏡。」本此。

二女

山海經：「洞庭之山，帝之二女居之。」郭注：「天帝之二女，而處江爲神，即列仙傳江妃二女也。離騷、九歌所謂湘夫人稱帝子者是也。」而河圖玉版曰：「湘夫人，帝堯女也。秦始皇浮江，至湘山，逢大風，而問博士：『湘君何神？』博士曰：『聞之堯二女，舜妃也，死而葬此。』」列女傳曰：「二女死于江、湘之閒，俗謂爲湘君。」鄭司農亦以舜妃爲湘君，說者皆以舜陟方而死，二妃從之，俱溺死於湘江，遂號爲湘夫人。按：九歌，湘君、湘夫人自是二神。江、湘之有夫人，猶河、洛之有宓妃也，安得謂之堯女？且既謂之堯女，安得復總云湘君哉？韓退之黄降陵廟碑云：「離騷、九歌，既有湘君，又有湘夫人，王逸之解以爲湘君者，自其水神而謂。湘夫人，乃二妃也，從舜南征三苗，不及，道死沅、湘之閒。郭璞疑二女者，帝舜之後，不當降小水爲其夫人，因以二女爲天帝之女。以余考之，璞與王逸俱失也。堯之長女娥皇，爲舜正妃，故曰君；其二女女英，自宜降曰夫人也。故九歌辭謂娥皇爲君，謂女英帝子，各以其盛者推言之也。禮有小君君母，明其正自得稱君也。」黄伯思〔一〕東觀餘論云：「山海經凡言『帝』者，皆謂天帝。如所謂『帝之密都』、『帝之下都』、『帝之平圃』與『帝之二女』，皆謂天帝也。至言帝俊、帝顓，則各兼稱其號，不但曰帝也。」其論二女一篇，最爲詳確。退之難之，非也。

孺

山海經：「東海之外大壑，少昊之國，少昊孺。注：孺義未詳。帝顓頊於此棄其琴瑟。」按：説文解字：「孺，乳子也。從子，需聲。」

帝俊

山海經：「大荒之中，有中容之國，帝俊生中容。」郭注：「俊，亦舜字假借音也。」按：大荒東經云：「帝俊妻娥皇，生此三身之國，姚姓。」娥皇，舜妃；姚，舜姓也。故景純以帝俊爲帝舜，不知山海經所云帝

〔一〕思，底本作「世」，今據文義改。

俊生晏龍，生黑齒，生季釐，生后稷，郭注：「『俊』宜爲『嚳』。嚳第二妃生后稷也。」生禺號者，皆帝嚳也。其云「帝舜生戲，生無淫」者，乃舜也。考帝王世紀：「帝嚳，高辛氏 少昊之孫，蟜極之子。生而神靈，自言其名曰夋。」則帝俊之爲帝嚳也明矣！或疑帝俊妻娥皇，俊當作舜。然海內經又云：「帝俊生三身，三身生義均。義均是始爲巧倕，是始作下民百巧。」則又不合。疑娥皇乃常儀之訛耳。

忖留神

水經注：「渭水石柱橋，舊有忖留神象。此神嘗與魯班語，班令其人出，忖留曰：『我貌獰醜，卿善圖物容，我不能出。』班於是拱手與言曰：『出頭見我。』忖留乃出首，班於是以腳畫地，忖留覺之，便還沒水。故置其象於水，惟背以上立水上。橋廣三丈六尺，忖留之象，曹公乘馬見之，驚，又命下之。」考三齊略記曰：「始皇於海中作石橋，海神爲之豎柱，始皇求于相見，神曰：『我形醜，莫圖我形，當與帝相見。』乃入海四十里，見海神，左右莫動手，工人潛以腳畫其狀。神怒曰：『帝負約，速去。』始皇轉馬還，前腳猶立，後腳隨崩，僅得登岸，畫者溺死於海，衆山之石皆傾注，今猶岌岌。東越疑即是也。」謂大碣石山。此與上條相類，必有傅會其說者，姑並存以俟考。

津逮

酈道元水經注：「河北有層山，山甚靈秀。懸巖之中，多石室焉！室中若有積卷矣，而世士罕有津逮一作達，非。者，因謂之積書巖。」毛子晉集祕書，名曰津逮，蓋取諸此。

索郎

水經注：「河東郡民有姓劉名墮者，洛陽伽藍記作劉白墮。宿擅工釀，採挹河流，醞成芳酎，懸食同枯枝之年，排於桑落之辰，故酒得其名矣。然香醑之色，清白若滫漿焉。方土之上選，最佳酌矣。自王公庶友，牽拂相招者，每云：『索郎有顧，思同旅語。』索郎，反語爲桑落也。」案：「索郎」之爲「桑落」，乃切音之至妙者，詳見前條。

三天子都

山海經：「廬江出三天子都，入江彭澤西。」郭注：「彭澤，今彭蠡也，在尋陽彭澤縣，一曰天子障。」張氏土地記曰：「東陽永康縣南四里，有石城山，上有小石城，云黃帝曾遊此，三天子都也。」毛晃禹貢指南：「所謂三天子都者，蓋古三苗國也。其水自彭澤西入江。是其地在彭蠡西，洞庭東，自南面北言之，則洞庭在其左，彭蠡在其右，所謂左洞庭，右彭蠡，負固不服，自稱天子，故其民呼爲三天子都也。」按：象封有庳，亦稱鼻天子。則毛氏之說近是。若張氏所云，於地理之學疏矣！

桑陰

庾子山夫子見程生讚：「程生夫子，一遇相知。薄言傾蓋，桑陰遂移。」按：劉子知人篇：「堯之知舜，不違桑陰；文王之知呂望，不以永日。」

藁砧

古樂府：「藁砧今何在，山上復有山。何當大刀頭，破鏡飛上天。」解云：「藁砧，砆也，謂夫也。山上有山，出也。大刀頭，刀上鐶也。破鏡，半月也。言半月當還也。」案：藁砧，農家搗草石也。「藁砧」二字，切音爲「天」。讀如今之「鐵因」反。婦人以夫爲天，故以藁砧隱「夫」字也。舊解非是。

花花葉葉

宋子侯董嬌嬈詩：「花花自相對，葉葉自相當。」案：容齋四筆：「行行相值，莖莖相望，枝枝相準，葉葉相向，華華相順，實實相當。」此無量壽經所言天宮寶樹，非塵世所有也。古詩似本諸此。

妃呼豨

古樂府：「有所思，乃在大海南。何用問遺君，雙珠玳瑁簪，用玉紹繚之。聞君有他心，拉雜摧燒之。摧燒之，當風揚其灰。從今已往，勿復相思。相思與君絕，鳴雞狗吠，兄嫂當知之。妃呼豨！秋風肅肅晨風颸，東方須臾高知之。」案：「妃呼豨」三字，大約如東方朔傳「伊優亞」、「狋吽牙」之類，然究不知爲何語也。

葳蕤籥

古樂府烏夜啼：「籠窗窗不開，蕩戶戶不動。歡下葳蕤籥，交儂那得住。」楊升菴集録異記：「萎蕤鎖金鏤相連，屈伸在人。」顧況詩「春樓不閉萎蕤鎖，緑水迴通宛轉橋」，蓋用此也。

博山鑪

古樂府楊叛兒：「暫出白門前，楊柳可藏烏。一作「鴉」。歡作沉水香，儂作博山鑪。」亦見讀曲歌。李太白詩：「博山鑪中沉香火，雙煙一氣淩紫霞。」蓋本此也。案：博山鑪，上廣下狹，削成而四方，形象華山，故以得名。不曰華山，而曰博山者，考韓非子：「秦昭王令工施鉤，梯上華山，以節柏之心爲博箭，長八尺，棋長八寸，而勒之。」曰昭王嘗與天神博，於是故曰博山也。考古圖：「博山鑪，象海中博山，下盤貯湯，潤氣蒸香，象海之四環。」非是。

愛妾換馬

古樂府解題：「愛妾換馬，舊說淮南王所作疑淮南王即劉安也。古辭，今不傳。」案：誠齋雜記：「後魏曹彰，性倜儻。偶逢駿馬，愛之，其主所惜也。彰曰：『彰有美妾可換，惟君所擇。』馬主因指一妓，彰遂換之。馬名白鵲。故後人作愛馬換妾詩，奏之絃歌焉。」據此，則任城王事也。獨異志：「馬號曰白鶻，後人因獵，獻於文帝。」

黃鳥度青枝

鍾嶸詩品：「次有輕薄之徒，笑曹、劉爲古拙，謂鮑照羲皇上人。謝朓今古獨步，而師鮑照，終不及『日中市朝滿』；學謝朓，劣得『黃鳥度青枝』。徒自棄於高聽，無涉於文流矣！」古樂府玉堦怨，謝朓詩云：「夕殿下珠簾，流螢飛復思。長夜縫羅衣，思君此何極！」虞炎詩云：「紫藤拂花樹，黃鳥度青枝。思君一歎息，苦淚應言垂。」以謝較虞，優劣見矣！詩品所云，蓋指此也。「日中市朝滿，車馬若川流」，鮑明遠結客少年場行，見昭明文選。

扶宮

鮑明遠結客少年場行：「扶宮羅將相，夾道列王侯。」善注：「漢書曰：宣帝登長平阪，王侯迎者夾道陳也。」考三輔黃圖：「扶荔宮在上林苑中，漢武帝元鼎六年，破南越，起扶荔宮。宮以荔枝爲名。」則此所云「扶宮」者，扶荔宮也。又廟記云：「夾橫橋大道，市樓皆重屋。」今京師亦有東夾道、西夾道之名。則「夾道」、「扶宮」四字，皆本黃圖而活用之，猶杜詩「無風雲出塞，不夜月臨關」。「無風」、「不夜」，本地名，而不必作地名用也。不然，則「扶宮」二字無出處矣！

目送歸鴻

嵇叔夜贈秀才入軍詩：善注：「劉義慶集林曰：嵇熹，字公穆，舉秀才。」「目送歸鴻，手揮五絃。」又世說新語：「嵇康論畫云：『手揮〔一〕五絃易，目送歸鴻難。』」此言眞得畫家三昧。唐彦謙詩：「高樓瞪目歸鴻遠，始信嵇康欲畫難。」本此。

隨意

隋王胄詩：「庭草無人隨意緑。」蓋本庾子山蕩子賦「細草横階隨意生」也，而青出於藍矣。杜少陵詩：「見輕吹鳥毳，隨意數花鬚。」又云：「無名江上草，隨意嶺頭雲。」又云：「卻思翻玉羽，隨意點春苗。」宋人小詞：「重門不鎖相思夢，隨意繞天涯。」俱佳。

夢中不識路

沈休文別范安成詩：「夢中不識路，何以慰相思？」李善文選注：「韓非子曰：六國時，張敏與高惠二人爲友，每相思，不能得見。敏便於夢中往尋，但行至半道，即迷不知路，遂回，如此者三。」案：此事眞千古佳話，而今本韓非子無此語，豈逸篇耶？何義門引楚詞云：「曾不知路之曲也。」又曰：「魂識路之營營。」蓋亦未詳其所出矣。世説新語云：「嵇康與吕安善，每一相思，千里命駕。」庶幾近之。又唐人詩：「夢魂不怕險，飛過大江西。」是翻案語。

〔一〕揮，底本作「探」，今據中華書局世説新語改。

盈觴酒

李陵別蘇武詩：「獨有盈觴酒，與子結綢繆。」容齋隨筆：「『盈』字，惠帝諱。漢法：觸諱者有罪。不應陵敢用。東坡云後人所擬，可信也。」案：此時陵降匈奴，母弟妻子皆伏誅，家已族矣。而容齋猶以此法繩之，眞癡人說夢也。至東坡辯蘇、李之詩爲後人擬作，原非定論，不足取信。

繁星依青天

傅休奕詩：「繁星依青天，列宿自成行。」楊用修引春秋緯云：「代殷者，姬昌。日衣青光，『依』本作『衣』。衣之爲言被也，如人著衣之衣。注者不達，誤改爲依。」案：此自以「依」字爲是。用修之說，穿鑿不足信也。

殘月如新月

庚子山擬詠懷詩：「殘月如初唐人試題改「初」作「新」。月，新秋似舊秋。」紀曉嵐庚辰集云：「『殘月』有二解，一曰向曉之月，一曰望後之月。望後之說較長。唐詩：『佳人應誤拜，棲鳥反求安。』二說並用，非也。」案：曉嵐後說以初月爲生明之月，殘月爲生魄之月，頗近宋人名理。不知題既出庚子山，則其所云「殘月」，明指白月而言，非指黑月也。禪家以望前爲白月，望後爲黑月。此借用其字，而非襲其說。王鳳喈詩以殘月爲望後之月，未免好奇。而曉嵐乃從而爲之說，何也？即鄭都官「佳人」一聯，乃刻畫如字，並非兼用兩說，而以殘月爲望後之月也。曉嵐之說，毋乃過歟？

刑天舞干戚

陶淵明讀山海經十三首，其十云：「精衛銜微木，將以填滄海。形天舞干戚，原作「形夭無千歲」。猛志故常在。」曾紘曰：「余常評陶公詩，語造平淡，而寓意深遠。外若枯槁，中實敷腴，眞詩人之冠冕也。平生酷愛此作，每以世無善本爲恨。因山海經詩云『形夭無千歲，猛志固常在』，疑上下文義不相貫。遂取山海經參校。經中有云：『刑天，獸名也，口中好銜干戚而舞。』乃知此句是『刑天舞干戚』，故與『猛志固常在』相應。五字皆訛，蓋字書相近，無足怪者。因思宋宣獻言校舊書如拂幾上塵，旋拂旋生，豈欺我哉！」案：曾君此解，即強陶從我，亦自絕世聰明。第後人以之註青蓮，曾君有知，當齒冷矣！

出狩回

唐玄宗幸蜀西至劍門詩云：「劍閣橫雲峻，鑾輿出狩回。」沈確士云：「至劍門而云『出狩回』，未解。」案：此即春秋「天王狩于河陽」之意，蓋諱之也。古帝王之通經術，勝於後世儒生遠矣！又康駢劇談錄：「車駕幸蜀，行次駱谷，上謂力士曰：『吾倉皇出狩。』」云云。亦此意也。

舞干戚

李太白古風：「如何舞干戚，一使有苗平。」吳昌祺云：「『干羽』改『干戚』，本淵明『刑天舞干戚』句，沈確士因之。」考周必大二老堂詩話：「江州陶靖節集末載：宣和六年，臨溪曾紘謂靖節讀山海經其詩一篇云：『形天無千歲，猛志固常在。』疑上下文義不貫，遂按山海經有云：『刑天，獸名，口銜干戚而舞。』以此句爲『刑天舞干戚』，因筆畫相近，五字皆訛。岑穰、晁詠之撫掌稱善。予謂紘說固善，然靖節此題十三篇，大概篇指一事。如前篇終始記夸父，則此篇恐專說精衛銜木填海，無千歲之壽，而猛志常在，化去不悔。若併指刑天，似不相續。又況末句云：『徒設在昔心，良晨詎可待？』何預干戚之猛耶？後見周紫芝竹坡詩話第一卷，復襲紘意，以爲己說皆誤也。」竹坡詩話有作陶淵明詩跋尾者云云，即紘說也。案：陶詩自是「形天無千歲」，曾特據山海經以改之耳，非淵明眞本也。而謂太白本淵明句，豈非癡人說夢乎？考「干羽」二字，自尚書以外，凡子史所引，無不作「干戚」者。即淵明有此句，而謂太白本諸淵明，可乎？歸愚爲一時宗匠，其說詩之紕繆有如此者。

驅馬

王右丞出塞作頷聯云：「暮雲空磧時驅馬。」結句云：「玉靶角弓珠勒馬。」沈確士云：「兩『馬』字押腳，亦是一病。」毛西河云：「兩『馬』字，偶不檢，無礙。」案：上「馬」字，乃「雁」字之訛。鮑照詩：「秋霜曉驅雁，春雨暗成虹。」又楊衒之洛陽伽藍記有「北風驅雁，飛雪千里」之句，右丞蓋本此也。

中州

王右丞奉和聖製送朝集使歸郡詩：「祖席傾三省，褰帷向九州。」又云：「宸章類河、漢，垂象滿中州。」兩「州」字重押。案：下「州」字，乃「洲」字之訛。楚詞：「君不行兮夷猶，蹇誰留兮中洲。」爾雅：「水中可居者曰洲。」此送朝集使歸郡，與送祕書晁監還日本，大約相同。則「中洲」二字，乃切合也。

桃源西面

王摩詰訪呂逸人不遇詩起聯云：「桃源西面絕風塵，柳市南頭訪逸淪。」毛西河云〔一〕：「『西面』、『南頭』對，起初以『西』字類『面』字，誤作『面面』。」既又云：「二『面』字，將一『面』字分拆作『一向』，二字大誤。」案：唐人律詩，多用對起法，毛說甚允。別本亦有作「四面」者，皆「西」字之訛也。漢書游俠傳：「萬章，字子夏，居城西柳市，號曰『城西萬子夏』。」漢宮闕疏：「細柳倉有柳市。」王詩本此。又結句云：「閉戶著書多歲月，種松皆老作龍鱗。」西河詩話曰：「『種松皆作老龍鱗』，有云：原本是『皆老作龍鱗』，『老』在『松』，不在『鱗』。後觀唐試士詩，有謝眞人還舊山題，范傳正試卷云：『種松鱗未老。』正用摩詰此句。然老在鱗不在松，何耶？」案：此句自以原本爲允。松老，則鱗老可知。毛必據范詩以改之，無乃強作解事。

〔一〕毛西河，底本作「毛河西」，今據文義改。

不當作

孟浩然春情詩：「更道明朝不當作，相期共鬥管絃來。」毛西河云：「『不當作』，舊俱不解。張南士曰：『猶北人云「先道個不該」也。』其妙乃爾。」案：唐人社日，閨房停針線，不作組紃，謂之忌日。張籍吴楚歌詞：「庭前春鳥啄林聲，紅夾羅襦縫未成。今朝社日停針線，起向朱櫻樹下行。」則此風自唐已然矣！乃知浩然所云「明朝不當作」者，即社日停針線之謂也。張南士解，眞堪噴飯。

手綻寒衣

劉長卿送靈澈上人還越詩：「身隨敝履經殘雪，手綻寒衣入舊山。」毛西河云：「『紉』，俗本作『綻』，誤。綻，何用手耶？」案：古樂府：「新衣誰當補？故衣誰當綻？」韓退之酬崔十六少府詩：「蔬飱要同喫，破襖請來綻。」「綻」字，即作「縫綻」解，猶治亂曰「亂」、去污曰「污」之意也。毛本改「綻」作「紉」，不考古人用字之義。內則：「衣裳綻裂，紉箴請補綴。」鄭注：「綻，猶解也。」毛第據此義耳。王右丞詩「綻衣秋日裏，洗鉢古松間。」按：揚子方言：「擘楚謂之紉。」郭注：「今亦以綫貫針爲紉音「刃」。」毛本作去聲用，本此。

交風

陶淵明詩：「平疇交遠風，良苗亦懷新。」按：山海經：「洞庭之山，帝之二女居之，是常遊于江淵。澧、沅之風，交瀟、湘之淵。」「交風」二字本此。

琴心三疊

李太白廬山詩：「早服還丹無世情，琴心三疊道初成。」按：列仙傳：「涓子者，齊人也。受伯陽九仙法，著天人經四十八篇。淮南王安少得其文，不能解其旨也。其琴心三篇，有條理焉。」疑用此也。黃庭經：「琴心三疊舞胎仙。」李詩本此。

錦瑟

李商隱錦瑟詩云：「莊生曉夢迷蝴蝶，望帝春心託杜鵑。滄海月明珠有淚，藍田日暖玉生煙。」人莫曉其意。中山詩話或謂是令狐楚家青衣名者，妄也。墨莊漫錄謂瑟譜有適、怨、清、和四曲名，四句蓋形容四曲耳，差爲近之。然此實義山悼亡之作也。

石尤風　亦作「石郵」

戴叔倫詩：「無將故人酒，不及石尤風。」容齋隨筆：「石尢打頭，逆風也。」江湖紀聞：「石尤風者，傳聞爲石氏女，嫁爲尤郎婦，情好甚篤，爲商遠行，妻阻之，不從。尤出不歸，妻憶之病亡。臨亡，長歎曰：『吾恨不能阻其行，以至於此。今凡有商旅遠行，吾當作大風，爲天下婦人阻之。』自後商旅發船，值打頭逆風，則曰：『此石尤風也。』遂止不行。婦人以夫姓爲名，故曰石尤。由此觀之，古時仍有尤姓也。近有一榜人，自言有奇術，恒曰：『人能與我百錢，吾能返此風。』人有與之，風果止。後人云：乃密書『我爲石娘，喚尤郎歸也，須放我舟行』十四字，沉水中。」見瑯環記。古樂府丁督護歌：「願作石尤風，四面斷行旅。」蓋此意也。一曰：石尤，江中水蟲名。此蟲出，必有惡風。故舟人目打頭風曰石尤。

江南刺史

蘇東坡贈張子野詩：「張子野年八十五，尚聞買妾，述古令作詩。」錦里先生自笑狂，莫欺九尺鬢眉蒼。詩人老去鶯鶯在，公子歸來燕燕忙。柱下相君猶有齒，江南刺史已無腸。平生謬作安昌客，略遣彭宣到後堂。」案：孟啟本事詩：「劉尚書禹錫罷和州，爲主客郎中。集賢學士李司徒罷鎮在京，慕劉名，嘗邀至第中，厚設飲饌。酒酣，命妙妓歌以送之。劉於席上賦詩曰：『鬖鬌梳頭宮樣粧，春風一曲杜韋娘。司空見慣渾閒事，斷盡江南刺史腸。』李因以妓贈之。又李相紳鎮淮南，張郎中又新罷江南郡，李與張晏飲，必極歡醉。張嘗爲廣陵從事，有酒妓，嘗致情好，而終不果納。至是二十年，猶在席，目張悒然，如將涕下。李起更衣，張以指染酒題詞盤上，妓深曉之。李既至，張持杯不樂，李覺之，命妓歌以送酒，遂唱是詞曰：『雲雨分飛二十年，當時求夢不曾眠。今來頭白重相見，還上襄王玳瑁筵。』張醉歸，李令妓夕就張郎中。」案：「江南刺史」句，句則用劉，意則用張。註家單引劉詩，則與全首切張之意不合矣！

不道鹹

蘇東坡詠雪詩：「柳絮才高不道鹽。」案：世說新語：「謝太傅寒雪日内集，與兒女講論文義。俄而雪驟，公欣然曰：『白雪紛紛何所似？』兄子胡兒曰：胡兒，謝朗小字。『撒鹽空中差可擬。』兄女曰：兄女，道蘊。『未若柳絮因風起。』公大笑樂。」考南史張融傳：「融作海賦，以示鎮軍將軍顧覬之。覬之曰：『卿此賦實超玄虚，但恨不道鹽耳！』融即求筆注曰：『漉沙構白，熬波出素。積雪仲春，飛霜暑路。』」則「不道鹽」三字亦有出處也。

甸線

曹唐長安客舍懷蕭使君舊宴詩：「坐對玉山難甸線，細聽金石怕低迷。」用疊韻對。「甸線」二字，未詳所出。案：文選謝玄暉晚登京邑還望三山詩云：「喧鳥復春洲，雜英滿芳甸。去矣方滯淫，懷哉罷歡宴。佳期悵何許，淚下如流霰。」「霰」，亦作「線」。「甸線」二字本此。觀中閒「懷哉罷歡宴」句，知此解甚確也。唐詩鼓吹廖文炳作「迷亂」解，未確。且如廖解，當用「瞑眩」，不當用「甸線」矣。「瞑眩」，字亦同韻。嵇叔夜養生論：「夜分而坐，低迷思寢。」「低迷」二字本此。杜少陵詩：「庭樹鷄鳴淚如綫。」「綫」一作「霰」。張衡古別離曲：「鷄鳴庭樹枝，客子振衣起。別淚落如綫，相過不能止。」

硯凍

溫庭筠詠雪詩：「硯水池先凍，窗風酒易消。」案：崔實四民月令：「正月，硯冰釋，命幼童入。」小學篇章：「十一月，硯水凍，命幼童讀孝經、論語。」飛卿之詩本此。又結句云：「謝莊今病眼，無意坐通宵。」考宋書謝莊傳：「眼患五月來，便不復得夜坐。恒閉帷避風日，晝夜惛懵。」則「病眼」二字，自有出處也。

群書札記卷十二

趙李相經過

阮籍詠懷詩：「西遊咸陽中，趙、李相經過。」顔延年以爲趙飛燕、李夫人，並以善歌妙舞，幸於二帝。劉會孟謂：「安知非實有此人？不必求其誰何也。」楊用修云：「咸陽趙李，謂遊俠近幸之儔。漢書谷永傳：『小臣趙李從微賤，專寵，成帝常與微行者。』籍用趙、李事，正出此。若如顔延年說，趙飛燕、李夫人豈可言經過耶？」考漢書外戚傳：「自鴻嘉後，上稍隆於內寵。倢伃進侍者李平，平得幸，立爲倢伃。上曰：『始衛皇后亦從微起。』迺賜平姓曰衛，所謂衛倢伃也。其後趙飛燕姊弟，亦從微賤興。」又谷永傳：「成帝數爲微行，多近幸小臣，句。趙、李從微賤專寵。」則趙、李正指趙飛燕、李倢伃。其近幸小臣，或如張放、淳于長之屬。用修以小臣趙李連讀，誤矣！

花信風

唐人詩：「一百五日寒食雨，二十四番花信風。」案：花信風有二，梁元帝纂要云：「一月兩番花信，陰陽寒暖，各隨其時。但先期一日，有風雨微寒者，即是其風。花則鵝兒、木蘭、李花、瑒花、榿花、桐花、金櫻、黄芀、楝花、荷花、檳榔、蔓羅、菱花、木槿、桂花、蘆花、蘭花、蓼花、桃花、枇杷、梅花、水仙、山茶、瑞香，其名具存，然難以配四時十二月。姑存其舊，蓋通一歲言也。」荆楚歲時記云：「小寒三信：梅花、山查、水仙；大寒三信：瑞香、蘭花、山礬；立春三信，迎春、櫻桃、望春；雨水三信：菜花、杏花〔一〕、李花；驚蟄三信：桃花、棣棠、薔薇；春分三信：海棠、梨花、木蘭；清明三信：桐花、菱花、柳花；穀雨三信：牡丹、荼蘼、楝花。此後立夏矣，此小寒至立夏之侯〔二〕也。」見升庵集。

菊部頭

王阮亭題悔庵樂府云：「南苑西風御水流，殿前無復按梁州。飄零法曲人間遍，誰付當年菊部頭。」按：齊東野語：「思陵朝，掖庭有菊夫人者，善歌舞，妙音律，爲仙韶院之冠，宫中號爲菊部頭。然頗以不獲際幸爲恨，即稱疾告歸。一日，德壽按梁州曲舞，屢不稱旨。提舉官關禮知上意不樂，因從容奏曰：『此事非菊部頭不可。』上遂令宣〔三〕唤，於是再入掖庭。」阮亭蓋用此也。

明月影

小詞十六字令：「眠，韻。月影穿窗白玉錢。叶。無人弄，句。移過枕函邊。叶。」俗本訛「眠」作

〔一〕杏花，底本無，今據山西人民出版社本荆楚歲時記補。
〔二〕候，底本作「侯」，今據山西人民出版社本荆楚歲時記改。
〔三〕宣，底本作「宜」，今據中華書局本齊東野語改。

「明」，而以三字爲句，則首句失韻，而「明月影」三字，亦不能免俗矣！

纖纖玉筍

誠齋雜記：「杜牧詩云：『鈿尺裁量減四分，纖纖玉筍裹輕雲。』曰『纖纖玉筍』，似此時已纏足矣！」輟耕錄：「婦人之纏足，起於近世，前世書傳皆無所自。惟道山新聞云：『李後主宮嬪窅娘，善舞，後主令以帛繞腳，令纖小，屈作新月狀。唐鎬詩：蓮中花更好，雲裏月長新。因窅娘作也。以此知紮腳自五代方爲之。』」唐音癸籤：「從來婦人足履之制，惟晉書之五行志附見兩言，云：『男子屐方頭，婦人圓頭。』夫圓頭，適足小之用。纏足可知。」按：古樂府雙行纏曲：「新羅繡行纏，足趺如春妍。他人不言好，獨我知可憐。」又焦仲卿妻詩：「纖纖作細步，精妙世無雙。」則纏足之由來久矣！第弓足，則自窅娘始耳！韓致光詠膊子詩：「六寸膚圓光緻緻。」與牧之合。

轉蓬

曹子建詩：「轉蓬離本根，飄颻隨長風。」薛道衡詩：「轉蓬隨馬足，飛霜落劍端。」按：陳唯室步里客談：「古人多用轉蓬，竟不知何物。外祖林公使遼，見蓬花枝葉相屬，團欒在地，遇風即轉。問之，云轉蓬也。」

玉等子

遊宧紀聞：「于闐國玉，分五色：白如截肪，黃如蒸栗，黑如點漆，紅如雞冠，紫如胭脂。惟青碧一色，高下最多端。帶白色者，漿又分九色。愷和殿有玉等子，以諸色玉次第排定。凡玉至，則以等子比之，高下自見。今內帑有金等子，亦此法。」按：王逸玉部論曰：「或問玉符，曰赤如雞冠，黃如蒸栗，白如豬肪，黑如純漆。」魏文引此，作「白如截肪，黑譬純漆，赤擬雞冠，黃侔蒸栗。」一作「粟」，誤。

聽風聽水

碧雞漫志：「王建詩云：『弟子歌中留一色，聽風聽水作霓裳。』歐陽永叔詩話以不曉『聽風聽水』爲恨。蔡絛詩話云：『出唐人西域記：龜茲國王與臣庶知樂者，於大山閒聽風水聲，均節成音，後翻入中國，如伊州、甘州、涼州，皆自龜茲致。』此說近之，但不及霓裳。予謂『弟子歌中留一色』，恐是指梨園弟子，則何豫於龜茲？置之勿論可也。」按：裴硎傳奇：「貴妃侍兒張雲容，常舞霓裳於繡嶺。宮妃贈詩曰：『羅袖動香香不已，紅蕖裊裊秋煙裏。輕雲嶺上乍搖風，嫩柳池邊初拂水。』」「聽風聽水」，蓋用此也。

自平宮中

芥隱筆記：「杜詩：『自平宮中呂太一。』按：唐史有宦官呂太一，爲廣南市舶使，反。故下云：

『收兵南海于餘日。』而說詩者謂唐有自平宮，開元中中書舍人呂太一，與張嘉貞號『四優』者。又呂寧爲太一宮使，尤謬。」按：仇池筆記：「杜子美詩：『自平中宮呂太一。』世不能解其意，而妄者以爲唐有平中宮。偶讀玄宗實錄，有中官呂太一，叛於廣南。」據此，則「宮中」當作「中官」也。

天雞

謝靈運詩：「海鷗戲春岸，天雞弄和風。」南唐近事：「後主壬申歲，張佖知貢舉，試『天雞弄和風』。佖但以文選中詩句爲題，未嘗詳究。有進士白云：『爾雅翰，天雞；鶾，天雞。天雞有二〔一〕，未知孰是？』佖大驚，不能對。亟取爾雅檢之，一在釋蟲，一在釋鳥，果有二，因自失。」按：爾雅「翰天雞」注：「小蟲，黑身赤頭，一名莎雞，又曰樗雞。」又「鶾天雞」注：「鶾雞，赤羽。逸周書曰：『文鶾若彩雞。成王時，蜀人獻之。』」按：李善文選注引釋鳥，不引釋蟲，則天雞之爲鶾也明矣！

夏屋

學齋呫嗶：「詩：『夏屋渠渠。』注：『夏屋，大具也。渠渠，勤勤也。』言於我設禮食，大具以食我，其意勤勤然，初不指屋宇也。至揚子雲法言，乃云：『震風淩雨，然後知夏屋之帡幪也。』則誤以爲屋宇矣！蓋由漢人言廣夏、大廈，已差忒矣！」按：楚詞大招：「夏屋廣大，沙堂秀只。」後之稱「廣

〔一〕天雞有二，底本無，今據叢書集成初編本南唐近事補。

廈」、「大廈」者本此。學齋之言疏矣！

團欒

宋景文筆記：「孫炎作反切語，本出於俚俗常言，尚數百種。故謂『就』爲『鯽溜』。凡人不慧者，即曰『不鯽溜』；謂『團』曰『突欒』，謂『精』曰『鯽令』，謂『孔』曰『窟籠』，不可勝舉。而唐盧仝詩云：『不即溜鈍漢。』國朝林逋詩云：『團欒空遶百千回。』是不曉俚人反語。逋雖變突爲團，亦其謬也。」按：「檀欒」二字，切音爲「團」。逋詩改「團」爲「檀」，則可矣。又俞文豹唾玉集：「俗語切腳字，勃籠，蓬字；勃藍，盤字；突落，鐸字；窟陀，窠字；黠賴，壞字；骨露，錮字；屈攣，圈字；鶻盧，蒲字；突郎，唐字；突欒，團字；吃落，角字；只零，精字；不丁，臣字。即釋典所用合字。」

三百顆

後山詩話：「韋蘇州詩云：『憐君臥病思新橘，試摘才酸亦未黃。書後欲題三百顆，洞庭須待滿林霜。』余往以爲蓋用右軍帖中『贈子黃甘三百』者。比見右軍一帖云：『奉橘三百枚，霜未降，未可多得。』蘇州蓋取諸此。蘇東坡詩：『日啖荔枝三百顆，不妨長作嶺南人。』蓋用蘇州詩也。」

聽風聽水

六一詩話：「王建霓裳詞云：『弟子部中留一色，聽風聽水作霓裳。』霓裳曲，今教坊尚能作其聲，其舞則廢而不傳矣。人間又有望瀛洲、獻仙音二曲，云此其遺聲也。不知『聽風聽水』爲何事也。」按：裴硎傳奇：「張雲容，楊貴妃之侍兒也。妃甚愛惜，常令獨舞霓裳於繡嶺宫。妃贈詩曰：『羅袖動香香不已，紅蕖裊裊秋煙裏。輕雲嶺上乍搖風，嫩柳池邊初拂水。』」「聽風聽水」，蓋用此也。周密癸辛雜識：「風之吹萬不同，天籟也。作樂者當於此取則焉。所謂『聽風聽水作霓裳』近之矣。」然非王詞意也。

釜星

紫薇詩話：「汪信民嘗予和欲晴詩云：『釜星晚雜出，雨腳晨可歇。』」〔一〕按：杜少陵詩：『俄頃風定雲墨色，雨腳如麻未斷絕。』李長吉詩：『洞庭雨腳來吹笙，酒酣喝月使倒行。』『釜星』二字，未知所出。」案：齊民要術：「胡麻，宜白地種，種欲截雨腳。」「雨腳」二字本此。

人家圍橘柚

石林詩話：「頃見晁無咎舉魯直詩：『人家圍橘柚，秋色老梧桐。』張文潛云：『斜日兩竿眠犢晚，

〔一〕案：此條所言乃「雨腳」，非「釜星」，故條目應是「雨腳」，不當爲「釜星」。

春波一頃去凫寒。』皆自以爲莫能及。」案：李太白詩：「人煙寒橘柚，秋色老梧桐。」眞好句也！山谷易以兩字，點金成鐵矣！而石林贊之不容口，何也？

河豚

石林詩話：「歐陽文忠公記梅聖俞河豚詩：『春洲生荻芽，春岸飛楊花。』破題兩句，已道盡河豚好處。謂河豚出於暮春，食柳絮而肥，殆不然。今浙人食河豚，始於上元前。常州江陰最先得。方出時，一尾至直千錢；二月後，日益多，一尾纔百錢耳！柳絮時，人已不食，謂之斑子，或言其腹中生蟲，故惡之，而江西人始得食。公，吉州人，故所知者，江西事也。」案：爾雅翼：「鯸，今之河豚，其出有時，率以冬至。後來每三頭相從，號爲一部。諺云：得一部，典一袴。言烹和所用多也。今江陰得之最早，率以冬至日輒有之。故說者解易『信及豚魚』，或以爲即此物。蓋中孚十一月，冬至之卦。此魚應之而來，是信之著者也。」則石林之說良是。蘇東坡詩：「竹外桃花兩三枝，春江水暖鴨先知。蔞蒿滿地蘆芽短，正是河豚欲上時。」蓋亦用歐公語也。

一麾

石林詩話：「杜牧詩：『清時有味是無能，閒愛孤雲靜愛僧。擬把一麾江海去，樂游原上望昭陵。』此蓋不滿於當時，故末有望昭陵之句。」夢溪筆談：「今人守郡，謂之『建麾』，蓋用顔延年詩『一麾乃出守』，此誤也。延年謂『一麾』者，乃指麾之麾，非旌麾之麾也。延年阮始平詩云：『屢薦不入官，一麾乃出守』者，謂山濤薦咸爲吏部郎，三上，武帝不用。後爲荀勗一擠，遂出始平，故有此句。自杜牧為登樂遊原詩，始謬用『一麾』，自此遂爲故事。」案：「建麾」，即擁旄也。玩牧之詩用「一把」字，似亦建麾之意。而「一麾」二字，則誤矣。存中駁之良是。若建麾，則與杖節擁旄等耳。無可議也。二老堂詩話：「後人誤用一麾出守事，以爲起於杜牧之。余云：『獨把一麾江海去』，實用『旌麾』之『麾』，未必本之顔詩。後人因此二字，誤用顔詩耳。」此又回護牧之者也。

緒月

中山詩話：「永州何仙姑不飲食，無漏洩，世傳其神異。岳州天慶觀柱以震折，有倒書『謝仙火』事。仙姑云：『雷部夫婦二人，長、濶各三尺，銀色，莫不該信。』有熟於江湖閒事者，曰：『南方賈人，各以火自名，一火猶一部也。』此賈名仙刻木，記己物耳，是亦不可知也。」案：貢父此條，與余所見正同。又西溪叢語：「毗陵古寺柱間，有雷神書字一行，云：『石牀侯十三火人。』下有『緒月』二字。」「緒月」，見佛書，然竟不知爲何語也。

西施

葛常之韻語陽秋：「黄魯直詩云：『世有捧心學，取笑如東施。』梅聖俞云：『曲眉不想西家様，餒腹還如二子清。』太平寰宇記載西施事云：『施，其姓也。是時有東施家、西施家，故太白效古云：自古有秀色，西施與東隣。』而東坡代人留別詩乃云：『絳蠟燒殘玉斝飛，離歌唱徹萬行啼。他年一舸鴟夷去，應記儂家舊姓西。』似與寰宇記所言不同，豈爲韻所牽耶？」按：如常之說是與山谷詩「樂羊終愧巴西」，同一誤也。然「姓」字是「住」字之訛，昔人早已辯之。

十三樓

升庵詞品：「漢書五城十二樓，仙人居也。詩家多用之。東坡辭：『遊人都上十三樓，不羨竹西，歌吹古揚州。』用杜牧詩『婷婷嫋嫋十三餘』之句也。永樂中，晏振之金陵春夕詩：『花月春江十四樓』，人多不知其事。蓋洪武中，建來賓、重譯、清江、石城、鶴鳴、醉仙、樂民、集賢、謳歌、鼓腹、輕煙、淡粉、梅妍、柳翠十四樓於南京，以處官妓，蓋時未禁縉紳用妓也。」胡應麟續筆談：「按：坡『遊人都上十三樓』，或其地自有此名樓，坡直用，如綠衣公言之類，非故事也。『婷婷嫋嫋』之句，杜牧本詠婦人，於樓何與？楊以十三餘即爲十三樓，大可笑！十四樓語近出，是足爲詩家新料，並識之。」按：孟元老東京夢華錄：「大相國寺直至十三間樓。」此亦一十三樓也。則蘇詞之「十三樓」，必有所本矣。

衛

張表臣珊瑚鉤詩話：「呼驢曰衛，未知所本，豈衛地多驢，故云爾耶？命龜曰蔡，亦是意也。」案：猗覺寮雜記：「退之祭文：虎入廐處以我䮾去。唐韻：『驢子曰䮾。』亦見何承天纂文。則驢可名衛，亦可名䮾也。又李濟翁資暇錄：代呼驢爲衛，於文字未見。今衛地出驢，義在斯乎？或說以其有軸同「胄」。有槽，譬如衛有胄曹也，因目爲衛。」按：說文：「衛地出驢，故名驢曰衛。」或說妄也。爾雅翼曰：「晉衛玠好乘之，故以爲名。」

牛耕

宋景文筆記：「古者牛唯服車。書曰『肇牽車馬』，易曰『服牛乘馬』。漢趙過始教人用牛耕。王弼易傳曰：『牛，稼穡之資。』是不原漢始牛耕之意。」按：山海經：「后稷之孫叔均，是始作牛耕。」注：「始用牛犂也。」又聖門弟子冉耕，字伯牛；司馬牛，名犂：則牛耕之由來久矣！劉跂暇日記：「賓子野言：人言趙過始爲牛耕也。然冉耕何故字伯牛？當知牛耕其來遠矣！」按：子野名苹，即作酒譜者是也。

疏影暗香

歸田錄：「林逋梅花詩云：『疏影横斜水清淺，暗香浮動月黄昏。』評詩者謂前世詠梅者多矣，未有此句也。」按：唐人江爲詩云：「竹影横斜水清淺，桂香浮動月黄昏。」和靖易「疏」、「暗」二字，用以詠梅，遂爲千古絕唱，眞點石成金手也。

水仙

拾遺記：「屈原以忠見斥，隱於沅、湘，披蓁茹草，混同禽獸，不交世務，採柏實，以和桂膏，用養心神。被王逼逐，乃赴清冷之水。楚人思慕，謂之水仙。其神遊於天河，精靈時降湘浦，楚人爲之立祠。」越絶書：「胥死之後，王使人捐於大江口，勇士執之，乃有遺響。發憤馳騰，氣若奔馬，威淩萬物，歸神大海。彷彿之閒，音兆常在。後世稱述，蓋子胥，水仙也。」吳越春秋：「前潮水潘侯者，伍子胥也；後重水者，大夫種也。」案：晉書孫恩傳：「恩窮蹙，乃赴海自沉。妖黨及妓妾，謂之水仙。」以劇賊而稱水仙，眞可發一哂也。

瑯嬛福地

拾遺記：「張華，字茂先。挺生聰慧之德，好觀秘異圖緯之部。捃採天下遺逸，自書契之始，考驗神怪，亦世間閭里所說，造博物志四百卷，奏於武帝。帝詔詰，問：『卿才綜萬物，博識無倫，遠冠羲皇，近次夫子。然記事採言，亦多浮妄，宜更刪翦，無以冗長成文。昔夫子刪詩、書，不及鬼神幽昧之事，以言怪力亂神。今卿博物志驚所未聞，異所未見，將恐惑亂於後生，繁蕪於日月。可更芟截浮疑，分爲十卷。』即於御前賜青鐵硯，此鐵是于闐國所出，獻而鑄爲硯也。賜麟角筆，以麟角爲筆管，此遼西國所獻。側理紙萬番，此南越所獻。後人言陟里與側里相亂，南人以海苔爲紙，其理縱橫邪側，因以爲名。帝常以博物志十卷置於函中，暇日覽焉。」瑯嬛記：「張茂先博學強記，嘗爲建安從事。游于洞宮，遇一人于塗，問華曰：『君讀書幾何？』華曰：『華之未讀者，則二十年內書蓋有之也。若二十年外，則華固已盡讀之矣！』其人議論超然，華頗內服，相與驩甚。因其至一處，大石中忽然有門，引華入數步，則別是天地，宮室嵯峨。引入一室中，陳書滿架。其人曰：『此歷代史也。』又至一室，則曰：『萬國志也。』

每室各有奇書。惟一室屋宇頗高，封識甚嚴，有二犬守之。華問故，答曰：『此皆玉京、紫微、金眞、七瑛、丹書、紫字諸秘笈。』指二犬曰：『此龍也。』華歷觀諸室書，皆漢以前事，多所未聞者。如三墳、九丘、檮杌、春秋，亦皆在焉。華心樂之，欲賃住數十日。其人笑曰：『君癡矣！此豈可賃地耶？』即命小童送出。華問地名，對曰：『瑯嬛福地也。』華甫出門，忽然自閉。華回視之，但見雜草藤蘿，繞石而生；石上苔蘚亦合。初無縫隙，撫石徘徊久之，望石下拜而去。華後著博物志，多瑯嬛中所得。帝使削去，可惜也。」原注：「元觀手抄。」按：今所傳如東方朔神異經、十洲記、郭憲洞冥記，大抵皆博物志削去之餘也。

口中蝨

莊綽雞肋編：「嘗泊舟嚴州城下，有茶肆婦人少艾，鮮衣靚妝，銀艾簪花。其門戶金漆雅潔，乃取著衣鋪几上，捕蝨投口中，幾不輟手。旁人笑語，不爲羞，而視者亦不怪之。」又齊東野語：「山翁野媼，捫身得蝨，則致之口中，若將甘心焉。陳思王著論：得虱者莫不劘之齒牙，爲害身者。野老嚼虱，蓋亦自有典故，可發一笑！」按：韓非子：「邯鄲口中虱也。」則古人之嚼虱也久矣！

十眉圖

海錄碎事：「唐明皇令畫工畫十眉圖，一曰鴛鴦眉，二曰小山眉，三曰五嶽眉，四曰三峰眉，五曰垂珠眉，六曰月稜眉，又名卻月眉，七曰分梢眉，八曰涵煙眉，九曰拂雲眉，又名橫煙眉，十曰倒暈眉。」

按：清異錄：「瑩姐，平康妓也。玉淨花明，尤善梳掠，畫眉日作一樣。唐斯立戲之曰：『汝眉癖若是，可作百眉圖。當率同志，爲修眉史矣！』」

劉杙

陳其年謝友人賚石榴啟：「懸焉似瘤，既標劉杙之名；程註：「未詳。」重可論觔，亦著離斯之國。」續酉陽雜俎：「大食勿離斯國石榴，重五觔。」案：爾雅釋木：「劉，劉杙。」郭注：「劉子生山中，實如梨，酢甜核堅，出交趾。」邢疏：「劉，一名劉杙，其子可食。」陳蓋用此也。

聘錢

陳其年三芝集序：「償井公之博進，負滿十千；見穆天子傳及漢書。貸營室之聘錢，逋逾百萬。」程注：「未詳。」案：道書：「織女婚牽牛，貸天帝錢二萬，不償，帝怒，使居河東西，但一年一會。」陳句蓋本此也。

車子

陳其年貫花詞序：「簫鼓逢場，還迎車子。」按：繁欽與魏文帝牋：「頃諸鼓吹，廣求異技。時都尉薛訪車子，年始十四，能喉轉引聲，與笳同音。白上呈見，果如其言。即日故其觀試，乃知天壤之所生，誠有自然之妙物也。」陳本此，程注非。

方朔之褒

陳其年賀徐立齋新陞總憲序：「必也道隆尼父，始足當方朔之褒。」案：漢書東方朔傳：「誠得天下賢士，公卿在位，咸得其人。若周、邵爲丞相，孔丘爲御史大夫，太公爲將軍。」陳蓋用此也。

李靖編成

陳其年謝友人賚石榴啟：「李靖編成，夙號天漿之汁。」酉陽雜俎：「李衛公言：石榴甜者，謂之天漿，能已乳毒。」故陳有此句。案：唐有兩李衛公，其一則李藥師，其一則李文饒也。段柯古所引李衛公言，皆本平泉草木記，乃李文饒，非藥師也。改作「德裕編成」，則合矣！

獨居不樂

陳其年上合肥先生書：「來日大難，見古樂府。獨居不樂。」程注：「未詳。」案：漢書匈奴傳：「冒頓遺高后書曰：『陛下獨立，孤僨獨居，兩主不樂，無以自虞。同「娛」。』」陳句本此。

車箱

陳其年靈巖寺重建大殿碑：「徑轉車箱，程注：「未詳。」冠朱峰而礙日。」案：少陵望嶽詩：「車箱入谷無歸路，箭栝通天有一門。」陳句本此。

盧從事

陳其年醴泉頌：「兵欄月冷，盧從事因而賦詩。」程注：「未詳。」案：文選盧諶贈劉琨詩書云：「故吏從事中郎盧諶，謹貢詩一篇。抑不足以揄揚宏美，亦以攄其所抱而已。」陳蓋用此事也。

水仙花

類函：「謝公夢一仙女，畀水仙一束。明日，生謝夫人。長而聰慧，能吟詠。又內觀日琉：姚姥住長離橋，十一夜半大寒，夢觀星墜於地，化爲水仙花一叢，甚香美，摘食之，覺而産一女。長而令淑有文，因以名焉。觀星，即女史在天柱下，故迄今水仙名女史花，又名姚女兒。」三餘帖：「和氣旁薄，陰陽得理，則配玄榮于堂。」配玄，即今水仙花也，一名儷蘭，一曰女星，散爲配玄。

水仙王

蘇東坡詩：「水仙亦恐君歸去，故遣雙蓮一夜開。」王注：「援曰：『湖上有水仙王廟。』邦衡曰：『按圖經，廟在錢塘門外二里。』」又云：「此意自佳君不會，一杯當屬水仙王。」[一]公自注[二]：「湖上有水仙王廟。」查注：「咸淳臨安志：水仙王廟，在西湖第三橋北。西湖遊覽志餘：在孤山南麓。」又云：「不然配食水仙王，一盞寒泉薦秋菊。」馮注：「袁韶記略云：或言廣潤龍君祠，即水仙王廟。按：錢塘水仙王事，始見於蘇詩。仙之廟於湖，公時蓋無恙，後莫知廟所在。故趙夔注蘇公詩，考驗無所得，乃序夢中，諉以茫昧。使龍君之祠是，趙復奚所疑哉！」按：越絕書：「子胥死後，王使人捐於大江口，歸神大海。後世稱述，蓋子胥水仙也。」然則水仙王，子胥也，非龍君也。

蒸壺似蒸鴨

蘇東坡蜜酒歌：「脯青苔，炙青蒲，爛蒸鵝鴨乃瓠壺。」施注：「盧氏雜說：鄭餘慶召親朋官數人會食，呼左右曰：『處方廚家爛蒸去毛，勿拗折項。』諸人相顧，以爲必鵝鴨之類。良久就餐，每人前下粟飯一椀，蒸壺盧一枚。相國餐美，諸人先笑，強進而罷。」又岐亭詩：「不見盧懷慎，烝壺似烝鴨。」王注：「次公曰：『據盧氏雜說，烝壺是鄭餘慶，而先生指爲盧懷慎，豈懷慎事同此，而別有出處耶？舊注知引盧氏雜說，卻便改懷慎以證先生之句，則甚誤矣！』」查注：「按：烝壺，乃鄭餘慶事。先生偶誤用耳！」按：明皇雜錄：「盧懷慎清貞，素不營產業。常器宋璟及盧從願，見之甚喜，留連永日，命設食，有蒸豆兩甌，葉數俎而已。此外，翛然無辦。」先生蓋因此而誤引耳。

[一] 當，底本無，今據中華書局本蘇軾詩集補。
[二] 注，底本作「住」，今據中華書局本蘇軾詩集改。

合歡被

古詩：「文綵雙鴛鴦，裁爲合歡被。著以長相思，緣以結不解。」善注曰：「『著』，謂充之以絮也。『緣』，飾邊也。」按：趙德麟侯鯖録：「被中著綿，謂之長相思，綿綿之意；緣被四邊，綴以絲縷，結而不解之意。余得一古被，四邊有緣，眞此意也。」又輟耕録：「孟蜀主一錦被，其濶猶今之三幅帛，而一梭織成。被頭作二穴，若雲板樣。蓋以扣于項下，如盤領狀。兩側餘錦，則擁覆于肩。此之謂鴛衾也。」是亦一合歡被也。

龍戶馬人

韓退之詩：「衙時龍戶集，上日馬人來。」吳煙五總志：「長安有龍戶，見水即知有龍。或引出，但如鰍。」當是用此，而曷人不見於書傳，更當詳考。曾三異同話録：「馬人，乃馬援所留人種也。若龍戶，往往以爲弦戶，而無明文。」按：唐書南蠻傳：「馬留，蓋援還留不去者，才十戶，皆姓馬。俗以其寓，故號馬留人。」龍戶，疑即今之蜒戶。述異記所謂「鮫人水居如魚」者也。

水仙洞

蘇東坡王氏生子口號：「太白猶逃水仙洞，紫簫來問玉華君。」按：李冘獨異志：「秦併六國，太白星竊織女侍兒梁玉清、衛承莊，逃入衙城水（一作「小」）。仙洞，四十六日不出。天帝怒，命五嶽搜捕，太白子休每至歸位，衛承莊逃焉。玉清有子，名子休。玉清謫於北斗下，掌春，其子乃配與河伯驂乘行雨。子休每至水仙洞，耻其母淫奔之所，輒迴馭不經其處，故此地常少雨也。」東坡用此，查注引續仙傳孫思邈事，非也。按：此王氏，即朝雲生子幹兒，未期而夭者也。

群書札記卷十三

長河既已縈

楊升菴集：「古文苑王融遊仙詩：『長河既已縈，層山方可礪。』『縈』，今本誤作『榮』。解者遂謬云：『榮如草木之榮華，猶言海變桑田。』可笑不思。『縈』，縈帶也。帶河礪山，眼前事耳！」案：東方朔寶甕銘：「寶雲生於路臺，祥風起於月館。望三壺如盈尺，視入鴻如縈帶。」「縈帶」二字本此。又陸士衡詩：「高山安足凌，巨海猶縈帶。」李善文選注：「古辨異博遊曰：『衆星累累如連貝，江、河四海如衣帶。』」

紫電清霜

楊升菴集：「三國典略：蕭明與王僧辯書：『霜戈電戟，無非武庫之兵；龍甲犀渠，皆是雲臺之仗。』王子安滕王閣序正用此事。」案：此事經升菴考核，已有出處。而「孟學士」句未詳所出。考陶淵明孟府君傳：「孟嘉爲征西大將軍桓溫參軍，九月九日，溫游龍山，僚佐畢集。時有風吹君帽墮落，溫命孫盛嘲之。君歸，見嘲笑，而請筆作答，了不容思，文辭超卓。」子安所云「孟學士」，蓋指此也。惜龍山文今已不傳。「騰蛟起鳳」四字，遂無可考耳。

落霞秋水

楊升菴集：「文選褚淵碑：『風儀與秋月齊明，音徽與春雲等潤。』庾信馬射賦：『落花與芝蓋齊飛，楊柳共春旗一色。』隋長壽寺舍利碑：『浮雲共嶺松長蓋，明月與岩桂分叢。』王勃滕王閣序語本此。然王勃之語，何啻青出於藍？雖曰前無古人可也。」案：徐陵玉臺新詠序：「金星與婺女爭華，麝月共嫦娥競爽。」同此句法，而總不若子山、子安之佳。又王簡棲頭陁寺碑：「層軒延袤，上出雲霓。飛閣逶迤，下臨無地。」子安「聳翠」、「流丹」之語本此，蓋亦青出於藍者也。

千里寄鵝毛

蘇東坡詩：「且同千里寄鵝毛。」黄山谷詩：「鵝毛千里贈，所重以其人。」按：復齋漫錄云：「千里寄鵝毛，物輕人意重。鄙語也。」

芳草歇

楊升菴集：「東坡：『春事蘭珊芳草歇。』或疑『歇』字似趁韻，非也。唐劉瑤詩：『瑤草歇芳心，耿耿傳奇女。』郎玉真詩：『燕拆鶯離芳草歇。』皆有出處，一字不苟如此。」案：謝靈運遊赤石進帆海詩：「首夏猶清和，芳草亦未歇。」東坡用此，升菴似失檢也。

西施

楊升菴集：「世傳西施隨范蠡去，不見所出，只因杜牧『西子下姑蘇，一舸逐鴟夷』之句而附會也。一日讀墨子曰：『吳起之裂，其功也；西施之沉，其美也。』喜曰：『此吳亡之後，西施亦死于水，不從范蠡去之一證。』後檢修文御覽，見引吳越春秋逸篇云：『吳亡後，越浮西施於江，令隨鴟夷以終。』乃笑曰：『此事正與墨子合。』杜牧未精審，一時趁筆之過也。蓋吳既滅，即沉西施于江，浮沉也，反言耳。隨鴟夷者，子胥之譖死，西施有力焉。胥死，盛以鴟夷，今沉西施，所以報子胥之忠，故云隨鴟夷以終。范蠡去越，亦號鴟夷子，杜牧遂以子胥之鴟夷，爲范蠡之鴟夷，乃影撰此事，以墮後人於疑網也。」用修之辯可謂博矣！考姚令威西溪叢語：「吳越春秋云：『吳亡，西子被殺。』今本無此語，或即逸篇也。杜牧之詩云：『西子下姑蘇，一舸逐鴟夷。』東坡詞云：『五湖聞道，扁舟歸去，仍攜西子。』予問王性之，性之云：『西子自下姑蘇，一舸鴟夷，遂爲兩義。不可云范蠡將西子去也。』嘗疑之，別無所據。因觀唐景龍文館記宋之問分題得浣沙篇云：『越女顏如花，越王聞浣沙。國微不自寵，獻作吳宮娃。山藪半潛匿，苧蘿更蒙遮。一行霸勾踐，再笑傾夫差。艷色奪常人，效顰亦相誇。一朝還舊都，靚粧尋若耶。鳥驚入松蘿，魚畏沉荷花。始覺冶容妾，方悟群心邪。』此詩云復還會稽，又與前不同，當更詳考。」案：此條自以用修所辯爲的。至延清詩下云：「攜妾不障道，來止妾西家。」乃設言耳！不必實有其事也。若李義山詩：「西施因網得。」又云：「莫將越客千絲網，網得西施別贈人。」則更不可解矣！

古歌銅雀詞

楊升菴集：「古歌詞：『長安城西雙貝闕，上有一雙銅雀宿。一鳴五穀生，再鳴五穀熟。』今文選注所引，遺一『宿』字，遂不可韻，難讀。」案：三輔黃圖：「古歌云：『長安城西有雙闕，上有雙銅雀。一鳴五穀成，再鳴五穀熟。』」本無「宿」字，未知孰是？

命名叶韻

楊升菴集：「曾見宋小說，周有八士，姓名八人，而叶四韻。伯達、伯適，一韻也；仲突、仲忽，一韻也；叔夜、叔夏，夜音亞。一韻也；季隨、季騧，隨音馱，騧音窩。一韻也。周人尚文，於命子之閒，亦緻密不苟如此。」案：古韻支、微、齊、佳、灰、魚、虞、歌、麻、尤，十韻相通。正不如升菴說讀「隨」爲「旬禾」反，「騧」爲「烏戈」反，改音相叶也。馬融廣成頌：「魴鱮鱣鯿，鰋鯉鱨魦。樂我純德，騰躍相隨。」此其證也。升菴又引云：「蕭潁士楚蒙山詩：『尚子捐俗氛，季隨躡遐軌。』季隨，即周八士之一，蒙山有季隨事。」亦一奇聞也。

公冶長通鳥語

楊升菴集：「世傳公冶長通鳥語，不見於書。惟唐沈佺期燕詩云：『不如黃雀語，能免冶長災。』白樂天鳥鶴贈答詩序云：『余非冶長，不能通其意。』似實有其事，或在亡逸書中，如衝波傳、魯定公記之類，今無所考耳！」案：論語疏云：「舊說治長解禽語，故繫之縲絏。」以其不經，今不取也。則古固有其說矣！考葉廷珪海錄碎事：「公冶長辨鳥雀語云：『唶唶嘖嘖，白蓮水邊，有車覆粟，車脚淪泥，犢牛折角。收之不盡，相呼共啄。』人驗之，果然。」又留青日記云：「公冶長貧而閒居，無以給食。其雀飛鳴其舍，呼之曰：『公冶長，公冶長，南山有個虎馱羊，爾食肉，我食腸，當亟取之勿彷徨。』子長如其言，往取食之。及亡羊者跡之，得其角，乃以爲偷，訟之魯君，魯君不信鳥語，逮繫之獄。孔子素知之，爲之白於魯君，亦不可解也。於是歎曰：『雖在縲絏之中，非其罪也。』未幾，子長在獄舍，雀復鳴其上，呼之曰：『公冶長，公冶長，齊人出師侵我疆，沂水上，嶧山旁，當亟御之勿彷徨。』子長介獄吏白之魯君，魯君亦弗信也。姑如其言往跡之，則齊師果將及矣。急發兵應敵，遂獲大勝，因釋公冶長，而厚賜之。欲爵爲大夫，辭不受，蓋耻因禽語以得祿也。後世遂廢其學。」二說各異，蓋皆本皇侃論語疏而小異耳！

井公六博

楊升菴集：「古樂府：『井公能六博，玉女善投壺。』蓋因井星形如博局而附會之，亦詩人北斗挹酒漿之意也。」案：穆天子傳：「天子北入于邴，與井公博三日而決。」郭注：「疑井公賢人，而隱祊，故穆王就之遊戲也。」又：「天子西升于陽，過于靈，與井公博。」郭注：「穆王往反，輒從井公博遊，明其有道德人也。」明有出處，而用修乃謂井星形如博局，眞笑話矣！東方朔神異經：「東王公恒與一玉女投壺，每投，千二百矯。瑋按：仙傳拾遺「矯」字作「梟」。設有入不出者，天爲之噫噓；華曰：「歎也。」矯出而脫誤不接者，言失之。天爲之笑。」華云：「言笑者，天口流火炤灼，今天不雨，而有電光，是天笑也。」玉女投壺事本此。

逐子回

楊升菴集：「杜詩：『大家東征逐子回。』劉須溪云：『逐字不佳。』予思之，杜詩無一字無來處，所以佳。此『逐』字無來處，所以不佳也。然亦未有好字易之。近有人語予，以『將』字易之。古樂府有『十母將九雛』之句，則『將』字甚愜，當試與知音訂之。」芹考大家集，子穀爲陳留長，大家隨至官，作東征賦。賦云：「惟永初之有七兮，余隨子乎東征。」則宜以「隨」字易之。又禮：「幼從父兄，嫁從夫，夫死從子。」則宜以「從」字易之。若以「將」字，作「養」字解，而母隨子就養，則迂曲矣！案：漢書郊祀歌：「九夷賓將。」則「將」字原有「從」字、「隨」字之義。弟如升菴說，則反不妥耳。

九曲珠

楊升菴集：「小說云：『孔子得九曲珠，欲穿不得。遇二女，教以塗脂於線，使蟻通焉。』此與列子兩兒辯日事相似，言聖人亦有所不知也。珠孔本人所鑽，世豈有九曲珠乎？東坡祥符九曲觀燈詩：『金鼎轉丹光吐夜，寶珠穿線皎連宵。』陳簡齋瀑布泉詩：『九孔穿針可得過，冰蠶映日吐寒波。』皆用此事。」案：唐王奉珪明珠賦：「一丸則鶴贈於噲參，九曲乃蟻穿於夫子。」則唐人早已用之矣！穿珠事，今見衝波傳，但不知何人所作耳！考干寶搜神記：「噲參養母至孝，曾有玄鶴爲弋人所射，窮而歸參，參收養療治。其瘡愈而放。後鶴夜到門外，參執燭視之，見鶴雌雄雙至，各銜明珠以報參焉。」按：「噲參」，疑是「曾參」之訛。

麥含金

楊升菴集：「梁鴻傳載鴻詩一首：『麥含含兮方秀。』藝文類聚引之，作麥含『金』。爲是『金』與『含』相似，而衍爲二字也。」案：鴻詩「惟季春兮華阜，麥含含兮方秀。」「含含」，猶「漸漸」同「蔪」，平聲也。箕子麥秀歌：「麥秀漸漸兮，禾黍油油。」當從後漢書作「含」爲是。

盧鴻一

楊升菴集：「唐人有盧鴻一，隱於嵩山。其名鴻一者，尸子云：『鴻飛天首，高遠難明。楚人以爲鳧，越人以爲乙。鴻常一爾。』通鑒綱目：『書徵嵩山處士盧鴻爲諫議大夫，不受。』『鴻』下脫『一』字，蓋誤以鴻爲單名，而削去『一』字也。其脫誤如此。」案：舊唐書作「盧鴻一」，新唐書削去「一」字，作「盧鴻」。又大唐新語：「玄宗徵嵩山隱士盧鴻，三詔乃至。」亦無「一」字，誤蓋始此。

畢羅

楊升菴集：「朱文公刈麥詩：『霞觴幸自誇眞一，垂鉢何須問畢羅。』集韻：『饆羅，修食也。』按小說：唐宰相有櫻筍，廚食之精者有櫻桃、饆饠，今北人呼爲『波波』，南人訛爲『磨磨』。」案：「畢羅」二字，切音爲「波」，「羅畢」二字，切音爲「磨」。「波」固得矣，「磨」亦未爲失也。考李濟翁資暇集：「蕃中畢氏、羅氏好食此味，因名畢羅。」非也。酉陽雜俎：「有人夢入畢羅店。及醒，店子曰：『郎君與客食畢羅二觔，何不計直而去？』即饆饠也。」又程大昌演繁露：「俗言餛飩，是虜中渾氏、屯氏爲之。」按：方言：「餅，謂之飥，或謂之餦，或謂之餛。」其來久矣，非出於虜也。

長卿簡子

楊升菴集：「蕭子雲賦有『長卿晚翠，簡子秋紅』之句。長卿，則草中徐長卿，藥名是也。簡子，亦必草木名。取本草徧檢之，無有也。近觀齊民要術云：『簡子，藤生，緣樹木，實如梨，赤如雞冠，核如魚鱗。取生食之，淡泊甘苦乃知。』子雲引用，必此物也。」又云：「文選蜀當作「吳」。都賦：『平仲』、『君遷』，皆木名，注缺。」按：司馬溫公名苑云：「君遷子如馬妳，俗云牛妳柿是也。今之造扇，用此柿油。」可補文選注。案：文選注：「劉成曰：『平仲之木，實白如銀；君遷之樹，子如瓠形。』」非無注也。升菴似失檢耳！

銀蒜

楊升菴云：「歐陽六一倣玉臺體詩：『銀蒜鉤簾宛垂地。』東坡哨遍詞：『睡起畫堂，銀蒜珠幙雲垂地。』蔣捷白苧詞：『早是東風作惡，旋安排一雙銀蒜，鎮羅幙。』銀蒜，蓋鑄銀爲蒜形，以押簾也。元經世大典：『親王納妃，公主下降，皆有銀蒜簾押幾百雙。』」按：庾子山夢入堂內詩：「幔繩金麥穗，簾鉤銀蒜條。」歐詩蓋本此也。

隱囊

楊升菴集：「晉以後士大夫尚清談，喜晏佚，始作麈尾、隱囊之製。顔氏家訓云：『梁朝全盛之時，貴遊子弟駕長簷車，跟高齒屐，坐棊子方褥，憑班絲隱囊。』王右丞詩：『不學城東遊俠兒，隱囊紗帽坐彈棊。』」按：「隱」，倚也，如隱几之隱。隱囊，如今之靠枕。杜少陵詩：「屏開金孔雀，褥隱繡芙蓉。」亦其義也。

扁舟

楊升菴集：「或問予：『詩人多用扁舟，何處爲始？』予按：南史：『天淵池新製鯿魚舟，形甚狹。』故小舟稱扁舟。六朝詩惟王由禮有『扁舟夜向江頭泊』之句。至唐人，則多用之。」案：吳越春秋：「范蠡乃乘扁舟，出三江，入五湖，人莫知其所適。」國語：「遂乘輕舟，以浮於五湖，莫知所其終極。」「扁舟」，即輕舟也。用修以爲本作「鯿舟」，無乃鑿乎？又後漢書隗囂傳：「方望以書辭囂曰：『范蠡收責勾踐，乘扁於五湖。』」注曰：「計然云：『范蠡乘扁舟於五湖。』」

守口如瓶

楊升菴集：「無名氏偈：『群居守口，獨坐防心。』晁氏客話：富鄭公年八十，書座屏云：『守口如瓶，防意如城。』」案：癸辛雜識：「富鄭公有『守口如瓶，防意如城』之語，見梁武懺六卷，不知出本何經。」

鶯啼修竹

楊升菴集：「杜子美滕王亭詩：『春日鶯啼修竹裏，仙家犬吠白雲間。』修竹用梁孝王事；犬吠雲中，用淮南王事：人皆知之矣！予嘗怪修竹本無『鶯啼』字也。後見孫綽蘭亭詩：『鶯啼吟修竹，游鱗戲瀾濤。』乃知杜老用此也。」

季隨

楊升菴集：「蕭穎士蒙山詩：『子尚捐俗紛，季隨躡遐軌。』季隨，即周八士中一人也。蒙山有季隨隱跡事，未知所出，亦奇聞也。」按：皇甫謐高士傳：「老萊子者，楚人也，耕於蒙山之陽。或言於楚王，王於是駕至萊子之門，萊子方織畚，王曰：『守國之政，孤願煩先生。』老萊子曰：『諾！』王去，其妻樵還，曰：『子許之乎？』老萊曰：『然。』妻曰：『妾聞之：可食以酒肉者，可隨而鞭棰；可擬以官祿者，可隨而鈇。妾不能爲人所制者。』妻投其畚而去，老萊子亦隨其妻至江南而止，曰：『鳥獸之毛可績而衣，其遺粒足食也。』」按：季隨隱蒙山，事無所出。顓士所用，必此事也。然不知何以作季隨？豈別有所據耶？

勞薪

楊升菴集：「王劭奏改火疏云：『昔師曠食飯，云是勞薪所炊。晉平公使視之廚，果然車輞。』今傳以爲符朗事。」考玄晏春秋，曰：「衛倫過予，言及於味，稱魏故侍中劉子陽食餅，知鹽生精，味之至也。予曰：『師曠識勞薪，易牙別淄、澠。子陽，今之妙也，定之〔一〕何難？』倫因命僕取糗糧以進，予嘗之，曰：『麥也，有杏、李、柰味。三果之熟也不同，子焉得兼之？』倫笑而不言，退告人曰：『士安之識過劉氏。吾家果實多，故杏時將發，糅以杏汁；李、柰時將發，又糅以李、柰汁，故兼三味。』」第易牙別淄、澠，見諸子；師曠識勞薪，究不知其出何書也，俟考。路史：「師曠食知勞薪。」然亦不言其出處。

崖蜜

戴埴鼠璞：「東坡橄欖詩云：『待得微甘回齒頰，已輸崖蜜十分甜。』注引杜詩『崖蜜松花落。』本草：『崖蜜，蜂黑色，作房於巖崖高峻處。』然坡詩與『橄欖』對說，非眞蜜也。鬼谷子曰：『崖蜜，櫻

〔一〕之，底本作「子」，今據上海古籍出版社本藝文類聚改。

桃也。』予讀南海志：『崖蜜，子小而黃，殼薄味甘。』雖不知與櫻桃爲一物與否，要其類也。注坡詩者，引小說：橄欖與棗爭，棗曰：『待爾回味，我已甜了。』特坡公換崖蜜作對耳！」按：此與野客叢書皆以崖蜜作櫻桃言。考冷齋夜話：「崖蜜事，見鬼谷子，曰：『照夜青螢也，百花醲蜜也，崖蜜櫻桃也。』」按：今本鬼谷子無此語，不知冷齋所云，竟是何書也。

猗覺寮雜記云：「王立之詩話以爲崖蜜，櫻桃也，出金樓子。不知坡意正謂蜜爾。言餘甘者，甘味有餘，非果中餘甘也。立之見餘甘爲果，遂以崖蜜爲櫻桃。杜詩云：『崖蜜亦易求。』又云：『崖蜜松花熟。』皆蜂蜜之蜜也。然則崖蜜豈專是櫻桃？且櫻桃非十分甘者，又不與橄欖同時。趙與時賓退錄：『東坡又有詩云：崖蜜助甘冷，山薑發芳辛。製地黃法，當用薑與蜜，而有櫻桃，可乎？』」按：老學菴筆記：「仲殊長老，東坡爲作食蜜歌者。所食，皆蜜也。豆腐、麵觔、牛乳之類，皆漬蜜食之，客多不能下箸。〔一〕惟東坡性亦酷嗜蜜，能與之共飽。」據此，則東坡嗜蜜，乃以甜與苦對言，不必以櫻桃對橄欖也。又太平廣記：「南威，橄欖也；石蜜，櫻桃也；木蜜，棗子也。」見輟耕錄。

車渠

程大昌演繁露：「尚書大傳曰：『散宜生輩之江、淮之浦，取大貝如車渠，陳於紂庭。』然則車渠非大貝也，特貝之大者，可比車渠耳！不知車渠又何物也。車者，車也；渠者，轍跡也。孟子謂『城門之軌』者是也。」考魏文帝車渠椀賦序：「車渠，玉屬也。多纖理縟文，生於西國，其俗寶之。」中華古今

〔一〕箸，底本作「筋」，今據中華書局本老學庵筆記改。

注：「魏武帝以馬勒、車渠石爲酒椀。」按：康盛注大傳，以車渠爲車輞，此不知車渠者也。以大昌之博雅，而不識車渠，何耶？

反坫

演繁露：「反坫也者，乃是藉爵之器，兩邦君酬酢飲已，而反置爵其上，是名爲坫也。沈存中記國初人有以反坫爲屏者，沈以爲誤，爲其下文又有塞門。塞門，屏也，不應重以屏出也。按：許氏說文云：『坫，屏也。』不知許氏別有據否？亦恐許誤。」按：廣雅：「反坫，謂之垿。」逸周書：「乃位明堂，咸有四阿反坫。」孔晁注：「反坫，外向室也。」據此，則反坫自別有解，不必墨守鄭注也。存中不知爲說文而妄駁，大昌知其爲說文而過疑，皆非也。

古貝

演繁露：「唐環王傳：『出古貝。』古貝，草也。緝其花爲布，粗曰布，精曰㲲。按：今吉貝，亦緝花爲之。而『古』、『吉』二字不同，豈訛名耶？抑兩物也。」按：「古貝」二字，是「布」字之切音，以其可爲布也。「吉貝」二字，是㲲字之切音，以其可爲㲲也。書曰：「島夷卉服，厥篚織貝。」蔡傳：「卉，草也。葛，越木棉之屬。織貝，錦名，織爲貝文。詩曰『貝錦』是也。今南夷木棉之精好者，亦謂之吉貝。」據此，則木綿之來中國也久矣！

引領東望

韓退之與李拾遺書：「朝廷之士，引頸東望，若景星鳳皇，爭先覩之爲快。」又「引領西望」，見左成十三年呂相語，襄十六年穆叔語，「引領南望」，見襄廿六年蔡聲子語，楚語同；「引領北望」，見昭七年薳啓疆語。

行李

李濟翁資暇錄：「李字，除果名、地名、人姓之外，更無別訓義也。左傳：『行李之往來。』杜不研窮意理，遂注云：『行李，使人也。』遂俾今見遠行結束次第，謂之行李，而不悟是行使爾。」按：舊文「使」字，作「𡴀」，「山」下「人」，「人」下「子」。傳寫之誤，誤作「李」焉。考周語：「敵國賓至，關尹以告行理，以節逆之。」韋注：「理，吏也。行理，小行人。古字『李』與『理』通。」則「行李」，非「行使」之訛矣！杜註是，奈何駁之？方勺泊宅編云：「人將有行，必先治裝，如孟子之言治任。鄭當時之言治行，皆治裝之意。」然則「理」亦治也。今以「行李」名裝，何爲不可，則誤解矣！

律令

資暇錄：「符祝之類，末句『急急如律令』者，人皆以爲如酒飲之律，令速去，不得滯也。一說：漢朝每行下文書，皆云『如律令』，言非律非令之文，書行下，當亦如律令。故符祝之類末句，有『如律令』之言，並如之也。案：『律令』之『令』字，宜平聲讀爲『零』。律令是雷邊捷鬼，學者豈不知之？此鬼善走，與相疾速。故云如此鬼之疾走也。」按：「律令」二字，切音爲「霆」，故有雷邊捷鬼之說。不知「如律令」者，正言如霆之速耳，無取怪說也。

借書一癡

資暇錄：「借借上子亦反，下子夜反。書籍，俗曰：『借一癡，借二癡，索三癡，還四癡。』又案：玉府新書：『杜元凱遺其子書，曰：書勿借人。』古諺云：『借書一嗤，還書二嗤。』嗤，笑也。後人更生其詞至三、四，因訛爲癡。」邵氏聞見後錄：「俗語：『借與人書爲一癡，還書與人爲一癡。』予每云：此語近薄，借書、還書，理也。何癡云？後見王樂道與錢穆四書：古語『借書一瓻，還書一瓻。』因檢說文『瓻』字注云：『酒器。』古以借書，蓋俗誤以爲『瓻』也。則『癡』，固作『瓻』矣！」王楙野客叢書：「瓻，借書盛酒器也。故曾文清公還鄭侍郎通鑒詩曰：『借我以一鑒，餉公無兩瓻。』然又觀魯直詩曰：『願公借我藏書目，時送一鴟開鎖魚。』蘇養直詩曰：『休言貧病惟三篋，已辦借書無一鴟。』又曰：『去止書三篋，歸亡酒一鴟。』曰：『慚無安世書三篋，濫得揚雄酒一鴟。』則『瓻』又作『鴟』矣！」按：揚雄酒箴：「鴟夷滑稽，腹（一）大如壺。」鴟夷，酒器也，故轉「瓻」作「鴟」耳。

（一）腹，底本作「復」，今據中華書局本漢書改。

鬥身

王建江南三臺詞：「聞身強健，且爲頭白。齒落難追，準擬百年。千歲不知，幾許多時。」「聞」一作「鬥」。按：杜少陵詩：「客子鬥身強。」又牛僧孺詩：「且鬥尊前見在身。」則作「鬥」者是。

撐犂

野客叢書引緗素雜記云：「永叔代王狀元謝啓：『陸機閲史，尚靡識於撐犂；枚臯屬文，徒自成於軌軲。』沈元用啓：『讀撐犁而靡識，敢謂知書；問祈招而不知，尚慚寡學。』陸機不識撐犂事，竟不知載何書。余謂此見玄晏春秋，曰：『余讀匈奴傳，不識撐犂孤塗之事。有胡奴執燭，顧而問之，奴曰：『撐犂，天子也。言匈奴號撐犂，猶漢人稱天子也。』』然則不識撐犂者，乃皇甫謐，非陸機也。歐公謂陸機，得非別有所據乎？」按：漢書匈奴傳：「單于姓攣鞮氏，其國稱之曰『撐犂孤塗單于』。匈奴謂天爲『撐犂』，爲子爲孤塗。單于者，廣大之貌也。言其象天單于然也。」豈有士衡、士安讀史而不識者？殊不可解也。

崖蜜

野客叢書：「東坡橄欖詩曰：『待得微甘回齒頰，已輸崖蜜十分甜。』冷齋夜話謂事見鬼谷子。崖蜜，櫻桃也。漫叟漁隱諸公引本草石崖閒蜂蜜爲證。余謂坡詩爲橄欖而作，疑以櫻桃對言。世謂棗與橄欖爭，曰：

『待你回味，我已甜了。』正用此意。觀魏文帝詔曰：『南方有龍眼、荔枝，不比西園蒲萄、石蜜。』以龍眼、荔枝相對而言，此正櫻桃耳！坡詩所言，當以此爲證。」考冷齋夜話：「崖蜜事，見鬼谷子，曰：『照夜青螢也，百花釀蜜也，崖蜜，櫻桃也。』」今本鬼谷子無此語。不知冷齋所云，竟是何書也？

上巳

野客叢書：「沈約宋志謂：『舊記郭虞有三女，於三月三日俱亡，故俗忌此日，皆於東流水上祈禳祓潔。』摯虞引續齊諧記，則曰徐肇有三女云云，非郭虞也。蔡邕章句引『暮春，浴乎沂』，或者引韓詩鄭國之俗：三月上巳，於溱、洧之上，祓除不祥。束晳引周公卜邑於洛，此禮已行，故逸詩曰：『羽觴隨波。』則知上巳祓除，其來久矣！又觀漢書：『八月，祓於灞上。』故劉楨賦：『素秋二七，天漢指隅。人胥祓除，國子水嬉。』是又用七月十四日。因知漢人祓除，亦有在秋間者，不必暮春。自漢以前上巳，不必三月三日，必取巳日。自魏以後，但用三月三日，不必巳也。」按：大戴禮夏小正：「七月漢案戶。」所謂「天漢指隅」也。「素秋二七」，謂七月七日。沈約以爲七月十四日，誤矣！

髯奴

野客叢書：「魯直次炳之玉版詩韻，曰：『王侯鬚若緣坡竹。』注：『王褒髯奴詞曰：離離若緣坡之竹，鬱鬱若春田之苗。』按：古文苑所載髯奴詞，乃黃香所作，非王褒也。褒所著者，僮約耳。」考徐堅初學記：「王褒有奴，號髯奴，嘗有辭責其鬚曰：『我觀人鬚，離離若緣波之竹，鬱鬱如春田之苗。若子髯既亂且赭，枯槁禿瘁，曾不如犬羊之毛。』」又王褒僮約：「王子淵從成都女子楊惠買夫，時戶下髯奴便了。奴名。」則鬚髯奴辭，正王褒所作，不得以古文苑作黄香而駁之也。文心雕龍：「券者，束也。王褒髯奴，則券之楷也。」此亦指僮約而言。

題餻

野客叢書：「宋景文公曰：夢得嘗作九日詩，欲用餻字，思六經無此字，遂止。故景文九日詩曰：『劉郎不敢題餻字，虛負詩中一世豪。』余讀周禮疏：『羞籩之實，糗餌粉餈。』鄭箋：『今之餈餻。』安謂六經中無此字耶？」案：鄭注：「皆粉稻米、黍米所爲也。合蒸曰餌，餅之曰餈。」賈疏：「餈，今之餈糕。」「糕」字出賈疏，而云鄭箋，誤矣！方言：「餌謂之餻，或謂之餈，或謂之餎，或謂之餣，或謂之餦。」玉篇：「餈，糕也。」

餳字

野客叢書：「劉禹錫嘗曰：『詩用僻字，須有來處。』宋考功詩云：『馬上逢寒食，春來不見餳。』疑此字僻。因讀毛詩有瞽注，乃知六經中惟此注有『餳』字。余考周禮：『少師掌教簫』注，亦有『餳』字。則是『餳』字，六經中不但詩注有此一字，又見於周禮注矣！余又觀唐人詩集，有曰：『馬上逢寒食，途中屬暮春。』此宋考功詩也。有曰：『嶺表逢寒食，春來不見餳。』此沈佺期詩也。然則『春來不見餳』，乃佺期之句，非考功之作也。」按：有瞽，詩鄭箋云：「簫，編小竹管，如今賣餳者所吹也。」周禮「小師」注：「如今賣飴餳所吹者。」宋子京詩：「草色引開盤馬地，簫聲吹暖賣餳天。」蓋用此也。

西施

野客叢書：「東坡詩曰：『他年一舸鴟夷去，應記儂家舊姓西。』趙次公註：『按：寰宇記：東施家、西施家，施者，其姓，所居在西，故曰西施。今云舊姓西，不契勘耳。』」余恐言「舊住西」，傳寫之誤，遂以「住」字爲「姓」字耳。既是姓「西」，何問新舊？正此一字，語意益精明矣！按：宋之問浣紗篇：「一朝還舊都，靚妝尋若邪。」又云：「家住雷門曲，高閣淩飛霞。」「住」字蓋本諸此。

太上皇名

野客叢書：「懶眞子云：『漢初，去古未遠，風俗質略，故太上皇無名，母媼無姓。』然唐宰相表敘劉氏所出，云：『太公名煓〔一〕，字執嘉，生四子：伯、仲、邦、交。』邦即漢高帝也。高帝之父，漢史不載其名，唐史乃載之，此事亦大可笑。」余謂太上皇名，已先見後漢章帝紀注中，不但唐書也。章紀注：「謂名煓，一名執嘉。」蓋出於皇甫謐帝王世紀中。不見漢書者，史氏不載耳！馬永卿謂「風俗質略，上皇無名，母媼無姓」，此說失矣！按：母媼無姓，即唐人小說所謂「不免其母、烏老之稱」者是也。孟康曰：「媼，母別名，烏老反。」故小說云爾。

〔一〕太，底本作「大」，今據中華書局本野客叢書改。

群書札記卷十四

吉貝

遯齋閒覽：「閩、嶺〔一〕已南，多木綿，土人競植之，有至數千株者。採其花爲布，號吉貝布。余後因讀南史海南諸國傳，言林邑等國，出古貝木，其花成時，如鵝毛。綢其緒紡之，以爲布，與紵布不異。亦染五色，織爲班布，正此種也。」方勺泊宅編：「閩、廣多種木綿，紡績爲布，名曰吉貝。海南蠻人織爲巾，上出細字，雜花卉，尤工巧。即古所謂白氎巾。」按：「吉貝」，亦作「劫貝」。翻譯名義：「劫貝，即木棉也。」吳錄：「交州永昌木棉樹，高過屋，實大如酒杯，中有綿，如絮色正白。破一實，得數觔，可爲縕絮及毛布。」南史：「高昌國有草，實如繭絲細纑，名曰白氎子。取以爲布，甚軟白，交市用焉。」按：木棉有草、木二種。交、廣者，似木；江、淮所種者，謂之棉花。此似草者也。

織烏

侯鯖錄：「東坡嘗言：鬼詩有佳者，誦一篇云：『流水涓涓芹吐芽，織烏西飛客還家。深村無人作寒

〔一〕嶺，底本作「領」，今據中華書局本續墨客揮犀改。

食，殯宮空對棠梨花。』嘗不解『織烏』義。王性之少年博學，問之，乃云：『織烏，日也。往來如梭之織。』」按：東坡和陶詩：「青天無今古，誰知織烏飛？」本此。

崔君苗

晉書陸機傳：「陸雲與兄機書云：『君苗能文。每見兄文，輒欲焚其筆硯。』」困學紀聞云：「君苗姓崔。」馮星實云：「陸雲集別有與兄平原書云：『前登城門，作登臺賦，極未能成，而崔君苗作之。』」此困學紀聞所本也。又通雅引應瑒書，以爲君苗姓應，誤矣！

通應子魚

遯齋閒覽：「莆陽通應子魚，名著天下，蓋其地有通應侯廟。廟前有港，港中魚最佳。今人必求其大可容印者，謂之通印子魚。」此傳聞之訛者。莊綽雞肋編：「通應江水鹹淡得中，子魚出其間者，味極珍美。上下十餘里，魚味即異。故通應子魚名傳天下。以子名者，謂子多爲貴也。而四方不知，乃謂子魚大可容印者爲佳。」按：酉陽雜俎：「印魚長一尺三寸，額上四方如印有字。」東坡詩云：「通印子魚猶帶骨，披綿黃雀漫多脂。」又云：「通印長魚誰肯分。」又荊公詩云：「長魚俎上通三印。」蓋皆以「子魚」牽合「印魚」而誤也。

並海

蘇東坡詩：「去歲渡江萍似斗，今年並海棗如瓜。」按：漢書武帝紀：「元封五年冬，行南巡狩，遂北至琅邪並海，所過禮祠其名山大川。」顏師古注：「『並』，讀曰『傍』，傍依也。」「並海」二字本此。

東坡女弟

墨莊漫錄：「延安夫人蘇氏，有詞行世，或以爲東坡女弟，適柳子玉者所作。」按：東坡祭柳子玉文：「維子耆老，名德俱茂。嗟我後來，匪友惟媾。子有令子，將大子後。頎然二孫，則謂我舅。」是柳子玉乃東坡親家翁，非妹壻也。或說似誤。

硯北

墨莊漫錄：「晁說之以道作感事詩云：『干戈難作牆東客，疾病猶存硯北身。』用避世牆東王君公事。」而硯北身，乃漢上題襟集段成式書云：「杯晏之餘，常居硯北。」又云：「長疏硯北，天機素少。」又云：「筆下詞文，硯北諸生。」蓋言几案南面，人坐硯之北也。陸友仁研北雜志蓋取諸此。

毛嬙　西施

墨莊漫錄：「莊子云：毛嬙、麗姬，人之所美也，魚見之而深入，鳥見之而高飛。釋音注：司馬彪云：毛嬙，古美女，一云越王美姬也。麗姬，晉獻公嬖之，以爲夫人。崔譔本作西施。又慎子云：毛嬙、西施，天下之至姣也。然予讀管子小稱篇，有云：毛嬙、西施，天下之美人也。是二人者，皆前古之人矣！豈越之西施冒古之美人以爲名耶？是有兩西施矣！而毛嬙，亦非越王之美姬明甚。司馬彪之注，乃臆說也。」按：毛嬙，無可考；西施，即越之獻吳者。小稱篇乃後人所作，非管仲語，不足據也。惟莊子云：「麗之姬，艾封人之子也。」似麗姬又別是一人。又枚乘七發有「先施」，李善注：「先施，即西施也。」

魚千里

墨莊漫錄：「山谷詩云：『爭名朝市魚千里。』予問諸學士，多云此齊民要術載范蠡種魚事法：池中作九墩。然初無『千里』字，心頗疑之。後因讀關尹子，云：『以盆爲沼，以石爲島，魚環遊之，不知其幾千萬里不窮也。』乃知前輩用字，皆有來處。」又芥隱筆記：「山谷屢用『魚千里』字：『尋師訪道魚千里，蓋世功名黍一炊。』又：『小池已築魚千里，隙地仍栽芋一區。』又：『爭名朝市魚千里，觀道詩書豹一斑。』蓋出關尹子『以盆爲沼，以石爲隝，魚環遊之不知其幾千萬里也。』」

東閣觀梅

墨莊漫録：「杜甫詩：『東閣觀梅動詩興，還如何遜在揚州。』多不詳遜在揚州之說。以本傳考之，但言遜天監中爲尚書水部郎，南平王引爲賓客掌書記室，亦不言在揚州也。余後見別本：遜，東海剡人。舉本州秀才，射策爲當時之冠，歷官奉朝請。時南平王殿下爲中權將軍、揚州刺史，望高右戚，實曰賢王。擁篲分庭，愛客接士。東閣一開，競收楊、馬；左席皆啟，爭趨鄒、枚。君以詞藝早聞，故深親禮，引爲水部行參軍事，仍掌文記室。云云。乃知遜嘗在揚州也。然東晉、宋、齊、梁、陳，皆以建業爲揚州，則遜之所在揚州，乃建業耳，非今之廣陵也。隋以後，始以廣陵名州。」按：此條足以證杜詩用事，都有來處，無輕議也。

王母

墨莊漫録：「杜子美玄都壇歌云：『子規夜啼山竹裂，王母晝下雲旗翻。』說者多不曉王母，或以謂瑤池之金母。中官陳彥和言：『頃在宣和閒掌禽苑，蜀中貢一種鳥，狀如燕，色紺翠，尾甚長，飛則尾開，亹褭如兩旗，名曰王母。』則子美所言，乃此禽也。」按：酉陽雜俎：「齊郡函山有鳥，名王母使者。世傳山上有王母藥函，常令鳥守之。」此其是歟？

白題

墨莊漫錄：「杜子美秦州詩云：『馬驕珠汗落，胡舞白題斜。』『題』或作『蹄』。莫曉『白題』之語。南史：『裴子野云：漢潁陰侯斬胡白題將一人。』服虔注曰：『白題，胡名也。』余嘗疑之，蓋白題，其胡下馬捨之，始悟白題乃胡人謂氊笠也。子美所謂『胡舞白題斜』，胡人多爲旋舞，笠之斜，似乎謂此也。」按：如墨莊所說，則「白題」即古之「白接羅」也，未知是否？庾子山詩：「非是高陽路，莫畏接羅斜。」又竇苹酒譜：「白接羅，巾也。」

黃姑

墨莊漫錄：「古詩云：『東飛伯勞西飛燕，黃姑、織女時相見。』意謂黃姑乃牽牛。然不曉黃姑之說。予後讀緯書，見李淳風注云：『黃姑，即河鼓也。音訛而然。』今之學者，或謂是列舍牽牛而會織女，故於此析其疑。又張茂先小象賦曰：『九坎至牽牛，織女期河鼓。』石鍊注云：『河鼓星，在牽牛北，天鼓也，主軍鼓，主鈇鉞。』李淳風云：『自昔相傳，牽牛、織女七月七日相見者，乃此星也。』予因此始知『黃姑』乃河鼓，爲牽牛之別名。昔人云：開卷有益，信然。」按：荊楚歲時記云：「河鼓，黃姑，牽牛也。」皆語之轉。星經：「九坎九星，在牛南，主溝渠。」

上祭于畢

史記周本紀：「武王上祭于畢。」馬融云：「畢，文王墓地名也。」司馬貞索隱曰：「按：『文』有上字，當作『畢星』。」雲谷雜記：「予按：後漢蘇竟傳：畢爲天下主，網羅無道之君。故武王將伐紂，上祭于畢，求天助也。」據此，則「畢」爲畢星甚曉然。則馬融墓地之說非矣。考尚書逸篇：「四月，太子發上祭於畢。」史記本此。

蒜髮

東齊紀事：「今人年壯而髮白者，目之曰『蒜髮』，猶言宣髮也。宣髮，見於陸德明說卦釋文中。說卦：「巽爲寡髮。」釋文作「宣黑白雜爲宣髮。」而蒜髮，書傳閒或未知見。獨本草『蕪菁』條下有云：『蔓菁子壓油塗頸，能變蒜髮。』此亦可據也。」按：「蒜髮」二字，見北史慕容紹宗傳。又名醫別錄：「今人呼斑髮爲蒜髮。」

刀耕火種

漢書文帝紀：「詔曰：『江南之地，火耕水耨。』」注：「燒草，下水，種稻也。」東齋記事：「沅、湘閒多山，農家惟植粟，且多在岡阜。每欲布種時，則先伐其林木，縱火焚之。俟其成灰，即布種於其閒。如是，則所收必倍。蓋史所言刀耕火種也。」按：此即周官「柞氏」之法，唐人詩多用之。

管中窺豹

晉書王獻之傳：「嘗觀門生摴蒲，曰：『南風不競。』門生曰：『此郎亦管中窺豹，時見一斑。』」按：莊綽雞肋編：「管中窺豹，世人惟知爲王獻之事，而其原乃魏武令中語也。魏志注：『建安八年庚申，令曰：議者或以軍吏者之言，一似管中窺豹與？』」晉語本此。

絲囊

嬾眞子：「杜牧之花萼樓詩云：『千秋佳節名空在，承露絲囊世已無。』漢以金盤承露，而唐以絲囊，絲囊可以承乎？此不可解。」按：吳均續齊諧記：「弘農鄧紹嘗以八月旦入華山採藥，見一童子執五彩囊承柏葉上露，皆如珠滿囊。紹問：『用此何爲？』答曰：『赤松先生取以明目。』言終，便失所在。今世人八月旦作眼明袋，此遺象也。」王楙野客叢書云：「按華山記：弘農鄧紹，八月曉入華山，見童子執五綵囊盛柏葉露，食之。又觀梁簡文帝眼明囊賦序曰：『俗之婦人，八月旦多以錦翠珠寶爲眼明囊，因淩晨拭目。』唐人千秋節以絲囊盛露，亦襲其舊，正八月初故事。又述征記：『八月一日，作五明囊，盛取百草頭露洗眼，合眼明也。』」

裝潢

嬾眞子：「唐秘書省有熟紙匠十人，裝潢匠六人，筆匠六人。裝潢，恐今之表背匠，然謂之潢，其義未詳。」芹按：芥隱筆記：「裝潢，音「黃」，又音「晃」。染黃紙修治之。名本齊民要術。又釋名曰：『染紙也。』」今表背匠稱「裝潢」，蓋本諸此。

河鼓

嬾眞子：「余友司馬朴，極知星。嘗云：前漢天文志：『牽牛爲犧牲，其北河鼓。大星上將，左右星，左右將。』此說非也。且何鼓，乃牽牛也。今分爲二，則失之矣！爾雅云：『何鼓謂之牽牛。』注云：『今荊楚人呼牽牛爲檐鼓。』擔者，荷也。蓋此星狀如鼓，左右兩星，若擔鼓之狀，故謂之何鼓。何者，如何大之、休之何？人但見何鼓在天潢之閒，故易謂河，非也。」芹按：牽牛有二：其一六星，主關梁，二十八宿之牽牛是也；其一三星，主軍鼓。爾雅「何鼓謂之牽牛」是也。李淳風云：「河鼓三星，在牽牛星北，主軍鼓，蓋天子三軍之象。」昔傳牽牛、織女見此星是也。此之不知，而云「知星」，謬矣！

寧馨

嬾眞子：「山濤見王衍曰：『何物老嫗，生寧馨兒？』『寧』作去聲，『馨』音『亨』。今南人尚言之，猶言恁地也。前宋廢帝悖逆，太后怒語侍者曰：『將刀來，剖我腹，那得生寧馨兒？』此兩『寧馨』，同爲一意。」據此，則「寧馨」二字，美惡不嫌同詞也。劉禹錫詩：「幾人雄猛得寧馨。」「寧」字作平聲用。

庭堅

嬾眞子曰：「杜注：『庭堅，臯陶字也。』然有可疑者。文公五年，楚滅六、蓼，臧文仲聞六與蓼滅，曰：『臯陶、庭堅不祀忽諸。』注云：『六、蓼，皆臯陶後也。』且既云庭堅即臯陶字，則文仲不應既曰『臯陶』，又曰『庭堅』也。若據其意，則臯陶、庭堅又似兩人。」案：列子湯問篇：「大禹行而見之，伯益知而名之，夷堅聞而志之。」豈「庭堅」即「夷堅」歟？

二十八宿

嬾眞子云：「二十八宿，謂之二十八舍，又謂之二十八次。次也，舍也，皆有止宿之意。今乃音『繡』，非也。爾雅云：『壽星，角、亢也。』注云：『數起角、亢，列宿之長，故有高亢之義。』今乃音『剛』，非也。爾雅：『天根，氐也。』注云：『角、亢下繫於氐，若木之有根。』其義如周禮『四圭有邸』，漢書『諸侯王邸』之『邸』，音『低』，誤矣。西方白虎，而觜、參爲虎首，故有觜之義。音『訾』，誤矣。當如其字呼之。」按：「星宿」字可讀「夙」，亦可讀「秀」。今人必以入聲者爲非，去聲者爲是，則失之偏矣。

修竹苑

庾信謝滕王集序啟：「蒲萄繞館，新開碣石之宫；修竹夾池，始作睢陽之苑。」按：三輔黄圖：「長安有蒲蔔宮。」又枚乘兔園賦：「修竹檀欒，夾水碧鮮。」又：平臺，一名修竹苑。

三爵

庾信燈賦：「九龍將暝，三爵行棲。」倪注引禮記云：「三爵而油油以退。」案：「爵」與「雀」通。「三爵」，指日中三足烏而言，故曰「行棲」。春秋元命苞：「日中有三足烏。」後漢書天文志注：「日者，陽精之宗，積而成烏，象烏而有三趾，陽之類，其數奇。」

西河女子

庾信步陸孤氏墓誌銘：「豈直西河女子，獨見銀臺；東海婦人，先逢金闕？」倪注：「張衡思玄賦：『聘王母於銀臺。』注云：『王母，西王母也。銀臺，仙人所居也。』」案：西王母居崑崙，崑崙爲西河之源，在西，其西河女子耶？考葛洪神仙傳：「西河少女者，神仙伯山甫外甥也。漢遣使行經西河，於城東見一女子，笞一老翁，頭白如雪，跪而受杖。使者怪而問之，女子答曰：『此是妾兒也。昔妾舅伯山甫得神仙之道，隱居華山中，愍妾多病，以神藥授妾，漸復少壯。今此兒，妾令服藥不肯，致此衰老，行不及妾。妾恚之，故因杖耳！』使者問女及兒年各幾許，女子答云：『妾年一百三十歲，兒年七十一矣！』此女亦入華山而去。」據此，則西河女子，非西池王母也。

東方少女

庾信尉遲氏墓誌銘：「六義觀德，南風有夫人之詩；八卦成形，東方有少女之位。」倪注：「國風召南鵲巢以下，皆言夫人，是南風夫人之詩也。易　卦傳曰：『兌三索而得女，故謂少女，巽爲長女。』居東南，兌爲少女；居正秋，在西方矣！」案：先天圖：「兌居東南。」與子山此句正合。第先天圖至宋始出，六朝安得有此？豈「東」字乃「西」字之訛耶？

海神

庾信爲梁上黃侯世子與婦書：「當學海神逐潮風而來往，勿如織女待填河而相見。」倪注：「神異經曰：『西海水上，有人乘白馬，朱髮，白衣，玄冠，從十二童子，馳馬海上，如飛如風，名曰河伯。使者或時上岸，馬跡所及，水至其處。所之之國，雨水滂沱，暮則還河。』」案：干寶搜神記：「文王以太公望爲灌壇令，期年，風不鳴條。文王夢一婦人甚麗，當道而哭，問其故，曰：『吾泰山之女，嫁爲東海婦。欲歸，今爲灌壇令當道，有德，廢我行。我行，必有大風疾雨。大風疾雨，是毀其德也。』文王覺，召太公問之，是日果有疾風暴雨，從太公邑外而過。文王乃拜太公爲大司馬。」子山蓋用此事也。

聽鐸邯鄲

庾信爲晉陽公進玉律秤尺斗升表：「是以聞鐘於洛浦，即變聲乖；聽鐸於邯鄲，先知響韻。」案：

晉書荀勖傳：「初，勖於路逢趙賈人牛鐸，識其聲。及掌樂，音韻未調，乃曰：『得趙之牛鐸，則諧矣！』遂下郡國，悉送牛鐸，乃得諧者。」子山蓋用此事。倪注引國策秦攻趙，鼓鐸之音聞於北堂事，非是。倪注：「邯鄲，趙地也。」

流珠炊玉

庾信謝趙王賚米啓：「非丹竈而流珠，異荆臺而炊玉。」倪注：「丹竈，煉丹竈也。荆臺，楚襄王雲夢之臺，亦楚地也。淮南子曰：『譬若鐘山之玉，炊以爐炭，三日三夜，而色澤不變。』」按：葛洪神仙傳：「麻姑至蔡經家時，經弟婦新產，麻姑即求少許米。得米，便撒之擲地，視其米，皆成真珠矣！王方平傳作「丹砂」。方平笑曰：『姑故年少，吾老矣，了不喜復作狡獪變化也。』」戰國策：「蘇秦之楚，三月乃得見王。談卒辭行，楚王曰：『先生不遠千里而臨，寡人曾弗肯留，願聞其說。』對曰：『楚國食貴於玉，薪貴於桂。謁者難見於鬼，王難見於天帝。今令臣食玉炊桂，因鬼見帝，其可得乎？』」子山之意本此，倪注非是。

玉娘湖

李義山詩：「思子臺邊風自急，玉娘湖上月應沉。」按：嵩山記：「登封縣有玉女臺，漢武帝見二玉女於此，因名玉娘湖。」

張姓連天

徐陵雜曲：「張星舊在天河上，從來張姓本連天。」按：道書：「天翁姓張，名堅，字刺渴，漁陽人。少不羈，嘗得一白雀，愛養之。夢天劉翁責怒，每欲殺之，白雀輒報堅，終莫能害。劉翁親下觀之，堅設賓主，乃竊乘劉翁車駕白龍，振策登天。劉翁失治，徘徊五嶽作災，堅患之，以劉翁爲泰山太守，主生死之籍。」徐蓋用此也。

王安之衣

徐陵裴使君墓誌：「鮮雲靄靄，披王安之衣；吳注：「未詳。」明月團團，似班姬之扇。」案：「王安」二字，乃「玉女」之訛。王采安成記曰：「沜一作「萍」。鄉西城津有玉女岡。天當雨，輒先湧五色氣於石間，俗爲玉女披衣。」

帕首

愛日齋叢抄：「元和聖德詩云：『以紅帕首。』注者引實錄曰〔一〕：『禹會塗山之夕，大風雷震，有甲步卒千餘人。其不被甲者，以紅綃帕抹其額，自此遂爲軍容之服。』退之送幽州李端公序：『紅帕首帕，一作「抹」』，送鄭權尚書序：『帕首韡袴』，蓋屢用之。陸氏筆記舉孫策傳：『張津常著絳帕頭。』」

〔一〕曰，底本作「日」，今據守山閣本愛日齋叢抄改。

帕頭者，巾幘之類，猶今言襆頭也。韓文公云以紅帕首，已爲失之。東坡云：『絳帕蒙頭讀道書。』增一『蒙』字，尤誤。」按：韓詩「帕」爲虛字，坡詩「帕」爲實字，因文著字，所用本別。陸氏核之，過矣！

牡丹

劉賓客嘉話錄：「世謂牡丹花近有，蓋以前朝文士集中無牡丹歌詩。公嘗言：楊子華有畫牡丹，處極分明。子華，北齊人，則知牡丹花亦久矣！」酉陽雜俎：「牡丹，前史中無説處。惟謝康樂集中，言竹間水際，多牡丹。成式撿隋朝種植法七十卷中，初不記説牡丹，則知隋朝花藥中所無也。」按：海山記：「煬帝闢西苑，易州進牡丹二十種。」則隋時非無牡丹矣！

水晶鹽

高似孫緯略：「李白詩：『客到但知留一醉，盤中祇有水晶鹽。』金樓子曰：『胡中有玉鹽，瑩徹如水晶，謂之玉華鹽。』」按：北史崔浩傳：「帝賜浩縹醪酒十斛，水晶戎鹽一兩，曰：『朕味卿言，若此鹽酒，故與卿同其味也。』」

恰恰啼

猗覺寮雜記：「杜注云：『自在嬌鶯恰恰啼。』說詩以謂：『恰恰』，鶯聲也。廣韻云：『恰恰，用心啼爾，非其聲也。』」案：以「恰恰」爲用心，反不見自在之妙，仍作鶯聲爲是。

黑白月

猗覺寮雜記：「東坡月石硯銘：『石宛宛兮黑白月。』法苑珠林：『西方有一月，分白黑。一日至十五爲白，十六至卅日爲黑。』容齋四筆：『月盈至滿，謂之白分；月虧至黑，謂之黑分。白前黑後，合爲一月。』又曰：『日隨月後，行至十五日，覆月都盡，是名黑半日；在月前行至十五日，具足圓滿，是名白半。』又云：『十五夜爲半月，兩半月爲一月。三月爲一時，兩時爲一行。兩行爲一季，二年半爲一雙。』此由閏故，以閏月兼本月。此謂月雙，非閏雙也。以五年再閏爲閏雙。」唐李頎題濬公山池詩：「清池白月點禪心。」「白月」二字，本佛書。今作「皓月」者，誤。唐西域記云：「月生至滿，謂之白月；月虧至黑，謂之黑月。」

阿堵

猗覺寮雜記：「王衍見錢，曰『阿堵物』。『阿堵』，如言『阿底』。衍口不言錢，故云。今人遂謂錢爲『阿堵』。不知晉、宋閒人，用『阿堵』語甚多。如『傳神寫照，在阿堵中』，殷中軍見佛經，云

『理應在阿堵上』，謝安云『何須壁後著阿堵輩』。」案：劉須溪注：「『阿堵物』，猶言這箇物，非以名錢。」楊升菴云：「近世謂錢曰『阿堵』，可笑。晉人曰『阿堵』，猶唐人曰『若箇』，今人曰『這箇』也。」余向以「阿堵」作「眼前」解，今以切音求之，「阿堵」二字，切音爲「箇」，則須溪之説近是。若新仲所云「阿底」，去之遠矣！

牛女

猗覺寮雜記：「牽牛，牛星也。織女，非女星，自有女星織女，在牛之上，主金帛。女四星在牛之東，是須女也。須，婢之賤稱。詩人往往誤以織女爲牛、女。子美云：『牽牛出河西，織女處其東。』亦誤矣！」案：天文女星有二，牛星亦有二。星經：須女四星，主布帛，爲珍寶藏，一名婺女。此經星之女宿也。織女三星，在天市東端，主果蓏絲帛，收藏珍寶。此詩所云「跂彼織女」。天官書謂之「天孫女」者是也。牽牛六星，主關梁，此二十八宿之牽牛也。河鼓三星，中大星爲將軍，左星爲左將軍，右星爲右將軍。此詩所云「睆彼牽牛」。爾雅「何鼓謂之牽牛」者是也。今俗所云織女嫁牽牛者，乃河鼓耳！非經星之牽牛也。如新仲所言，則經星之牛、女，又自爲夫婦矣！眞可發一哂也。

賀若

猗覺寮雜記：「琴曲有賀若，最古淡。東坡云：『琴裏若能知賀若，詩中定合愛陶潛。』或謂賀若弼也。余考之，乃賀若夷也。夷善鼓琴。王涯居別墅，常使鼓琴娛賓。文瑩湘山錄載太宗愛宮調中十小調子，乃賀若弼所撰。其聲音及用指之法，古今無以加，世亡其名，琴家祗命曰賀若。文瑩不深考，遂以爲弼，而世因是傳以爲弼也。東坡序武道士彈琴云：『賀若，宣宗時待詔。』不知所據。據序，則是姓賀名若。」案：唐書王涯傳：「別墅有佳木流泉，居常書吏怡，使客賀若夷鼓琴娛賓。」東坡所云「宣宗時待詔」，疑即其人也。若野錄所載，乃文瑩之臆說耳！

三雅

猗覺寮雜記：「古酒瓶號三雅：伯雅、仲雅、季雅。劉夢得云：『酒每傾三雅。』」考魏文帝典論：「荆州牧劉表子弟，以酒器名三爵：上者曰伯雅，中者曰仲雅，小者曰季雅。」楊升菴云：「東觀漢記：『今日歲暮，首請上雅、壽雅、酒問也。』隱窟雜志：『宋時閬下州有三雅池，古有修此池得三銅器，狀如酒杯，各有篆文，曰伯雅、仲雅、季雅。』當時雖以名池，而不知爲劉表物也。」廣韻「盌」字注云：「酒器，盌即雅字。」吳均詩：「聊傾三雅巵。」今人語曰「雅量」，伎〔一〕人送酒曰「雅酒」，蓋本此云。按：說文：「大杯，亦爲問。」揚子方言：「問，梧也。其大者，謂之問。」廣雅同。

人生如寄

猗覺寮雜記：「人生如寄。見高僧傳。又南齊劉善明云：『人生如寄，來會幾何？』東坡云：『人

〔一〕伎，底本作「會」，今據四庫全書本說略改。

生如寄耳。』多用此事云。」二老堂詩話：「蘇文忠公詩文少重〔一〕複者，惟『人生如寄耳』十數處用之。此句本起魏文帝樂府，厥後高僧傳王羲之與支道林書祖其語爾。」案：尸子：「人生于天地之間，寄也。寄者，因歸也。」魏文之句本此。又何氏語林：「謝太傅與支道林書曰：『人生如寄耳！終日戚戚，遲君一來。』」以語言銷之，則謝安石事也。

炊砂作飯

溫庭筠行路難：「君不見擔雪塞井空用力，炊砂作飯豈堪食？」按：傳燈錄：「不斷婬修禪定者，如蒸砂欲其成飯。」飛卿本此。

夕陽

宋景文筆記：「莒公嘗言：山東曰朝陽，山西曰夕陽。故詩曰：『度其夕陽。』又曰：『梧桐生矣，於彼朝陽。』指山之處耳！後人便用夕陽爲斜日，誤矣！然予見劉琨詩『夕陽忽西流』，古人亦誤用久矣！」案：爾雅：「山西曰夕陽。」郭注：「暮乃見日。」「山東曰朝陽」，郭注：「旦即見日。」則莒公之言信矣！

〔一〕重，底本作「簠」，今據津逮秘書本二老堂詩話改。

縠紋生

宋景文筆記：「晏丞相嘗問曾明仲云：『劉禹錫詩有「瀼西春水縠紋生」，「生」字作何意？』明仲曰：『作「生育」之「生」。』丞相曰：『非也。作「生熟」之生，語乃健。』」楊升菴集：「宋人小説謂劉禹錫竹枝詞『瀼西春水縠紋生』乃『生熟』之『生』，信是。文選詩謝朓詩『遠樹曖芊芊，生煙紛漠漠』亦然。小謝之句，實本靈運。靈運撰征賦云：『披宿莽以迷街，覩生煙而知墟。』」芹案：禹錫詞「江上朱樓新雨晴，瀼西春水縠紋生」，自是新雨初晴、春水方生之意，與靈運「池塘春草」之句同一自。然宋人作「生熟」之「生」，已爲曲解，而用修又從而附和之，謬矣！

臣瓚

宋景文筆記：「易家有蜀才，史記有臣瓚。顏之推曰：范長生自稱蜀才，則蜀人矣！臣瓚者，于瓚也。考裴駰史記集解序，漢書音義稱臣瓚者，莫知氏姓。小司馬氏曰：『案即傅瓚，而劉孝標以爲于瓚，非也。』據何法盛晉書，于瓚以穆帝時爲大將軍誅死，不言有注漢書之事。又其注漢書有引祿秩令及茂陵書，然彼二書亡于西晉，非于所見也。必知是傅瓚者。」案：穆天子傳目錄云：「傅瓚爲校書郎，與荀勗同校定穆天子傳。」即當西晉之朝，在于之前，尚見茂陵等書。又稱「臣」者，以其職典秘書故也。據此，則臣瓚之爲傅瓚無疑矣！

象耕鳥耘

左太沖吳都賦：「象耕鳥耘。」此之自與論衡書言「舜葬蒼梧，象爲之耕；禹葬會稽，鳥爲之耘」，殆虛言也。見越絕書。蒼梧多象之地，會稽衆鳥所居。象自蹈土，鳥自食苹。土蹶草盡，若耕田狀，壤靡泥易，人隨種之，世俗則謂爲舜、禹田。按：陸龜蒙曰：「耕欲深，如象之履；耘欲就，如鳥之啄。」他說舜之神怪也。此又一說也。

樹背

匡謬正俗：「『焉得藼草，言樹之背。』毛傳云：『背，北堂也。謂於堂北種之，以忘憂耳。』而陸士衡詩云：『焉得忘憂草，言樹背與襟。』便謂身體前後種之，此亦誤也。」案：謝氏詩源：「堂北曰背，堂南曰襟。言前後皆樹，庶冀其忘也。」此爲得之。若以「身體」解，則士衡詩云「安寢北堂上，明月入我牖。照之有餘輝，攬之不盈手」，豈不識背之爲北堂者而乃有此誤乎？

閼氏

匡謬正俗：「習鑿齒與謝安石書云：『匈奴名妾作閼氏，言可愛如煙支也。』按：史記及漢書說：單于正妻曰閼氏，猶中國言皇后爾。舊讀音『焉氏』，蓋北狄之言，自有意義，未可得而詳也。且閼氏妻號，非妾之名。未知習生何據？」按：「妾」字，乃「妻」字之訛。古樂府匈奴歌：「失我焉支山，令我婦女無顔色。」則閼氏者，美之詞也。「焉支」二字，切音爲「天」。則閼氏者尊之之詞也，猶中國之稱天后云爾。又「匈奴」二字，亦「胡」字之切音。

臚句傳

漢書叔孫通傳：「大行設九賓臚句傳。」張淏雲谷雜記：「按：字書『聲絕』爲句外，此無他義。云『臚句傳』者，即傳臚也。『句』字乃衍文。故注史記，但云『傳從上下爲臚』而已。蘇林注漢書，乃析『臚』、『句』爲二事，云：『上告下爲臚，下告上爲句。』不知何據而云。鄭康成儀禮注：『謂臚爲衆。』則臚傳，蓋衆相遞傳也。國語云：『風聽臚言於事，辨妖祥於謠。』又莊子有『大儒臚傳』之語，此最可據。」以一書證林說，其妄可知矣！按：漢書百官表：「典客，武帝太初元年更名大鴻臚。」注：「讚九賓鴻聲臚傳之也。」今以唱甲第爲傳臚，不知起於何時。

玉帳

李白司馬將軍歌：「身居玉帳臨河魁，紫髯若戟冠崔嵬。」雲谷雜記：「按：顔之推觀我生賦云：『守金城之湯池，轉絳宮之玉帳。』又袁卓遁甲專征賦曰：『或倚直使之遊宮，或居貴神之玉帳。』蓋玉帳，乃兵家厭勝之方位，謂主將於其方置軍帳，則堅不可犯，猶玉帳然。其法出於黃帝遁甲，以月建前三位取之，如正月建寅，則巳爲玉帳，主將宜居。李太白司馬將軍歌云：『身居玉帳臨河魁。』戌爲河魁，謂主將之帳在戌也。非深識其法者，不能爲此語。」

蜜苦膽甜

陸佃埤雅：「傳曰：『蜎膽甘，楝蜜苦。』」案：老學菴筆記：「亳州太清宮檜至多。檜花開時，蜜蜂飛集其閒，不可勝數，作蜜極香，而味帶微苦，謂之檜花蜜，眞奇物也。歐陽公守亳時，有詩：『蜂採檜花村落香。』則亦不獨太清而已。是檜蜜亦苦也。」都公譚纂：「國初，四明人王桓與二老者同赴召見，太祖於便殿上問二老者：『卿事何業？』一對曰：『臣業農。』其一人對曰：『臣業醫。』上曰：『卿爲醫，亦知蜜有苦而膽有甜者乎？』對曰：『蜂釀黄連花，則蜜苦。猴食果多，則膽甜。』上曰：『是能格物者。』擢爲太醫院使。」此又一說也。又埤雅：「諸魚中，惟鱧魚膽甘可食。」今玄鱧是也。

粟馬

楊伯嵒臆乘：「粟馬，秣馬也。西漢匈奴傳云：『以爲漢兵不能至，乃粟馬。』注云：『以粟秣馬。』蓋用詩鴛鴦篇：『乘馬在廄，摧之抹之。』注：『秣，粟也。前摧之用粟字已奇。』注又云：『無事，則委之以莝；有事，乃予之以穀。若莝馬、穀馬，尤奇。』」按：「莝」，當作「莝」，斬草也。謂無事則飼之以草，有事則飼之以穀也。何奇之有？

柳花柳絮

臆乘：「柳花與柳絮迥然不同。生於葉閒成穗，作鵝黄色者，花也。花既褪，就帶結實。其實之熟，亂飛如綿者，絮也。古今吟詠，往往以絮爲花，以花爲絮，略無分別。杜工部詩有『雀啄江頭黄柳花』，又有『生憎柳絮白於綿』之句，則花與絮不同，顯然可見。又曰：『糝徑楊花鋪白氈。』得非又一時鹵莽而然耶？」按：本草李時珍曰：「楊柳生桑荑，即開黄蕊。至春晚，葉長成後，蕊中結細黑子。蕊落而絮出，如白絨，因風而飛入池沼，化爲浮萍。」黄蕊即花，其子乃絮也。

群書札記卷十五

盧鴻一

困學紀聞：「石林序盧鴻一草堂圖：『唐舊史鴻一，蓋二名，與中岳劉眞人碑所書合。新史刪去「一」字，不知何據，當以舊史爲正。』愚按：南齊張融曰：『鴻飛天首，積遠難明。越人以爲鳧，楚人以爲乙。人自楚、越，鴻常一耳。』『鴻一』之義，取於此。或以『一』字連下讀，謂：盧鴻，一字浩然，以證新唐書之不謬。此又誤讀舊唐書者也。」芹案：大唐新語：「玄宗徵嵩山隱士盧鴻，三詔乃至。」亦無「一」字。此新唐書所據也。

傅說

困學紀聞：「莊子言傅說乘東維，騎箕尾，而比於列星。古賦有云：『傅說奉中闈之祠。』注云：『傅說一星，在尾北後河中，蓋後宮女巫也。』說爲商良相，豈爲後宮女巫祈子而禱祠者？此天官之難明者也。」鄭漁仲通考曰：「傅說一星，惟主後宮求子之事。傅，傅母之傅。傅而說者，謂傅母喜之也。諸家則曰傅說乘箕、尾而去，非也。」芹按：甘石星經：「傅說一星，在第二東小者是。長二寸，其星明，則輔臣忠政；暗，則陪臣亂邦。」與尾宿之主子孫者迴不相涉。夾漈之說，未免傅會。豈身騎箕、尾，亦莊生之寓言耶？

縣令

困學紀聞：「『諸子飾小說以干縣令。』疏云：『縣，高也。謂求高名令聞。』」芹按：莊子外物篇：「飾小說以干縣令，其於大達亦遠矣！」「縣令」，猶縣尹也。襄二十六年「穿封戌，方城外之縣尹」是也。疏以前世無縣令，乃以「縣」字作平聲解，眞笑話也。

西京雜記

困學紀聞：「匡衡傳注：『今有西京雜記，其書淺俗，出於里巷，多妄說。』段成式云：『庾信作詩，用西京雜記事，自追改曰：此吳均語，恐不足用。』今按南史：『蕭賁著西京雜記六十卷。』然則依託爲書，不止吳均也。」芹按：西京雜記不特非吳均依託，並非葛洪僞撰。內有云：「成帝好蹴踘，家君作彈棊以獻。」又「家君以爲外戚傳，稱史佚教其子以爾雅。」「家君」，歆謂其父向也。豈洪作僞而有此乎？至庾子山詩其用西京雜記事者，不一而足。成式所引「此吳均語不足用」者，乃其詩句偶與吳同，故旋自追改，非以西京雜記爲吳均作也。細玩下文自見。後人動以此語爲口實，所謂「拾得封皮當信讀」者也。至雜記之體，近乎小說。今觀類書所引劉向別錄：「鄒衍在燕，有谷地美而寒，不生五穀。鄒子居之，吹律而溫至，黍生，今名黍谷。」又「漢興以來，善雅歌者，魯人虞公發聲清哀，遠動梁塵。其世學者，莫能及。」此皆西京筆墨也。而謂必六朝人爲之，多見其不知量矣！

皋陶瘖

困學紀聞：「淮南子曰：『皋陶瘖而爲大理。』此猶『夔一足』之説也。皋陶陳謨賡歌，謂之瘖，可乎？司馬公詩云：『法官由來少和泰，皋陶之面如削瓜。』然荀子非相之言，亦未必然。」考淮南子注：「主術訓：『皋陶瘖而爲大理，天下無虐刑，有貴於言者也。師曠瞽而爲太宰，晉無亂政，有貴於見者也。』」案：説文：「瘖，不能言也。」此但明不其言耳，非皋陶眞不能言也。如子路之片言折獄，亦是此意。

城名録

困學紀聞：「禹貢釋文：『周公職録云：黄帝受命，風后受圖，割地布九州。』隋、唐志無此書。太平御覽引太乙式占、周公城名録有此三句。夾漈通志藝文略：『周公城名録一卷。』『城』、『職』字相似，恐傳寫之誤。原注：「世説注云：『推周公城録，冶城宜是金陵本里。』」抱朴子内篇登涉引周公城名録。』」按：「城名」，疑是「職方」二字之訛。周公，抱朴子作「州公」。引録云：「天下分野，災之所及，可避不可禳。」語殊不經，蓋僞託之書也。

酒誥

困學紀聞：「法言謂『酒誥之篇俄空焉』。愚按：酒誥，古、今文皆有之，豈揚子未之見與？藝文志云：『劉向以中古文校歐陽、大、小夏侯三家經文，酒誥脫簡一。』而大傳引酒誥曰：『王曰封，唯曰若圭璧。』今無此句，豈即脫簡與？」按：法言問神篇：「昔之說書者序以百，而酒誥之篇俄空焉，今亡夫。」注云：「酒誥脫簡。據今無亡脫，蓋古文獨存。」漢書藝文志云：「酒誥脫簡一，召誥脫簡二，率簡二十五字者，脫亦二十五字，簡二十二字者，脫亦二十二字。」據此，則揚子所云「空」者，正指脫簡而言，非謂其篇亡也。厚齋疑之非是。

寤生子

困學紀聞：「風俗通云：俗說兒墮地，未當是「便」字之訛。能開目視者，謂之寤生。」按：西溪叢語：「據風俗通，不舉寤生子，俗說兒墮地，未可開目便能視者，謂之寤生子，妨父母。」考風俗通正失篇：「今俗閒多有禁忌，生三子者，五月生者，以爲妨害父母，無寤生字，豈五月即寤字之訛耶？然觀下文引孟嘗事，則五月非寤字之訛矣！」當是令威誤記耳！案：魏志東夷傳：「今句麗王位宮，其曾祖宮，生能開目視，其國人惡之。及長大，果凶虐。今王生墮地，亦能開目視人，句麗呼相似爲『位』，似其祖，故名之爲位宮。」乃知俗語本此。

蘭闍

困學紀聞：「世說：『王丞相導拜揚州，因過胡人前，曰：「蘭闍，蘭闍！」』」原注：「此即『蘭若』也。」按：「蘭闍」二字，切音爲「胡」，當是稱呼胡人之語。故下云：「群胡大笑，四坐並懽。」若

「蘭若」音「惹」，則浮屠所居，於義何取耶？

弓冶箕裘

困學紀聞：「列子云：『古詩言：良工之子，必先爲箕；良冶之子，必先爲裘。』張湛注云：『學者必先攻其所易，然後能成其所難。』」按：孔疏：「言學者亦須先教小事操縵之屬，然後乃示其業，則道易成也。」其解正同。

警枕

困學紀聞：「少儀：『穎，警枕也。』謂之穎者，頴然警悟也。司馬文正公以圓木爲警枕，少睡，則枕轉而覺，乃起讀書。」按：「警枕」二字，切音爲「穎」。此切音之以音而兼義者也。孔疏：「穎是穎發之義。刃之在手，謂之爲穎。禾之秀穗，亦謂之爲穎。枕之警動，亦謂之穎。其事雖異，大意同也。」則鑿矣。

夷庚

困學紀聞：「文選補亡詩：『蕩蕩夷庚。』李善注：『夷，常也。』辯亡論：『旋皇輿於夷庚。』」注引繫欽辨惑：『吳人以船楫爲輿馬，以巨海爲夷庚。庚者，藏車之所。』愚按：左傳成十八年：『披其地以塞夷庚。』正義謂：『平道也。』二字出於此，選注誤。」考杜注：「夷庚，吳、晉往來之要道。」孔疏：「夷，平也。詩序云：『由庚，萬物各由其道。』是以庚爲道也。夷庚，止謂吳、晉往來之平道耳，非山川險難之名。故杜土地名不得指其所在。」此解最爲明析。又善注引臧榮緒晉書曰：「夷庚，未入皇輿旋館。」與陸璣語正同。下乃云：「夷庚者，藏車之所。」隨文解義，失其旨矣！吳越春秋：「越性脆而愚，水居山處，以船爲車，以楫爲馬。」越絕書同。

翻切

困學紀聞：「諧聲，六書之一也。聲韻之學尚矣！夾漈謂：『五書有窮，諧聲無窮。五書尚義，諧聲尚聲。』釋文序錄云：『古人音書，止爲譬況之說，孫炎始爲反語。』閻云：「按：『音書，止爲譬況』三句，出顔氏家訓。」何云：「按：韋昭國語注：『中閒有反音亦叔，然同時人也。』」」考古編謂周顒始有翻切，非也。」按：音之有反切，與字俱生。如「而犬」之爲「耎」，「足亦」之爲「跡」是也。北齊書廢帝紀：「帝爲太子，時年六歲，性敏慧，初學反語，於『跡』字下注云：『自反。』時侍者未達其故，太子曰：『跡字足傍，亦爲跡，豈非自反耶？』」又易文六十四卦，如「雨而」之爲「需」，「言公」之爲「訟」，「雨辰」之爲「震」，「言兼」之爲「謙」，「目癸」之爲「睽」，「女后」之爲「姤」，「土欠」之爲「坎」，「水齊」之爲「濟」，皆切音也。餘可類推。

虞公　虢公

困學紀聞：「『諸公之地，方五百里。』職方氏疏云：『無功，縱是公爵，惟守百里地。謂若虞公、虢公，舊是殷之公，至周，仍守百里國，以無功故也。』愚按：左氏傳：『虞仲，太王之昭也；虢仲、虢叔，王季之穆也。』皆周所封，謂舊是殷之公，誤矣！」考逸周書王會解：「堂下之右，唐公、虞公南面立焉。」注：「唐、虞二公，堯、舜後也。」「堂下之左，殷公、夏公立焉，皆南面。」注：「杞、宋二公。」竊疑「虢公」當是「夏公」之訛。疏本不誤，後人不知，而妄改耳。

鄭志

困學紀聞：「鄭志十一卷，魏侍中鄭小同撰。詩七月正義：吳志：孫晧〔一〕問：『月令：季夏，火星中。』答曰：『日永星火，舉中而言，非心星也。』是鄭以日永星火，與心星別。今別按：康成答問，蓋鄭志所載。孫晧乃康成弟子，後人因孫晧名氏，遂改鄭志爲吳志。康成不與吳孫晧同時，吳志亦無此語。」芹按：孔氏非不讀鄭志者，此亦後人不知而改，非孔疏之誤也。

〔一〕晧，底本作「晈」，今據中華書局本三國志改。

伯益

困學紀聞〔一〕：「史記秦本紀：『大費佐舜，調馴鳥獸，是謂伯翳。』索隱云：『尚書謂之伯益，而陳杞世家謂伯翳之後，封爲秦，垂、益、夔、龍，其不知所封不見也。』則伯翳非伯益矣！閻云：金仁山前編謂伯益即伯翳，非二人。水經注：『偃師九山，有百蟲將軍顯靈碑云：將軍姓伊氏，諱益，字隤敳，帝高陽之第二子伯益者也。』原注：黃度文叔書說益即隤敳，本於此。」按：「翳」即「益」之平聲，「益」即「翳」之入聲。伯翳之爲伯益，無可疑者。惟伯益之爲隤敳，似乎未的。考左傳：「晉人以魏獻子爲將軍。」國語：「鄭人以詹伯爲將軍。」將軍之名始此。乃以伯益爲將軍，而冠以百蟲之號，是可怪也。

莧陸

困學紀聞：「項氏玩辭曰：『莧音丸，山羊也。陸，其所行之路也。猶「鴻漸于陸」之「陸」。兌爲羊，在上卦有山羊之象。』愚按：說文：『莧，山羊細角也。從兔足，苜聲，讀作丸。』『寬』字從此。」徐鍇〔二〕案：「本草注：莧羊，似羚羊，角有文，俗作羱。」李氏易傳：「虞翻曰：莧，說也。莧讀『夫子莧爾而笑』之『莧』。陸，和睦也。震爲笑，言五得正位，兌爲說。故『莧陸夬夬』，舊讀言『莧陸』，字之誤也。馬君、荀氏皆從俗言莧陸，非也。」惠定宇周易辯證：「『莧』，讀從『莧』，蓋

〔一〕聞，底本作「問」，今據文義改。

〔二〕鍇，底本作「楷」，今據文義改。

論語『莞』作『莧』也。見釋文。『陸』，古文『睦』，見漢唐扶頌及嚴舉碑。蜀才作『睦』。睦，和也。『莧睦』者，笑說見於面，與九三壯『頄』相反，所謂決而和也。」按：如惠說，則虞氏之解亦自可通。若山羊之說雖取象於兑，未免穿鑿耳。

榜眼

秦中記：「唐進士杏園初會，謂之探花宴。以少俊二人爲探花使，遍遊名園。若他人先折得名花，則二人被罰。此探花之名所自始也。惟榜眼之名，不知其所自始。」考周必大題跋：天聖八年春，參政歐陽公國學首薦，冠名南宮。是年廷試榜眼，則丞相劉公。榜眼之名見此。按：僧仲殊詠桂詞云：「狀元紅是，黄爲榜眼，白探花郎。」似當時已有三鼎甲之稱矣！

九百

愛日齋叢抄：「陳無己云：『世人以癡爲九百，謂其精神不足也。』項平甫家說云：『九百，草書喬字也。』朱彧可談云：俗謂神氣不足者九百，豈以一千即足數耶？予讀張平子西京賦云：『小說九百，本自虞初。』注：『小說九百四十三篇。』言九百，舉大數也。漢志云：『小說家者流，蓋出於稗官，街談巷議，道聽塗說者之所造也。』如淳曰：『街談巷說，其細碎之言也。』俗云『九百』，或取喻細碎之爲者。俚語本於史錄，固有矣！故漫記之。」按：「九百」二字，切音爲「白」，謂白癡也。左傳：「周子有兄而無慧，不能辨菽麥，故不可立。」杜注「菽麥易別，故以爲癡者之候。不慧，蓋世所謂白癡」是也。而泛引虞初小説，何耶？

繫風捕影

庚子山擬連珠：「必能係風捕影。」倪注：「見莊子。」按：漢書郊祀志：「谷永曰：『世有僊人，服食不終之藥，聽其言洋洋滿耳，若將可遇，求之盪盪，如係風捕景，終不可得。』」莊子無此語也。

鬼宿渡河

容齋隨筆：「宋蒼梧王當七夕夜，令楊玉夫伺織女渡河，曰：『見當報我。不見，當殺汝。』錢希白洞微志載蘇德哥爲徐肇祀其先人，曰：『當夜半，可以。』蓋俟鬼宿渡河之後。翟公巽作祭儀十卷，云：『或祭於昏，或祭於旦。』皆非是。當以鬼宿渡河爲候。而鬼宿渡河，常在中夜，必使人仰占以俟之。葉少藴云：『公巽博學多聞，援證皆有據，不肯碌碌同衆，所見必過人。』予按：天上經星，終古不動。鬼宿隨天西行，春昏見於南，夏晨見於東，秋夜半見於東，冬昏見於東，安有所謂渡河及常在中夜之理？織於昏晨與鬼宿正相反，其理則同。蒼梧王荒悖，小兒不足笑。錢、翟、葉三公，皆名儒碩學，亦不深考如此。」芹案：容齋知天星，故言之鑿鑿如此，而不知其大謬不然也。予初閲公巽語，頗嫌其誕。後讀容齋隨筆，竊喜先得我心。歲乙卯除夕，懷人不寐，獨步中庭。初見銀潢一帶，横亙於東，鬼宿石河之東，如隔河者。然至初更，而明河漸高矣！遲之又久，而漢且案戶矣！至夜分，而河漢西流，鬼宿正當中矣，不隔河矣！乃知所云「鬼宿渡河，常在中夜」者，以人目之所視而言，確有所指，非妄語也。洪氏所駁，使錢、翟、葉三公見之，能無齒冷乎？要知古人用意精細，立言超妙。後人雖博學高才，不可妄生異論，有如此矣！至蒼梧王所云織女渡河，自是流俗之談，不可爲訓耳。

南道主人

容齋隨筆：「秦、晉圍鄭，鄭人謂秦盍舍鄭以爲東道主，蓋鄭在秦之東，故云。今世稱主人爲東道者，此也。東漢載北道主人，乃有三事：常山太守鄧晨，會光武於鉅鹿，請從擊邯鄲。光武曰：『偉卿以一身從我，不如以一郡爲我北道主人。』又光武至薊，將欲南歸，耿弇以爲不可，官屬腹心皆不肯，光武指弇曰：『是我北道主人也。』彭寵將反，光武問朱浮，浮曰：『大王倚寵爲北道主人。今既不然，所以失望。』後人罕引用之。」按：徐陵爲貞陽侯與荀昂兄弟書：「南道主人，以相付也。」則又有南道主人矣！

隔是

容齋隨筆：「樂天詩云：『江州去日聽箏夜，白髮新生不願聞。如今格是頭成雪，彈到天明亦任君。』元微之詩云：『隔是身如夢，頻來不爲君。憐君近南住，時得到山行。』『格』與『隔』二字，義同。『格』，是猶言已是也。」案：元微之古決絕辭：「天公隔一作「可」，誤。是妬相憐，何不便教相決絕。」「隔是」二字，初不得其解。閱容齋所記，乃豁然也。

其言明且清

容齋三筆：「禮記緇衣篇詩云：『昔吾有先正，其言明且清。』鄭氏注不言何詩。今毛詩節南山章但有下三句，而微不同。經典、說文云：『從第一句至庶民以生五句，今詩皆無此語，或皆逸詩也。』余按文選張華答何劭詩曰：『周任有遺規，其言明且清。』然則周任所作也。而李善注曰：『子思子詩云。』世之所存子思子亦無之，不知善何所據。意當時或有此書，善必不妄也。特不及周任遺規之義，又不可曉。」芹按：緇衣，公孫尼子所作。其稱「子曰」者，皆述子思之言也。故善注以爲子思子。至周任遺規，張詩本意仍用論語，非以此詩爲周任作也。洪似誤會。

二十八宿

容齋四筆：「二十八宿，宿音『秀』。若考其義，則只當讀如本音。嘗記前人有說如此。說苑辨物篇：『天之五星，運氣於五行。所謂宿者，日、月、五星之所宿也。』其義昭然。」案：劉熙釋名：「宿，宿也。言星各止住其所也。」容齋之說良是。第古人去入通用，故「宿」音「夙」，亦音「秀」。左思吳都賦：「籠烏兔於日月，窮飛走之棲宿。」與上「狩」字叶，是「宿」字亦可讀「秀」也。今人於「星宿」字必以讀「秀」者爲是，讀「夙」者爲誤，無乃知其一，不知其二乎？

主臣

容齊四筆：「漢文帝問陳平決獄、錢穀，平謝曰：『主臣。』史、漢書皆同。張晏曰：『若今人謝曰惶恐也。』文穎曰：『惶恐之辭，猶今言死罪也。』晉灼曰：『主擊臣服也。言其擊服，皇恐之辭。』馬融龍虎賦曰：『勇怯見之，莫不主臣。』正用此意。文選載梁任昉奏彈曹景宗，先敘其罪，然後繼之曰：『景宗即主臣。』仍繼之曰：『謹案某官臣景宗。』又彈劉整，亦曰：『整即主臣。』齊沈約彈王源文亦然。李善捨漢、史所書，而引王隱晉書『庾純自劾以主』爲句，殊爲非是。考李善文選注：『主謂爲主首也。王隱晉書庾純自劾曰：醉酒荒淫，昏亂儀度，即主臣。』謹按：河南尹庾純云云。然以『主』爲句，『臣』當下讀也。」案：「即主」二字，殊不可解。孫月峰謂當時疑有此體，是說良允。然謹按：上必有「臣」字，則「臣」字自應連下句讀，善注所以不引史、漢而引晉書也。至「主臣」二字，原不作「死罪」、「惶恐」解，已見前條。惟容齋所引馬融賦，似作「皇恐」解，然不知其上下文意云何，姑以俟考。

水立

容齋四筆：「東坡在杭州作有美堂會客詩，頷聯云：『天外黑風吹海立，浙東飛雨過江來。』讀者疑海不能立，黃魯直曰：『蓋是爲老杜所云誤。』因舉三大禮賦朝獻太清宮云『九天之雲下垂，四海之水皆立』以告之。二者皆句語雄峻，前無古人。坡和陶停雲詩，有『雲屯九河，雪立三江』之句，亦用此也。」芹按：酈道元水經注：「淇水又東北〔一〕，西流水注之。水出東大嶺下，西流逕石樓南，在北陵石上，綀垂桀立，亭亭極峻。」則老杜「水立」二字，非無出處也。魯直譏之，過矣！

石尤風

容齋五筆：「石尤風，不知其義，意其爲打頭逆風也。唐人詩好用之。陳子昂入峽苦風云：『故鄉今日友，歡會坐應同。寧知巴、峽路，辛苦石尤風。』戴叔倫送裴明州云：『瀟水連湘水，千波萬浪中。知君未得去，慚愧石尤風。』司空文明留盧秦卿云：『知有前期在，難分此夜中。無將故人酒，不及石尤風。』」案：古樂府：「願作石尤風，四面斷行旅。」「石尤」二字本此。容齋以爲打頭逆風者是也。竊疑「石尤」二字，乃「愁」字之切音。謂客行遇逆風，則愁也。瑯嬛記造爲尤郎、石女事，妄矣！

呂望非熊

容齋五筆：「自李瀚蒙求有『呂望非熊』之句，後來據以爲用。然以史策考之，六韜第一篇文韜曰：『文王將田，史編卜曰：『田於渭陽，將大得焉。非龍非彲，螭。非虎非羆。兆得公侯，天遺汝師。』文王曰：『兆致是乎？』史編曰：『編之太祖史疇，爲禹占得皋陶兆。』史記云：呂尚窮困年老，以漁釣干西伯。西伯將出獵，卜之曰：『所獲非龍非彲，非虎非羆。所獲霸王之輔。』後漢崔駰達旨云：『漁父

〔一〕又，底本作「有」，今據科學出版社影印本水經注疏改。

曰：『將大獲，非熊非羆，天遺汝師。』」「非熊」二字本此。

見兆於玄龜。』注文乃引史記『非龍非驪』。今本作「螭」。」按：宋書符瑞志：「王將畋，史編〔一〕卜之

兔葵燕麥

容齋三筆：「劉禹錫再遊玄都觀詩序云：『唯兔葵燕麥，動搖春風耳！』今人多引用之。予讀北史邢劭傳載劭一書云：『國子雖有學官之名，而無教授之實，何異兔絲燕麥、南箕北斗哉？』然則此語由來久矣！」葉庭珪海錄碎事云：「兔葵，苗如龍芮，花白莖紫，燕麥草似麥，亦曰雀麥。」楊升菴集：「古樂府云：『道傍兔絲，何嘗可絡？田中燕麥，何嘗可穫？』言虛名無用也。蓋兔絲非絲，而有絲之名。劉禹錫又作兔絲燕麥，非也。今按：兔絲，虛名是也。燕麥，滇南有之，土人以爲朝夕常食，非虛名也。或者古但有燕麥之名，未見其實也。」考爾雅「莃菟葵」，郭注：「頗似葵而小，葉狀如藜，有毛汋，啖之滑。」邢疏：「案本草注云：『苗如石龍芮，葉光澤，花白似梅，莖紫色。煮汁極滑，堪啗。所在平澤皆有，田間人多識之』是也。」又：「蘥雀麥。」郭注：「即燕麥也。」邢疏：「本草云：『生故墟野林下，苗似小麥而弱，實似穬麥而細，在處亦有之。』是也。」又：「唐蒙，女蘿。女蘿，菟絲。」邢疏：「陸璣云：『今菟絲蔓連草上生，黄赤如金。今合藥兔絲子。』是也。按：樂府自用兔絲，夢得自用兔葵，意各有在，不得謂劉誤也。升菴駁之，非矣。

〔一〕編，底本作「徧」，今據文義改。

端午　重三

容齋隨筆：「唐玄宗以八月五日爲千秋節。張說上大衍曆序云：『謹以開元十六年八月端午獻之。』唐類表有宋璟請八月五日爲千秋節表云：『月惟仲秋，日在端午。』然則凡月之五日，皆可稱端午也。」又野客叢書：「今言五月五日，曰重五；九月九日，曰重九。則三月三日，亦宜重三。」觀張說文集三月三日詩：「暮春三月日重三。」曲水侍宴詩：「三月重三日。」此可據也。

霞帔

程大昌演繁露：「唐睿宗召司馬承禎問道，遂賜絳霞紅帔（唐書作「霞文帔」。列仙傳作「花帔」。）以還，公卿賦詩送之。今世之謂霞帔者，殆起此耶？」按：宋史樂志：「女弟子隊，五曰拂霓裳隊，衣紅仙砌衣，碧霞帔，戴仙冠，紅繡抹額。九曰彩雲仙隊，衣黃色道衣，紫霞帔，冠仙冠，執幢節鶴扇。」又陸游南唐書：「耿先生者，少爲女道士。玉貌鳥爪，常著碧霞帔，自稱比丘。」蓋始以爲道家之裝，而後遂以爲婦人之服也。

白日衣繡

演繁露云：「東觀漢記：建武二年，封景丹爲櫟陽侯。上謂曰：『富貴不歸故鄉，如衣錦夜行，故以封卿。』按：前漢皆言衣繡，（見項羽本紀及朱買臣傳。）惟此言『衣錦』。（漢書項羽傳亦作「衣錦」。）」按：蘇武書語云：「夜行被繡，不足爲榮。」又風俗通義：「江夏張遼，字叔高。爲兗州太守。以二千石尊過鄉里，白日衣繡，榮羡如此。」按：唐書：「張士貴，虢州人，授虢州刺史。帝曰：『顧令卿衣錦晝遊耳！』」此亦一白日衣繡也。

一枝梅

史繩祖學齋佔嗶：「荆州記謂陸凱與范蔚宗相善，凱自江東遣使，寄梅花一枝詣長安，與范蔚宗，並詩一絕云：『折梅逢驛使，寄與隴頭人。江南無所有，聊贈一枝春。』後世紛紛，舉用多矣，皆以陸、范爲證。不知劉向說苑已載越使諸發執一枝梅遺梁王，梁王之臣曰：『韓子者，顧左右，曰：烏有一枝梅乃遺列國之君？』」則折梅遺使，始此矣！按：陸凱，見吳志，三國時人。范蔚宗，六朝時人。荆州記所云范曄，乃另是一人，非蔚宗也。若云蔚宗，安得與陸凱同時耶？學齋以范曄爲蔚宗，謬矣！

六出四出花

學齋佔嗶：「呂氏春秋誤，當作韓詩傳。云：『草木之花皆五出，雪花獨六出。古今莫喻其理。』獨朱文公謂地六，爲水之成數。雪者，水結爲花，故六出。或言花中惟巖桂四出之異。余謂土之生物，其成數五，故草木花皆五。惟桂乃月中之木，居西方，地四，乃西方金之成數，故花四出而金色，且開於秋云。」按：酉陽雜俎：「諸花少六出者，惟梔子花六出。陶貞白言：『即西域薝蔔花也。』」又述異記：「天台山有杏花，六出而五色，號仙人杏。」又陸佃埤雅：「凡木，葉皆一脊，惟桂葉三脊。」以今驗之，亦不盡然。山谷詩話：「梔子花六出者，雖香不濃。惟郁山梔子八出，一株可香一圃。」

一字師

戴埴鼠璞：「南唐野史載張迥寄遠詩：『蟬鬢彫將盡，虬髭白也無。』齊己改爲『虬髭黑在無』，迥拜爲一字師。」陶岳五代史補：「齊己攜詩詣鄭谷，詠早梅云：『前村深雪裏，昨夜數枝開。』谷曰：『數枝非早也，未若一枝。』齊己拜谷爲一字師。」又陳輔之詩話云：「蕭楚才知溧陽，垂崖作牧，有一絶云：『獨恨太平無一事，江南閒殺老尚書。』蕭改『恨』作『幸』。一字師也。」按：鶴林玉露：「楊廷秀用干寶事，相承作『于』，有吏在旁曰：本是『干』字。檢字書以呈。下注：『晉有干寶。』廷秀喜曰：『此吾一字師也。』」此又一事也。

群書札記卷十六

月如丸

夢溪筆談：「或問予以『日月之形如丸邪？如扇也？若如丸，則其相遇，豈不相礙？』予對曰：『日月之形如丸。何以知之？以月盈虧可驗也。月本無光，猶銀丸，日耀之乃光耳！光之初生，日在其傍，故光側，而所見纔如鈎；日漸遠，則斜照，而光稍滿如彈丸。以粉塗其半，側視之，則粉處如鈎；對視之，則正圓。此有以知其如丸也。日、月，氣也。有形而無質，故相值而無礙。』」案：酉陽雜俎天咫篇：「太和中，鄭仁本表弟常與一王秀才遊嵩山，見一人方眠熟，即呼之，乃起坐。其人笑曰：『君知月乃七寶合成乎？月勢如丸，其影，日爍其突處也。常有八萬二千戶修之。予即一數。』」雖其事荒誕不經，然存中之言，非無本矣！

誃門

夢溪筆談：「歷代宮室中，有誃門，蓋取張衡東京賦『誃門曲榭』也。說者謂冰室門。薛綜文選注：「誃門，冰室門也。」埤蒼云：「冰室門名。」案：字訓：『誃，別也。』東京賦但言別門耳，故以對『曲榭』，非有定處也。」晉書載記劉曜傳：「誃門旦空。」〔一〕注：「謂別門也。」考漢書諸侯王表：「周有逃責之臺。」服虔注：「周赧王負責，無以歸之，主追責急，乃逃於此臺。後人因以名之。」劉德曰：「洛陽南宮誃臺是也。」許氏說文：「周景王作洛陽誃臺。」徐鍇〔二〕曰：「爾雅：『堂，樓邊小屋。』此蓋小屋連於大屋。體其實，則別自爲一區處也。」據此，則不惟有誃門，兼有誃臺矣！又戰國策：「出誃門也。」注：「別也。元作詽。」又石林燕語：「東華門直北，有東向門，與內東門相植，謂之誃門。」

野馬

夢溪筆談：「莊子言：『野馬也，塵埃也。』乃是兩物。古人即謂野馬爲塵埃，如吳融云：『動梁間之野馬。』又韓渥云：『窗裏日光飛野馬。』皆以塵爲野馬，恐不然也。野馬，乃田野間浮氣耳，遠望如群羊，又如水波。佛書謂『如熱時野馬陽燄』，即此物也。」芹案：野馬，日中遊氣也。映日則見，不映日則不見。佛書所謂陽燄，即世所謂紅塵也。莊子疊下三「也」字，文法絕妙。以塵埃注上野馬，即以生物之息相吹也。莊子注：「生物，造物也。息氣之翕闢往來也。」注明上句，本是一物，何容岐而二之乎？

前榮

夢溪筆談：「予見人爲文章，多言『前榮』。榮者，夏屋東、西序之外屋翼也。謂之東榮、西榮。四

〔一〕誃門旦空，底本作「誃門門旦空」，今據中華書局本晉書改。
〔二〕鍇，底本作「鉉」，今據四部叢刊本說文解字繫傳改。

注屋，則謂之東霤、西霤，未知前榮安在？」考禮喪大記：「升自東榮，降自西北榮。」鄭注：「榮，屋翼也。天子、諸侯言東霤。」孔疏：「天子、諸侯，四注爲屋，而大夫以下，不得四注，但南、北二注，而爲直頭，頭即屋翼也。賀瑒云：『以其體下於屋，故謂上下在屋，兩頭似翼，故名屋翼也。』」又云：「天子、諸侯言東霤者。霤謂東西兩頭，爲屋簷霤下。」據此，則不特稱東榮、西榮，亦可稱南榮、北榮矣！唐人詩：「南榮正好背陽眠。」南榮，即前榮也。郭璞上林賦注：「榮，屋南簷也。」

郭索

夢溪筆談：「歐陽文忠常愛林逋詩『草泥行郭索，雲木叫鈎輈』之句，文忠以謂語新而屬對親切。鈎輈，鷓鴣聲也。李群玉詩云：『方穿詰曲崎嶇路，又聽鈎輈格磔聲。』郭索，蟹行貌也。揚雄太玄曰：『蠏之郭索，用心躁也。』」案：荀子勸學篇：「蟹六跪而二螯，非蛇蟺之穴無所寄託者，用心躁也。」太玄語本此。

秋鶴與飛

夢溪筆談：「韓退之集中羅池神碑銘有『春與猿吟兮，秋與鶴飛。』今驗石刻，乃『春與猿吟兮，秋鶴與飛。』古人多用此格。如楚詞：『吉日兮良辰』，又『蕙殽蒸兮蘭藉，奠桂酒兮椒漿』，蓋欲相錯成文，則語勢矯健耳！杜子美詩『紅稻啄餘鸚鵡粒，碧梧棲老鳳皇枝』，此亦語反而意全。韓退之雪詩：『舞鏡鸞窺沼，行天馬度橋』，亦效此體，然稍牽強，不若前人之語渾成也。」案：司空圖詩品：「飲之太和，獨鶴與飛。」蓋亦本退之此語也。

謝仙火

夢溪筆談：「世傳湖、湘閒有鬼神，書『謝仙火』三字於木柱上，其字入木如刻，倒書之。近歲秀州華亭縣，亦因雷震，有字在天王寺屋柱上，亦倒書，云：『高洞楊鴉一十六人火令章。』凡十一字，內『令章』兩字，特奇勁，似唐人書體，頗與『謝仙火』事同。所謂『火』者，疑隊伍若干人爲『一火』耳！」齊東野語：「大中、祥符，岳州玉眞觀爲火所焚，惟留一柱，有『謝仙火』三字，倒書而刻之。慶曆中，以此事問何仙姑，云：『謝仙者，雷部中鬼也，掌行火於世間。』後有於道藏經中得謝仙事，驗以爲神。然則雷之神眞有謝姓者邪？」岳陽風土記：「華容令宅東北，有老子祠，曰天皇觀。門之左右，有二神像，道家所謂青龍、白虎也。祥符八年，雷震白虎西北楹，上有倒書『謝仙火』字，入木踰分，字畫遒勁，人莫之測。慶曆六年，滕子京令摹而刻之，問零陵何氏女，俗謂之何仙姑者。乃曰：『謝仙，雷部火神也。兄弟二人，各長三尺，形質如玉，好以鐵筆書字。其字高下，當以身等。』驗之皆然。東楹亦有『謝仙』二字，逼近柱礎，又不知何也。」案：「火」疑是「火伴」之「火」。其所書，乃木客記號也。字其順刻，及其爲柱，則本居下，而末居上，故似倒書也。三說雖同，傳聞各異，姑缺疑焉可也。

龍鍾

青箱雜記：「古語有二聲合爲一字者，如『不可』爲『叵』，『而已』爲『耳』，蓋起於西域二合之音也。『龍鍾』切爲『癃』，『潦倒』切爲『老』。謂人之癃老，以龍鍾潦倒目之，音義取此。蘇鶚演義：龍鍾以反字之音呼者，當如呼頭爲髑髏，呼脛爲徼定。學者不曉龍鍾潦倒之義，故其説雜然不一。龍鍾爲不昌熾，不翹舉，如藍髿拉搭之類。邵云：按：荀子議兵篇：『角摧隴種，東籠而退耳。』注：『隴種，遺失貌，如隴之種物然。』或曰：即鍾也。新序作『隴鍾而退』，龍鍾似即隴種語轉而然耳！」按：「龍鍾」字，不可解，雜記以爲切音者近是。然以爲癃，則非也。

薪歌

西溪叢語：「李善文選引證精博，五臣無足取也。惟注北山移文『值薪歌於延瀨』，李善云：『未詳。』呂向云：『蘇門先生(一)遊於延瀨，見一人採薪，謂之曰：子以終乎？薪人曰：吾聞聖人無懷，以道德爲心，何怪乎而爲哀也。遂爲歌二章而去。』又不注所出。」案：蘇門先生，乃孫登也。呂向注本阮籍大人先生傳，而「延瀨」字未詳所出。何義門云：「『延瀨』，似指延陵季子值披裘公事。」然亦未的。

齊斧

西溪叢語：「虞喜志林云：『齊，側階切。凡師出，齊戒入廟受斧，故云齊也。』陳琳云：『腰領不

(一) 先生，底本作「生先」，今據文義改。

足以膏齊斧。』服虔漢書注云：『易：喪其資斧。』未詳其說。張晏云：『斧，鉞也。以整齊天下。』應劭云：『齊，利也。蕭斧，或云越斧也。』淮南子云：『磨蕭斧以伐朝菌。』『蕭』之義未詳。太平御覽引漢書王莽傳：『喪其齊斧。』音齊。」按：左思魏都賦：「蕭斧戢柯以柙兩。」說文云：「蕭斧，芟艾之斧也。」案：論語「蕭牆」注，鄭玄曰：「蕭之言肅也。」則「蕭斧」，當亦爲肅殺之義也。

韓令

西溪叢語：「羅隱牡丹詩云：『可憐韓令功成後，虛負穠華過此身。』據白廷翰唐蒙求『韓令牡丹』注云：『元和中，京師貴遊尚牡丹，一本直數萬。韓滉私第有之，遽命斸去，曰：豈效兒女耶？』」案：國史補：「京城貴遊尚牡丹，三十餘年矣！每春莫，車馬若狂，不以耽玩爲恥。執金吾鋪官圍外寺觀，種以求利，一本有直數萬者。元和末，韓令始至長安，居第有之，遽命斸去，曰：『吾豈效兒女子耶？』」此韓令，乃韓宏，非韓晉公滉也。蒙求注誤。

褦襶

西溪叢語：「杜甫送高十三書記云：『觸熱向武威。』程曉三伏詩云：『今世褦襶子，觸熱到人家。』據炙轂子云：『褦襶，笠子也。』集韻：『褦，音奈；襶，音戴。』二字，不曉事也。」正字通：「褦襶，一云避暑笠，一云暑月謁人，衣冠束身之狀，謂之褦襶子。」案：「褦襶」二字，切音爲「臺」。詩都士人所云「臺笠緇撮」是也。毛傳：「臺可以禦暑，笠可以禦雨。」鄭箋：「都人之士以臺皮爲笠。」爾雅：「臺，夫須。」郭注：「臺可以爲禦雨笠。」則褦襶之爲笠子也明矣！「不曉事」之言，後人因程詩而傅會之耳。

鈷鉧

西溪叢語：「宜都山水記：『佷山溪有釜瀨，其石大者如釜，小者如鈷鏻。』柳子厚鈷鉧潭記『鉧』字，字書無之。集韻：『鍸鈷並音胡黍稷器。夏曰瑚，商曰璉，周曰簠簋。』又：鏻，音滿補反。鈷鏻，溫器。言潭石如此大小爾。」案：正字通：「鉧同鏻。柳宗元有永州鈷鉧潭記，范成大驂鸞錄：『鈷鉧，熨斗也。潭之形似之。』」又世說新語夙慧：「韓康伯數歲，家酷貧。至大寒，止得襦，母殷夫人自成之，令康伯捉熨斗，謂康伯曰：『且著襦。尋作複褌。』兒云：『已足，不須複褌也。』母問其故，答曰：『火在熨斗中而柄熱。今既著襦，下亦當煗，故不須耳！』」則溫器之爲熨斗也明矣。

鄉里

西溪叢語：「山陰柳家女詩云：『還家問鄉里，詎堪持作夫？』鄉里謂妻也。」南史張彪傳：「呼妻爲鄉里云：『我不忍令鄉里落它處。』」今會稽人言家里，其意同也。案：「鄉里」二字，乃「妻」字之切音，猶古詩之以「藁砧」爲「夫」也。

諸皋

西溪叢語：「段成式酉陽雜俎有諸皋記，又有支諸皋，意義難解。春秋左襄十八年：『中行獻子夢與厲公訟，弗勝，見梗陽之巫皋。他日見諸道，與之言同。獻子許諾。』疑此事也。」晁伯宇談助云：「靈奇秘要辟兵法：正月上寅日，禹步，取寄生木三，咒曰：『諸皋敢告，日月震雷。令人無敢見我，我爲大帝使者。』乃斷取五寸，陰乾百日，爲簪二七，循頭還，着令人不見。」晁説非也。按：抱朴子：「往山中，當禹步而行，三咒曰：『諸皋太陰，將軍獨聞。曾孫王甲，勿開外人。〔一〕使人見甲者，以爲束薪；不見甲者，以爲非人。』」則人鬼不能見也，與晁氏同。三説未知孰是。

田子春

西溪叢語：「陶淵明詩云：『聞有田子春，節義爲士雄。』漢書劉澤傳云：『高后時，齊人田生游乏資，以書于澤，澤大悦之，用金二百觔爲田生壽。田生如長安，幸謁者張卿諷高后，立澤爲瑯琊王。』晉灼曰：『楚漢春秋云：田生，字子春。』」按：魏志：「田疇，字子春，一「刻泰」，非。右北平無終人也。好讀書，善擊劍，劉虞署爲從事。虞爲公孫瓚所害，疇謁祭虞墓，哭泣而去。瓚聞之，大怒。或説瓚曰：『田疇，義士。君弗能禮，而又囚之，恐失衆心。』疇乃得北歸。」又先賢行狀曰：「疇文武有效，節義可嘉。淵明所指，蓋此人也。」後漢書注引魏志作「田子春」，當從之。

〔一〕開，底本作「聞」，今據中華書局本抱朴子内篇校釋改。

讎書汗簡

西溪叢語：「劉向別錄云：『校書一人持本，一人讀本，若怨家，故曰讎書。』又後漢書吳祐傳注：『殺青者，以火炙簡，令汗，取其青易書，復不蠹，謂之殺青。亦謂汗簡。』義見劉向別錄也。

跕躧

程大昌演繁露：「地理志：『趙地倡優女子彈弦跕躧，游媚富貴。』注：『躡跟爲跕，掛指爲躧。』師古曰：『屣，謂小履之無跟者也。跕，謂輕躡之也。』」案：今人夏月以生帛爲屧，其三面稍隆起，惟當腳跟處正低，即師古所指也。按：此疑即後世假小腳所自始。則古人之纏足，由來久矣。

行馬

李商隱詩：「郎君官貴施行馬，東閣無因得再窺。」按：演繁露云：「晉、魏以後，官至貴品，其門得施行馬。行馬者，一木橫中，兩木互穿，以成四角，施之於門，以爲約禁也。」周禮謂之「陛枑」，今官府前叉子是也。

水竹居

癸辛雜識：「薛野鶴曰：人家住屋須三分水，二分竹，一分屋，方好。此說甚奇。」案：白居易池上篇序：「都城風土水木之勝，在東南。偏東南之勝，在履道里。里之勝，在西北隅西閈北垣第一第，即白氏叟樂天退老之地。地方十七畝，屋室三之一，水五之一，竹九之一，而島樹橋道，間之野鶴。」語蓋本此也。

牛女

癸辛雜識：「七夕，牛、女渡河之事，古今之說多不同。非惟不同，而二星之名莫能定。古詩云：『黃姑、織女時相見。』太白詩云：『黃姑與織女，相去不盈尺。』是皆以牽牛爲黃姑。然李後主詩云：『迢迢牽牛星，杳在河之漢。粲粲黃姑女，耿耿遙相望。』則又以織女爲黃姑，何耶？以星曆考之，牽牛去織女隔銀河七十二度，古詩所謂『盈盈一水間，脈脈不得語』，又安得如太白『相去不盈尺』之說。又歲時記則以黃姑即河鼓，爾雅則以河鼓爲牽牛。又焦林大斗記云：『天河之西，有星煌煌，與參俱出，謂之牽牛。天河之東，有星微微，在氐之下，謂之織女。』晉天文志云：『河鼓三星，即天鼓也。牽牛六星，天之關梁，又謂之星紀。』又云：『織女三星，在天紀東端天女也。』漢天文志又謂：『織女，天之貞女。』其說皆不一。至於渡河之說，則洪景盧辨析最爲精當。」案：黃姑即河鼓，河鼓即牽牛。李後主以黃姑爲織女者，謬也。大斗記所云「與參俱出」，「參」字，疑是「心」字之訛。若參星，則安得與牽牛俱出矣！至太白詩「相去不盈尺」，用古詩「河漢清且淺，相去復幾許」，即詩「曾不容刀」之意，草窗駁之，過矣！

按容齋隨筆：「杜詩云：『牛、女漫愁思，秋期猶渡河。』『牛、女年年渡，何曾風浪生。』梁劉孝儀詩云：『欲待黃昏至，含嬌淺渡河。』唐人七夕詩皆有此說。此自是牽俗遺辭之過。故杜老又有詩云：『牽牛出河西，織女處其東。萬古永相望，七夕誰見同？神光竟難候，此事終蒙朧。』蓋自洞曉其實，非他人比也。」

上巳

癸辛雜識：「或云：『上巳』當作十干之『己』，蓋古人用日例。以十干如上辛、上戊之類，無用支者。若首午尾卯，則上旬無巳矣！故王季夷嵎上巳詞云：『曲水湔裙三月二。』此其證也。考漢書律曆志：「姑洗，洗絜也。」言陽氣洗物，辜必也絜之也。位於辰，在三月。古人三月祓除之義，意在斯乎？其必用巳者，何也？芹案：十二支叢辰三月建辰，則巳乃除日也。古人上巳之義，蓋取諸此。其始之用三月三日者，必三日恰值除日故耳。後人但用三日，更不拘定上巳也。癸辛只據月令例用日干，似未得古人之意。

寒火

齊東野語：「邵康節曰：『世有溫泉而無寒火。』晉紀：『瞻舉秀才，陸璣策之曰：陰陽不調，則大數不得不否；一氣偏廢，則萬物不能獨成。』今有溫泉，而無寒火，其故何也？白虎通五行篇亦曰：『有溫水，無寒火。』然今湯泉往往有之，獨未見所謂寒火。」按：西京雜記載董仲舒曰：「水極陰而有溫泉，火至陽而有涼燄。」又抱朴子：「水主純冷，而有溫谷之湯泉；火體宜熾，而有蕭丘之寒。」又劉子從化篇曰：「水性宜冷，而有華陽溫泉，猶曰泉冷，冷者多也。火性宜熱，而有蕭丘寒燄，猶曰火熱，熱者多也。」然則寒火亦有之矣！特以耳目所未見，故以爲無耳。

囊雲

齊東野語：「陶通明詩云：『山中何所有？嶺上多白雲。只可自怡悦，不堪持贈君。』雲固非可持贈之物也。坡翁一日還自山中，見雲氣如群馬奔突，自山中來，遂以手掇開籠，收於其中。及歸，白雲盈籠。開籠放之，遂作攓雲篇。然則雲眞可以持贈矣！宣和中，艮嶽初成，令近山多造油絹囊，以水濕之，曉張於絕巘危巒之閒，既而雲盡入，遂括囊以獻，名曰貢雲。每車駕所臨，則盡縱之，須臾滃然充塞，如在千巖萬壑閒。然則不特可以持贈，又可以貢矣！」瑯嬛記：「更羸之妻能作鎖雲囊〔一〕，佩之陟高山有雲處，不必開囊，而自然有雲氣入其中。歸至家，皆有雲氣白如綿自囊而出。囊大如蠶繭，而可以開合。更羸善射，每言能仰射入雲中。其妻不信，因以一囊繫箭頭，令射之。及墜驗之，果有白雲在內，因名箭曰鎖雲。」故子美詩曰：「翻身向天仰射雲。」原注：「謝氏詩源。」按：左太沖魏都賦：「控弦簡發，妙擬更嬴。」瑯環記所附會，即其人也。「嬴」字，皆作「羸」，不知刻本訛耶？抑古字通耶？

〔一〕鎖，底本作「瑣」，今據萬曆本瑯嬛記改。

配鹽幽菽

齊東野語：「昔傳江西一士求見楊誠齋，頗以該洽自負。越數日，誠齋簡之云：『聞公自江西來，配鹽幽菽，欲求少許。』士人茫然莫曉，亟往謝。誠齋徐檢禮部韻略『豉』字示之，注云：『配鹽幽菽也。』然其義亦未可深曉。楚辭曰：『大苦酸鹹，辛甘行些。』説者曰：『大苦豉也。言取豉汁，調以鹹酢椒薑。飴蜜，則辛甘之味皆發而行。然古無豆豉。』史遊急就篇乃有『蕪荑鹽豉』，史記貨殖篇有『糵麴鹽豉千合』，三輔決錄曰：『前隊大夫范仲公鹽豉蒜果共一筩。』蓋秦、漢以來，始有之。」考説文解字：「豉，配鹽幽尗也。徐曰：尗，豆也。幽，謂造之幽暗也。」案：齊民要術：「作醬，用春種烏豆。」意作豉亦如之。則幽菽者，黑豆也。史遊急就篇：「蕪荑鹽豉醯酢醬。」顏師古注：「豉者，幽豆而爲之也。」則幽菽之爲黑豆也明矣！

野婆

齋東野語：「邕、宜閒，有獸名野婆，黃髮椎髻，跣足裸形，儼然一媪也。上下山谷如飛猱。自腰已下，有皮纍，垂若蓋膝，若犢鼻，力敵數壯夫。其群皆雌，無匹偶。每遇男子，必負去求合。嘗爲健夫設計殺之，至死，以手護腰間不置。剖之，得印方寸，瑩若蒼玉。字類符篆，不可識。非鐫非鏤，蓋自然之文。然亦竟莫知其所寶爲何用也。後漢引博物志記曰：『日南出野女，群行不見夫。其狀皛且白，裸袒無衣襦。』得非此乎？博物記當是秦、漢間古書，張茂先蓋取其名而爲志也。」案：博物記，漢武帝時唐蒙所作。今博物志云：「日南有野女，群行見丈夫狀，鼻目裸袒，無衣縛。」語小異。

桑落酒

謝枋得碧湖雜記：「杜詩云：『坐開桑落酒，來把菊花枝。』按：賈思勰齊民要術有桑落酒、神麴酒，其名不一。又云：『桑欲落時，造黍米酒，可得永年。造神麴酒，春秋二時，造者皆得過夏。然桑落時作者，乃勝於春天。有造桑落酒麴法。』老杜或本諸此。」霏雪録：「河東桑落坊有井，每至桑落時，取水釀酒，甚美，故名桑落酒。」庾子山詩：「蒲城桑落酒，灞岸菊花天。」老杜蓋本此也。水經注曰：「劉白墮夙擅工釀，自王公庶友，牽拂相招者。每云：索郎有顧，思同旅語。索郎，反語爲桑落也。」按：「索」乃「桑」之入聲，以「桑落」切之，則爲「索」；以「落桑」切之，則爲「郎」。「落」乃「郎」之入聲，以「索郎」切之，則爲「桑」；以「郎索」切之，則爲「落」。後人以「索郎」爲「桑落」反音，亦無不吻合焉。或乃造試。鶯宋遷事謂索酒與郎飲者，謬矣！

喪家狗

甕牖閒評：「家語『纍纍然若喪家之狗。』『喪』字當作去聲，言失家之狗耳。故蘇東坡詩云『惘惘可憐眞喪狗』是矣。而元微之詩乃云：『飢搖困尾喪家狗。』又卻作平聲用，何也？」按：王肅注：「喪家狗，主人哀荒，不見飲食，故纍然不得意。孔子生於亂世，道不得行，故纍然是不得意之貌也。」韓詩外傳：「喪家之狗，既斂而椁，布器而祭，顧望無人，意欲施之。」「喪」字作平聲讀。惟孔穎達春秋正義序：「虛嘆銜書之鳳，乃似喪家之狗。」「喪」字作去聲讀，不得執此而議彼也。

夏黃公

甕牖閒評：「王元之詩：『未必頸如樗里子，也應頭似夏黃公。』畢文簡公以爲非，黃公未嘗姓夏，當云綺里季夏及黃公爲二人可也。今觀皇甫謐高士傳云：『夏黃公，姓崔名廓，字少通，齊人。隱居修道，號夏黃公。又卻是其號，未知其孰是也。』」案：高士傳：「四皓者，皆河內軹人也。或在汲，一曰東園公，二曰甪里先生，三曰綺里季，四曰夏黃公。」不著姓名。惟陶淵明先生群輔錄：「園公、姓圈，名秉，字宣明，陳留襄邑人。常居園中，故號園公。見陳留志。綺里季、夏黃公、姓崔，名廓，字少通，齊人，隱居修道，號夏黃公。見崔氏譜。甪里先生。右商山四皓，當秦之末，俱隱上洛商山。」皇甫士安云：「並河內軹人。」見漢書及皇甫謐高士傳。質甫蓋誤記群輔錄、高士傳也。

童烏

甕牖閒評：「揚子雲法言云：『育而不苗者，吾家之童烏乎！九齡而與我玄文。』李軌注云：「仲尼悼顏淵苗而不秀，子雲傷童烏育而不苗。」步里客談謂『童』下合有一點，蓋子雲之意，歎其子童蒙而早亡，故曰『烏乎』，是即『嗚呼』二字。後世乃謂子雲之子名烏，雖蘇東坡、張芸叟諸公，莫能辨之。觀東坡在惠州，其子遯之死也，有詩云：『苗而不秀豈其天，不使童烏與我玄？』芸叟以公奴終七有詩云：『學語僅能追驤子，草玄安敢望童烏？』是亦以烏爲子雲之子也。」案：「嗚呼」二字，左傳亦作「烏乎」，或說近似有理。然考常璩華陽國志文學：「神童揚烏，雄子，七歲預父玄文，九歲卒。」又揚雄別傳：「揚信，字子烏，雄第二子，幼而聰慧。雄擬羝羊觸藩，彌日不就。子烏曰：『大人何不云荷戟入榛，九齡而與我玄文。』」蓋指此也。則以「童烏」二字連讀者，非無據矣！按：別傳之說，似不可信。

宰予

甕牖閒評：「史記：李斯上書諫二世，其略云：『田常爲簡公臣，布惠施德，下得百姓，上得群臣，陰取齊國，殺宰予於庭。』是宰予不從田常，爲常所殺也。弟子傳乃云：宰予與田常作亂，而夷其族，孔子耻之。蘇東坡作志林，力辨此一段事，謂李斯、荀卿去孔子不遠，宜得其實，弟子傳妄也。東坡之意，蓋欲明宰予之非與田常作亂，是固然矣！然不知宰予未嘗被殺。齊田常之亂所殺者，乃闞止，與宰予皆字子我。太史公取左氏傳而作史記，見子我被殺，不能深究，便認以爲宰予，而有孔子耻之之說，抑何謬誤以至於如此。」按：容齋隨筆：史記稱宰我爲臨菑大夫，與田常作難，以夷其族，孔子耻之。家語亦同。蘇子由作古史精爲辯之，以爲子我者，闞止也，與田常爭齊政，爲常所殺。以其字亦曰子我，故戰國之書誤以爲宰予。此論既出，聖門高第得非義之謗。據此，則左傳之「子我」，譬如魯之曾參，趙之毛遂，魯之秋胡，非聖門之宰予也。若淮南子、說苑諸書，並波及鴟夷子皮，益無稽矣！

牢丸

甕牖閒評：「束皙餅賦云：『春饅頭，夏薄持。亦作「薄壯」。秋起搜，亦作「起叟」。冬湯餅，四時皆宜，惟牢九亦作「牢丸」。乎？』初不知牢九是何物。後讀蘇東坡詩云：『豈惟牢九薦古味，要使眞一流天漿。』雖東坡殆亦未知牢九果何物耳！」楊升菴集：「藝文類聚束晳餅賦有牢丸之目，蓋食具名也。東坡詩以『牢九』具對『眞一』酒，誠工矣，然不知爲何物。後見酉陽雜俎引伊尹書，有籠上牢丸、湯中牢丸九字，詩人貪奇趁韻，而不知其誤，雖東坡亦不能免也。牢丸，即湯餅也。」案：「牢丸」二字，切音爲「團」，即今之團子也。東坡以牢丸爲牢九，誤矣！升菴以牢丸爲湯餅，則與上湯餅句複，不可解矣！

經瓶

甕牖閒評：「今人盛酒大瓶，謂之『京瓶』，乃用京師『京』字意，謂此瓶出自京師，誤也。『京』字，當用『經籍』之『經』字。普安人以瓦壺小頸，環口修腹，受一斗可以盛酒者，名曰『經』。則知經瓶者，當用此『經』字也。」芹案：韓詩外傳：「齊桓公置酒，令諸大夫曰：『後者，飲一經程。』管仲後，當飲一經程，飲其一半，而棄其半。桓公曰：『仲父當飲一經程，而棄之，何也？』管仲曰：『臣聞之：酒入口者舌出。舌出者，棄身。與其棄身，不寧棄酒乎？』桓公曰：『善。』」則「經」字之由來古矣！

紅芰

甕牖閒評：「世人用『芰荷』二字，多不辨。夫芰菱也，荷蓮也，二者初非一物。屈到嗜芰，蓋喜食菱耳！而秦少游詩云：『紅芰秋開鑒水香。』菱花潔白無香者，豈少游亦誤以芰荷爲一物而未知察耶？」

芹案：杜牧之晚晴賦：「復引舟於深灣，忽八九之紅芰。」少游蓋用此而誤耳！考酉陽雜俎：「今人但言菱芰解，諸草木書亦未分別。惟王安貧武陵記云：『四角、三角曰芰，兩角曰菱。』」則「芰」與「菱」亦自有辨矣！

舊姓西

甕牖閒評：「蘇東坡詩云：『他年一舸鴟夷去，應記渠儂一作「儂家」。舊姓西。』『西』，謂西子也。西子本姓施，而世稱西施，蓋東、西施之謂耳。東坡詩乃以爲姓西，誤矣！」芹案：世說新語：「吳四姓，舊目云：張文，朱武，陸忠，顧厚。」則「舊姓」二字，原有出處。考吳越春秋：「越王得苧蘿山鬻薪之女，曰西施、鄭旦。」鄭姓鄭，安知西子不姓西耶？且西施逐鴟夷，本無其事。借曰有之，則范蠡已變姓名爲鴟夷子皮，如梁鴻之稱運期燿，安知西子不改爲夷光？王子年拾遺記：「越有美女二人，一曰夷光，一曰修明。即西施、鄭旦之別名。」如孟光之稱德曜耶？余向疑「姓」字爲「住」字之訛，以今思之，即如字，亦可通耳。

首鼠

甕牖閒評：「首鼠，猶言進退耳！唐書郭子儀傳云『孽寇首鼠』是矣！一士人與朋舊書云：『滯留上國，首鼠六年。』乃作『首尾』解，則非進退之謂也。」案：史記武安侯列傳：「與長孺共一老禿翁，何爲首鼠兩端？」注：「首鼠一前，一卻也。」漢書西羌傳：「首尾兩端。」注：「首尾，猶首鼠也。」案：「首鼠」二字，正作「首尾」解。即左傳所謂「畏首畏尾，身其餘幾」者也。賀甫駁之，誤矣！第士人所云「首鼠六年」，想作前後用耳！又後漢書鄧訓傳：「首施兩端。」注：「首施，猶首鼠也。」」

潮雞

甕牖閒評：「朝雞者，鳴得絕早，蓋以警入朝之人，故謂之朝雞。晁以道詩乃云：『雞鳴本候海潮信，不爲金門上馬時。』如此，則當『潮汐』之『潮』字，未知何據。」案：異物記：「伺潮雞，潮水上則鳴。」孫綽望海賦曰「石雞清響而應潮」是也。

梨爲五臟刀斧

湘山野錄：「李建勳罷相江南，出鎮豫章。一日，與賓僚遊東山，攜酒殽，引步於漁溪樵塢閒，遇佳處則飲。忽平田閒一茆舍，有兒童誦書聲，乃一叟教數村童，氣調瀟灑。丞相愛之，遂觴於其廬，置之客右。李以晚渴，連食數梨。賓僚有曰：『此不宜多食。號爲五臟刀斧。』叟竊笑，丞相曰：『先生之哂，必有異聞。』叟問說者曰：『敢問刀斧之說，有稽乎？』曰：『舉世盡云，必有其稽。』叟曰：『見鶡冠子所謂五臟刀斧者，非所食之梨，乃離別之離爾。蓋言人之別離，戕伐胸懷，甚若刀斧。』遂就架取一小策，振拂以呈丞相，乃鶡冠子也。檢之，如其說。李特加重。」按：今本鶡冠子無此語。即有逸篇，亦絕不類鶡冠子語。宋人小說，每喜僞造古書，此其一也。

牽牛

袁文甕牖閒評：「世言牽牛、織女，故老杜詩云：『牽牛出河西，織女處其東。』然織女三星自在牽牛之上，主金帛，非在東也。星經：「織女三星，在天市東，主瓜果絲帛，收藏珍寶。」二星既皆在西，則世俗鵲橋之說益誕矣！淮南子：「七夕，烏鵲填河成橋，渡織女。」今本原無此語。而老杜詩又云：『牛、女年年渡，何曾風浪生。』殆見人言紛紛，聊以爲戲耳！」案：牽牛有二：其一則六星。星經所云「牽牛，主關梁」，天文志所云「牽牛，爲犧牲」者是也。其一則三星。爾雅所云「何鼓謂之牽牛」是也。郭注：「今荆楚人呼牽牛星爲擔鼓。擔者，荷也。昔傳牽牛、織女七夕相見者，即此星也。」芹案：牛、女之說，始於漢末。魏文帝燕歌行：「牽牛、織女遙相望，爾獨何辜限河梁？」曹植九詠注曰：「牽牛爲夫，織女爲婦。織女、牽牛之星，各處一旁。七月七日，得一會同矣！」雖語不經，而其意實原於小東。今觀秋夏之交，牛在河西，女在河東。精靈颯合，眞有一則跂彼，而一則睆彼者。古詩：「迢迢牽牛星，皎皎河漢女。盈盈一水間，脈脈不得語。」蓋已兆其端矣！質甫不知牽牛之爲何鼓，而以二十八宿之經星當之，宜其有是說也。又吳筠續齊諧記：「桂陽成武丁有仙道，常在人閒，忽謂其弟曰：『七月七日，織女渡河，諸仙悉還宮，吾向已被召，不得停，與兩別矣！』弟問：『織女何事渡河，兄何當還？』答曰：『織女暫詣牽牛，吾去後三千年當還耳！』明旦，失武丁所在。世人至今猶云七月七日，織女嫁牽牛。」此不經之談也。

箕踞

甕牖閒評：「顏師古解漢書陸賈傳『箕踞』二字云：『伸兩腳而坐。』其說非也。箕踞者，乃抱兩膝而坐耳！唐子西作箕踞軒記云：『箕踞者，山間之容也。拳腰聳肩，抱膝而危坐。傴僂跼蹐，其圓如箕，故古人謂之箕踞。』此狀箕踞良是。」按：曲禮：「坐母箕。」孔疏：「箕，謂舒展兩足，狀如箕舌箕四星，二爲踵，二爲舌。踵狹而舌廣。也」則唐說非矣！案：「箕踞抱膝」四字，出皇甫謐高士傳，子西蓋本此也。

琴張

甕牖閒評：「孔子弟子琴張，琴牢也。家語弟子解：「琴牢，衛人，字子開，一字張，與宗魯友。」子張乃姓顓孫，名師。紹興中，太學試仁天之尊爵賦，取上第一人、第二人，皆以琴張爲子張。第一人云：『琴張難與，終懷干祿之疑。』第二人云：『笑琴張難與並，爲徒懷干祿。』而試官與舉人皆不悟，抑何鹵莽至此耶？」案：左傳有琴張，賈逵、鄭衆皆以爲子張，即顓孫師。孟子有琴張，趙注：「琴張，子張也。子張之爲人，踸踔譎詭，又善鼓琴。事見檀弓，號曰琴張。」案：漢時家語未出，而史記弟子傳無琴牢，故皆以琴張爲師張。宋紹興間取士，猶用古注。自朱子集注出，而注疏之學荒矣！質甫所駁，無乃陋乎？

水畫

湘山野録：「江南徐知誥得畫牛一軸，晝則嚙草欄外，夜則歸臥欄中。謌獻後主煜，煜持貢闕下。太宗張後苑，以示群臣，俱無知者。惟僧録贊寧曰：『南倭海水或減，則灘磧微露。倭人拾方諸蚌，胎中有餘淚數滴者，得之和色著物，則晝隱而夜顯。沃焦山時，或風撓飄繫，忽有石落海岸，得之滴水，磨色染物，則晝顯而夜晦。』諸學士皆以爲無稽。寧曰：『見張騫海外異紀。』後杜鎬檢三館書目，果見於六朝舊本書中載之。」酉陽雜俎：「李叔詹嘗識一范山人，停於私第。一日，請後廳上掘地爲池，方丈，深尺餘，泥以麻灰，日汲水滿之。候水不耗，具丹墨硯，先援筆扣齒良久，乃縱毫水上。就視，但見水色渾渾爾。經二日，搨以緻絹四幅。食頃，舉出觀之，古松怪石，人物屋木，無所不備，蓋水畫也。李鶩異，詰之，唯言善能禁彩色，不令沉散而已。」案：野録所載，其事之有無不可信。若柯古所云水畫，亦神乎技者矣！

附錄一　傳記資料

朱亦棟傳

朱亦棟，原名芹，字獻公，號碧山，乾隆乙酉副貢，戊子膺鄉薦。屢試南宮不售，就平陽訓導。半載，即乞病歸，鍵戶著書，至老不倦。嘗師事錢詹事大昕，與邵二雲學士友善。平生沾接大師碩儒，故學有根柢，考據精翔。所著述甚夥，有十三經札記二十五卷，群書札記二十六卷行世。卒，年八十四。

據采訪冊參用備稿唐煦春（光緒）上虞縣志，清光緒十七年刊本

潘衍桐　朱亦棟傳

朱亦棟，初名芹，字獻公，上虞人，乾隆戊子舉人，官平陽教諭，箸松雲樓稿、校官詩錄。獻公經師人師，望若山斗，師錢嘉定，友邵二雲，箸有十三經札記、羣書札記二種，均有心得。

兩浙輶軒續録卷十　清光緒刻本

附錄二　序跋評論

上虞縣志

群書札記十六卷　朱亦棟撰。是書編錄無法，往往前後複重，卷各有目，頗揭箸之。異目同文，未盡揭也。如上巳、柳下、劉杙之屬，且與十三經札記同，眞同綴旒矣。諸所舉正，自大戴禮記、國語、國策、史記外，類皆小說及詩文故事，無甚高義雅言，又雜以標領新異之語，不盡關考證也。第七卷錄江永河洛精蘊，以張卦變，即反對之說，不爲無見。第八卷通論詩音，往往引段玉裁、孔廣森之說而難之，至乃加釀嘲辭，謂孔氏多生薑樹上生之說，其大意謂協韻非本音而已，並其師錢大昕古今音異及協句即古音之說，亦所不信，殊不可解。以今所傳家語爲即藝文志所謂孔氏學，非王肅僞撰；以西京雜記有云「家君作彈棋」、「家君以爲外戚傳」云云，據爲劉歆自作之證，遂謂非吳均僞託，並非葛洪僞撰，可云武斷。以切音故經，是其生平得意之義，是書遂以切音當六書之諧聲，則無謂矣！其解釋書傳，頗有讜義。如解魯語「鼃於何有」爲「何難有鼃」，解鄭語「天啟之心」，謂與「天誘其衷」、「天奪之明」同一句法；解楚辭天問「封豨是射」爲后夔之子伯封；以墨子所染篇「晉文公染於高偃」，即晉語「郭偃」，明鬼篇宣王合諸侯而田於圃田，車數百乘，讀「圃田」句，絕即詩小雅「東有甫草，駕言行狩」者也，雜守篇「三亭隅，織女之」，當用孫毓「織女三星，跂然如隅」之說：皆確詁也。讀史記伯夷列傳「肝人之肉」爲「肉人之肝」，讀後漢書列女傳「迎婆娑神」爲「婆娑迎神」，謂皆倒字法，如公羊傳「昧雉彼視」之例，顏氏家訓勉學篇「曾子七十乃學」，本曾子立事篇「七十而無德」云云，不必刻舟以求達於古人屬辭之法，可謂通論。大氐前截榛楛，覽取要略，亦湛園札記、管城碩記之亞矣！

唐煦春（光緒）上虞縣志卷三十六，清光緒十七年刊本。

徐德明　清人學術筆記提要

朱亦棟（？），原名芹，字獻公，號碧山，浙江上虞人。乾隆三十三年（一七六八）舉人。官平陽教諭。其學問淹通博貫，凡子史百家、稗官小說及漢、晉、唐、宋以來名人文集，苟有一字之誤、一言之誤，皆未嘗輕而略之，必疏通證明以羽翼經傳也。有十三經札記、群書札記等。十三經札記二十二卷，分別詳加考證。其中易經札記上「文言曰」條，「朱子本義此與春秋所載穆薑之言不異，疑古者已有此語，穆姜稱之而夫子亦有取焉」，朱氏據梁武帝以為文王之言，觀春秋傳穆姜、惠伯所引皆在夫子之先，認為朱熹以為古語近是，雙湖胡氏以為傳用夫子語，恐未的。又比吉也條，郭京舉正「比吉，吉下誤增也字」，朱熹本義「上三字疑衍」，朱氏據莊子逍遙遊「野馬也，塵埃也，生物之息相吹也」，三「也」字蟬聯而下，此同一文法，似不必作衍字解。卷二莧陸條，有解作一物，亦有作二物，朱熹本義與語類各執一說，朱氏廣征博引，二說並存，以俟來者。但否定項氏本說文以莧為山羊說。尚書札記卷一允子朱條，孔傳「允國子爵，朱名」，馬、鄭以為朱為堯之子丹朱也，朱氏據虞書、左傳，疑「允」即古之「縉雲氏」，可資參考。詩經札記卷一上巳條，考三月上巳演變過程；猗嗟名兮條，考古「名」與「明」通，均可資參考。周禮札記卷一受羽條，朱氏認為「羽人」受羽，自應以十起數，疑周官不失，而爾雅未為得也。禮記札記曲禮邾婁條，朱氏以為「邾」「婁」二字，即當時之切音，以邾婁音閭。切之則為邾，以邾婁音樓。切之則為鄒。古「七虞」與「十一尤」通，鄒即邾也。左傳札記卷一晉鄭焉依條，朱氏認為「晉、鄭焉依」，猶云「依晉、鄭焉」，此古文倒句法。公穀札記登來條，朱氏考定「得為登之入聲，登為得之平聲，故齊人呼得為登」。論語札記卷一至於犬馬條，包注「犬以守御，馬以代勞，皆養人者。一曰：人之所養，乃至於犬馬，不敬則無以別。朱子集注甚言不敬之罪，所以深警之也」，朱氏考證認為「以犬馬比父母，自足針砭後世。但聖人立教自應以犬馬比人子，不應以犬馬比父母」。又管氏有三歸條，考諸家之說，認為「以娶三姓之女為確解」，為有清學者考證三歸最詳實者。孟子札記卷二公行子有子之喪條，疏云：「公行子，齊國之大夫，喪其子，故有子之喪；或曰：公行子有人子之喪也」，朱氏認為「或曰」之說誤。均詳引材料，考證精當，結論公允，足資參考。

有光緒四年（一八七八）武林竹簡齋重刊本，續修四庫全書本。

撰稿用光緒四年武林竹簡齋重刊本。

群書札記十六卷，於前人已言者擇善而錄之，並於前人所未言者剔其隱而彰之，其有功於學術珍矣。于江永群經補義第七卷全錄其文，尤能見其學易之切，焦里堂撰易圖略辨變卦之誤已相當詳備，但朱氏仍不為近說所動，而是實事求是地提出自己的看法。其他如卷一伯御、臨民以五、七律、黃鐘、肝人之肉諸條，卷二曾子植羊、四皓、春秋繁露、歲在大棣、馬加牛加諸條，卷三銀手如斷、正則靈均」、爾馨等條，卷四古文尚書、二十八篇、連山歸藏、諧聲諸條，卷八考說文中「雎」、「陂」、「隼」等字，卷九井里之厥、後門同衣、薪傳等條，卷十一齒如編貝、飲羽條，卷十二花信風、纖纖玉筍、聽風聽水、天雞等條。均能詳加引證，擇善而從，足資參考。

有光緒四年（一八七八）武林竹簡齋重刊本，十三經劄記附本，續修四庫全書本。

撰稿用光緒四年武林竹簡齋重刊本。